国家级实验教学示范中心
高等医药院校基础医学实验教学系列教材

总主编 徐 晨

人体机能学实验

第2版

主 编 周岐新
副主编 陆 杰 沈 宜 余丽梅
编 委（按姓氏拼音排序）

陈晓燕（遵义医学院） 王莎莉（重庆医科大学）
凌保东（川北医学院） 余华荣（重庆医科大学）
刘爱东（遵义医学院） 余丽梅（遵义医学院）
陆 杰（重庆医科大学） 张乐之（第三军医大学）
秦大莲（泸州医学院） 张效良（川北医学院）
沈 宜（重庆医科大学） 周岐新（重庆医科大学）
孙文娟（重庆医科大学） 邹 平（泸州医学院）
唐 俐（重庆医科大学）

科学出版社
北 京

内 容 简 介

本书由长期工作在教学和科研第一线的第三军医大学、遵义医学院、泸州医学院、川北医学院、重庆医科大学的生理学、病理生理学和药理学教师编写而成。本教材主要包括基本实验操作与常用仪器使用、经典验证性实验、综合性实验、创新性实验、病案讨论与处方五大部分。结合医学教育的特点,本教材精选了12个典型病案,供师生在开放式教学中进行理论联系实际讨论。

本教材突出"精"、"简",兼顾实用性和先进性,适合高等医药院校医学和药学等本科机能学教学使用。

图书在版编目(CIP)数据

人体机能学实验/周岐新主编. —2版. —北京:科学出版社,2013.8
国家级实验教学示范中心·高等医药院校基础医学实验教学系列教材
ISBN 978-7-03-038224-5

Ⅰ. 人… Ⅱ. 周… Ⅲ. 人体生理学-实验-医学院校-教材 Ⅳ. R33-33

中国版本图书馆 CIP 数据核字(2013)第 173680 号

责任编辑:邹梦娜 / 责任校对:李 影
责任印制:李 彤 / 封面设计:范璧合

版权所有,违者必究。未经本社许可,数字图书馆不得使用

科 学 出 版 社 出版
北京东黄城根北街 16 号
邮政编码:100717
http://www.sciencep.com

北京中石油彩色印刷有限责任公司 印刷
科学出版社发行 各地新华书店经销

*

2008 年 6 月第 一 版 开本:787×1092 1/16
2013 年 8 月第 二 版 印张:15
2022 年 7 月第十五次印刷 字数:342 000
定价:58.00元
(如有印装量问题,我社负责调换)

总　序

　　传统医学实验教学的主要任务是让学生验证理论知识、增加感性认识，但缺乏对学生创新能力的培养，因而实验难度不高，实验条件比较简单。现代高等医学教育更加强调培养学生的探索精神、科学思维、实践能力和创新能力。这就要求从根本上改变实验教学依附于理论教学的传统观念，充分认识并落实实验教学在学校人才培养和教学工作中的地位，形成理论教学与实验教学统筹协调的理念和氛围。要从人才培养体系的整体出发，建立以能力培养为主线，分层次、多模块、相互衔接的科学实验教学体系，使实验教学与理论教学既有机结合又相对独立。要把学生从二级学科狭隘的"项目"实验教学提高到基于一级学科平台的"方法"实验教学，最大限度地拓展学生的专业视野。随着现代生命科学及其各种实验技术的飞速发展，必将对现代医学实验教学提出更高的要求，大量先进医学实验进入实验教学课程体系将成为必然的趋势，要全面推进现代医学实验教学的发展，必须加大对实验项目、实验条件、实验教学体系改革力度，改革传统的以教研室为单位的教学实验室模式，整合完善现代医学实验室功能和管理是提高医学实验教学质量的重要环节。这对培养适应21世纪医学卫生事业发展的高素质医学人才有重要意义。

　　围绕现代医学生的培养目标，转变旧的传统观念，打破现行课程框架，重新构建新型基础医学实验教学体系的改革势在必行。要实现以上目标，除了对实验室进行整合外，其核心内容就是实验教学教材。为了能够编写出一套适合中西部地区高等医学院校医学教育现状的实验教学教材，2008年，在科学出版社的大力支持下，《高等医药院校基础医学实验教学系列教材》编委会以重庆医科大学为主体，协同全国26所高等医学院相关专业的专家教授共同编写了这一套实验教学系列教材。时隔4年，为了进一步完善本套实验教材，我们对本套教材进行修订再版，全套共八本，包括《人体大体形态学实验（系统解剖学分册）》《人体大体形态学实验（局部解剖学分册）》《人体显微形态学实验》《人体机能学实验》《病原生物学与免疫学实验》《生物化学与分子生物学实验》《医用化学实验》《医学物理学实验》。

　　本系列实验教材的编写理念是将实验教学按照建设国家级实验教学示范中心要求的实验教学模式，借鉴国外同类实验教材的编写模式，力求做到体系创新、理念创新及编写精美。内容上将基础医学实验教学按照基础医学实验体系进行重组和有机融合，按照基础医学实验教学逻辑和规律，将实验内容分为基本实验操作及常用仪器使用、经典验证性实验、综合性实验和创新性实验等板块进行编写。

　　本系列教材编写对象以本科、专科临床医学专业为主，兼顾预防、基础、口腔、麻醉、影像、药学、检验、护理、法医、卫生管理、医学信息等专业需求，涵盖全部医学生的基础医学实验教学。各层次学生可按照本专业培养特点和要求，通过对不同板块的必选实验项目和自选实验项目相结合选修实验课程学分。

　　由于基础医学实验教学模式尚存在地区和校际间的差异，加上我们的认识深度和编写水平有限，本系列教材在编写过程中可能存在偏颇之处，请广大医学教育专家谅解，欢迎同行们提出宝贵意见。

《高等医药院校基础医学实验教学系列教材》编委会
2012年10月

第 2 版前言

岁月流逝,斗转星移。《人体机能学实验》教材自 2008 年 6 月正式出版,迄今已经 5 年了。在这短短的五年中,世界和中国的科学、技术和教育突飞猛进,新领域、新知识、新技术、新方法层出不穷。作为长期在基础医学教育前沿阵地耕耘的我们,深深感受到医学科学日新月异的发展和进步,也在教材的使用中不断发现第 1 版《人体机能学实验》教材某些内容的疏漏和不足。为此,在科学出版社的大力支持和帮助下,我们以重庆医科大学相关基础学科教授和专家为核心,结合其他兄弟院校力量,重新组织编写了第 2 版《人体机能学实验》教材。新教材依照原有的编排格式,遵照原有"不求全,而求精;不求繁,而求简;兼顾实用性和先进性,适当超前"的教材编写宗旨,但对教材内容作了重要更新,增添了新内容。如在无创、伦理和道德允许的前提下,设计了以学生自己为对象的实验,让学生更深刻、真实地观察和体验到体内外环境改变或药物给予对机体某些功能的影响;删除了一些学生在有限学时内难以完成的实验;对有些原有的实验,增加了对实验结果的处理,以加深学生对实验结果的认识和理解。

鉴于本教材的编写人员均是忙碌在教学第一线的教学人员,他们能在短短几个月内更新和增添新内容、新插图,完成编写任务实属不易。教材内容虽然经过多人反复阅读、斟字酌句,但错漏还是在所难免。因此,恳请使用本教材的教师和同学提出宝贵意见。

周岐新
2013 年 6 月

第1版前言

人体机能学实验是涉及生理学、病理生理学、药理学等相关学科的一门实践性很强的课程。它对于学生理解和掌握相关学科的理论课内容，培养学生动手、动脑，自主创新能力均具有重要的作用。近年，随着全国各医药院校教学改革的深入开展，基础学科实验课程的整合已成必然趋势。在这一方面，机能学实验已走在其他基础学科实验整合的前列。

回首这几年我们在人体机能学实验教学和教学改革中所走过的路程，我们深深体会到人体机能学科实验的整合是艰难的，要整合好更是困难重重。为此，各院校均根据自身的实际情况在进行不断的探索。华中科技大学同济医学院、中山大学医学院、山东大学医学院等走在改革的前面，是我们学习的榜样。他们所取得的成绩对我们不仅是鼓舞，更是鞭策！

作为西南地区的医学院校，我们不甘落于人后，而是希望借教学改革的春风，集大家的智慧、知识、经验和力量，编写一本适合一般医学院校本科和专科教育使用的机能学实验教材。我们的愿望得到了科学出版社的大力支持，得以在短期内实现。

考虑到全国大多数医学院校的目前状况并结合自身的条件，我们编写这本人体机能学实验教材的宗旨是：不求"全"，而求"精"；不求"繁"，而求"简"；兼顾实用性和先进性，适当超前。为此，我们在教材中把各院校目前为完成同一教学目标而采用的不同实验同时列出，以供选择。为了方便"教"与"学"，有利于对实验内容的理解和应用，我们编写的教材突出图文并茂的特点。为了更好地理论联系实际和学科之间更好地融会贯通，我们在编写病例讨论部分时，突出结合典型病例，把相关的生理学、病理生理学和药理学的知识贯通起来。为了体现教材的先进性和适用性，我们也注意把在科研中所创立的成熟可靠的实验方法移植到本教材中。

尽管本书的参编人员均是长期战斗在教学第一线的教师，但由于编写时间比较仓促，参编人员经验不足和水平有限，书中的错漏在所难免，恳请使用本教材的教师和同学提出宝贵意见。

周岐新

2008年3月

目 录

第一篇 基本实验操作与常用仪器使用

第1章 绪言 (1)
第一节 机能学实验课程的内容、目的、意义和方法 (1)
第二节 机能学实验课程教学的基本要求 (2)

第2章 机能学实验的常用仪器介绍 (3)
第一节 生物信号采集分析系统(BL-420生物机能实验系统) (3)
第二节 换能器 (14)
第三节 YSD-4G药理生理实验多用仪 (15)
第四节 分光光度计使用 (19)
第五节 血气分析仪 (22)

第3章 常用实验动物的基础知识和操作技术 (24)
第一节 常用实验动物的基础知识 (24)
第二节 常用实验动物的基本操作技术 (25)
第三节 实验动物的麻醉和麻醉方法 (29)
第四节 动物实验的常用插管术 (31)
第五节 样本采集、采血和组织固定 (31)
第六节 给药剂量换算和给药途径 (33)
第七节 实验后动物的处理 (37)

第二篇 经典验证性实验

第4章 机能学基础实验 (38)
实验一 电刺激与骨骼肌收缩反应的关系 (38)
实验二 蟾蜍坐骨神经动作电位的引导 (42)
实验三 蟾蜍坐骨神经干动作电位传导速度的测定 (43)
实验四 蟾蜍坐骨神经干兴奋性的不应期测定 (44)
实验五 血液凝固及其影响因素 (46)
实验六 期前收缩和代偿间歇 (49)
实验七 蟾蜍心脏起搏点的观察 (50)
实验八 心音听诊 (52)
实验九 人体动脉血压的测定及轻微运动对血压的影响 (53)
实验十 人体体表心电图的记录 (55)
实验十一 心血管活动的调节 (57)

实验十二	视力测定	(59)
实验十三	视野测定	(61)
实验十四	盲点的测定	(62)
实验十五	视觉调节反射和瞳孔对光反射	(63)
实验十六	声音传导途径	(64)
实验十七	反射弧的分析	(66)
实验十八	反射时的测定和脊髓反射	(67)
实验十九	脊髓背根和腹根机能的观察	(68)
实验二十	兔大脑皮层运动区功能定位	(70)
实验二十一	兔去大脑僵直	(71)
实验二十二	大鼠大脑皮层诱发电位	(73)
实验二十三	蟾蜍交感神经传出放电	(75)
实验二十四	实验性酸中毒	(76)
实验二十五	实验性缺氧和影响缺氧耐受性的因素	(78)
实验二十六	家兔失血性休克	(85)
实验二十七	急性实验性右心衰竭	(87)
实验二十八	氨在肝性脑病发病中的作用	(90)
实验二十九	急性中毒性肾功能衰竭	(92)
实验三十	呼吸衰竭及复苏	(94)
实验三十一	急性高钾血症及抢救	(96)
实验三十二	家兔实验性肺水肿	(99)
实验三十三	组胺对血管壁通透性的影响	(102)
实验三十四	家兔内毒素性发热	(104)
实验三十五	弥散性血管内凝血(DIC)	(105)
实验三十六	家兔肠缺血-再灌注损伤	(109)
实验三十七	实验性四氯化碳肝细胞损伤性黄疸	(111)
实验三十八	肝脏功能状态对药物作用的影响	(115)
实验三十九	肾脏功能状态对药物作用的影响	(116)
实验四十	给药剂量对药物作用的影响	(117)
实验四十一	不同给药途径对药物作用的影响	(118)
实验四十二	吸收环境 pH 对药物吸收的影响	(119)
实验四十三	全血水杨酸钠二室模型药动学参数测定	(120)
实验四十四	磺胺嘧啶药代动力学参数的测定	(123)
实验四十五	去氧肾上腺素和哌唑嗪对大鼠肛尾肌 α 受体亲和力测定(pA_2 及 pD_2 的测定)	(126)
实验四十六	乙酰胆碱和阿托品对豚鼠回肠胆碱能 M 受体的 pD_2 和 pA_2 测定	(128)
实验四十七	去氧肾上腺素和酚妥拉明对家兔主动脉 α 受体亲和力测定	(131)
实验四十八	乙酰胆碱、维库溴铵和加兰他敏对蟾蜍腹直肌的作用	(133)
实验四十九	传出神经系统药物对麻醉兔血压的作用	(134)

实验五十　传出神经系统药物对家兔瞳孔的作用 …………………………………………（136）
实验五十一　传出神经系统药物对家兔(豚鼠)离体肠管的作用 ………………………（137）
实验五十二　有机磷酸酯类中毒及解救 …………………………………………………（138）
实验五十三　局部麻醉药的麻醉作用强度比较 …………………………………………（142）
实验五十四　局麻药对神经干动作电位产生的影响 ……………………………………（143）
实验五十五　普鲁卡因蛛网膜下隙阻滞麻醉 ……………………………………………（145）
实验五十六　氯丙嗪对乙醚麻醉的影响 …………………………………………………（146）
实验五十七　乙醚麻醉分期与麻醉前给药 ………………………………………………（147）
实验五十八　氯丙嗪的安定和抗激怒反应作用(电刺激法) ……………………………（148）
实验五十九　氟哌啶醇对锥体外系的影响及东莨菪碱的对抗作用 ……………………（149）
实验六十　苯巴比妥钠的抗惊厥作用 ……………………………………………………（150）
实验六十一　药物的镇痛作用 ……………………………………………………………（151）
实验六十二　强心苷对在体蛙心收缩性能的影响 ………………………………………（154）
实验六十三　呋塞米对清醒雄性家兔的利尿作用和对尿中钠、钾和氯离子浓度的
　　　　　　影响 …………………………………………………………………………（155）
实验六十四　药物对小鼠小肠推进运动的影响 …………………………………………（158）
实验六十五　药物对小鼠离体子宫的作用 ………………………………………………（159）
实验六十六　地塞米松的抗炎作用 ………………………………………………………（160）
实验六十七　甾体类抗炎药与非甾体类抗炎药抗炎作用比较 …………………………（162）
实验六十八　胰岛素过量反应及其解救 …………………………………………………（163）
实验六十九　钙-镁对抗作用 ………………………………………………………………（164）
实验七十　药物半数致死量 LD_{50} 的测定 ……………………………………………（165）

第三篇　综合性实验

第5章　机能学综合性实验 ………………………………………………………………（167）
实验一　蟾蜍坐骨神经动作电位、腓肠肌肌电和腓肠肌收缩活动的同步观察 ………（167）
实验二　理化因素对离体心脏活动的影响 ………………………………………………（169）
实验三　多种因素对兔动脉血压和减压神经放电的影响 ………………………………（171）
实验四　兔膈神经和膈肌的传出放电 ……………………………………………………（174）
实验五　离体小肠平滑肌的生理特性及药物作用的观察 ………………………………（176）
实验六　影响尿生成的因素和利尿药的作用 ……………………………………………（178）
实验七　某些因素对循环、呼吸、泌尿功能影响的综合观察 ……………………………（180）
实验八　动脉血压调节与失血性休克 ……………………………………………………（184）
实验九　酸碱平衡紊乱 ……………………………………………………………………（187）
实验十　大鼠局灶性脑缺血致急性脑损伤及药物防治 …………………………………（189）
实验十一　小鼠全脑缺血-再灌致脑神经元退行性病变及药物防治 …………………（190）
实验十二　毒毛花苷 K 对戊巴比妥钠所致急性心力衰竭的作用 ………………………（193）

第四篇 创新性实验

第6章 机能学实验设计和应用 ·· (195)
  实验一 细胞静息电位和动作电位与 Na^+、K^+ 的关系和药物影响 ········· (195)
  实验二 利用豚鼠回肠制备鉴别未知药物 ·· (195)
  实验三 利血平的药理作用原理证明 ·· (196)
  实验四 可乐定受体作用特点的证明 ·· (198)
  实验五 钙通道阻滞剂和 β 受体阻断剂药理作用相似性和差异性证明 ·········· (199)
  实验六 个体尿液 pH 改变对药物排泄的影响 ·· (200)
  实验七 药物对个体认知功能的影响 ·· (201)
  实验八 药物作用的个体差异 ··· (202)
  实验九 不同时间给药对药物效应的影响 ·· (203)
  实验十 家兔心脏缺血-再灌注损伤及预防措施 ·· (203)

第五篇 病案讨论与处方

第7章 病案讨论 ··· (206)
第8章 处方 ··· (215)
  第一节 处方的意义、组成和格式 ·· (215)
  第二节 处方制度 ··· (220)

附录 ··· (222)

第一篇 基本实验操作与常用仪器使用

第1章 绪言

第一节 机能学实验课程的内容、目的、意义和方法

机能学实验是一门医学和相关学科的实践课程,主要内容涉及生理学、病理生理学和药理学三门学科。长期以来,生理学、病理生理学和药理学实践课程分别独立开设。由于这些课程的设置、内容、实验操作和仪器使用有密切相关性,甚至雷同,在教学中常常造成不必要的重复。虽然生物体机能在正常状态、疾病状态和用药防治状态是不同的,但是这种不同状态器官和系统的功能变化实际上是有机地联系在一起。因此,开设本门课程目的是把既往在生理、病理生理和药理学实践教学中割裂的生物体功能变化通过巧妙设计的实验有机地、生动地反映出来。学生通过进行机能学实验,不仅能学到相关的知识和技能,复习、巩固和掌握理论教学中要点、难点和重点,而且培养了耐心细致、科学思维和实事求是的工作作风。

机能学实验主要包括在体(in vivo)和离体(in vitro)实验。根据各实验目的不同,设置不同的评价指标,并应用不同的手段、方法和技术对评价指标进行定量或定性测定,由此分析生命体、系统、器官、细胞或亚细胞结构或功能变化的原因。

依据循序渐进和先简后繁的原则,机能学实验部分主要包括基础实验,综合实验,实验设计和应用,以及病案讨论五个部分。基础实验部分主要由传统的经典实验组成,对验证理论课的重要教学内容和结论非常重要;综合实验部分主要把生物体相关组织、系统和器官功能在正常情况、疾病状态和治疗后的改变结合起来,使学生对机体功能改变有比较全面和系统了解。实验设计和应用部分主要由教师拟订研究题目,在教师指导下,由学生针对课题进行实验设计;这对开拓学生的智力,提高学生分析和解决问题的能力极有帮助。病案讨论部分由教师带领学生在模拟临床条件下,围绕典型病例涉及的生理、病理生理和药理学的相关

知识展开分析讨论,帮助学生系统掌握相关的机能学科的知识,为学生进入临床打下牢固的基础。

为了帮助学生更好地掌握相关的知识和技能,为进一步深造打下坚实基础,本教程还设置了部分常用实验仪器的使用介绍、一些常用的实验技巧、常用生理溶液的配制、一些常用实验动物参考生理和生化指标等内容。

第二节 机能学实验课程教学的基本要求

本教程是一门实践性很强的课程。它的设置以已学习过的理论知识为基础。因此在进行相关实验前,学生首先应该掌握已学习过的相关理论知识;其次,要预习相关实验的内容,熟悉实验步骤,了解实验操作规程,构想可能的实验结果,并制订保障实验顺利进行的措施或替代方案。

在实验中,参加实验的同学要作好实验分工,保证实验有条不紊地进行。这就要求做到:要仁慈地对待实验动物,减少对实验动物不必要的刺激和痛苦;要熟悉实验仪器和辅助设施的性能和使用方法,严格按照操作程序进行实验;要耐心和仔细地观察实验现象,准确、及时、清晰地记录实验结果和实验中出现的异常现象;要联系所学过的知识,随时分析评判实验中所出现的结果;对无法解释的现象或结果,要及时报告带课教师,求得教师的帮助。

实验完成后,要认真做好实验器材的收集、整理和归类;做好实验台面和实验室的清洁;仁慈地处理实验动物,并将动物尸体或碎物放到指定地方;要整理好实验资料并按要求写出完整的实验报告。

实验报告的基本格式如下:

姓名_____ 年级_____ 系、院、班_____ 实验日期_____

【实验题目】

【实验目的】

【实验原理】

【实验对象】

【实验药品和器材】

【实验方法】或【实验步骤】

【实验结果】

【讨论和/或实验检讨】

【结论】

(周岐新)

第2章 机能学实验的常用仪器介绍

第一节 生物信号采集分析系统
（BL-420生物机能实验系统）

BL-420生物信号采集、放大卡是一台程序可控的，带4通道生物信号采集与放大功能，并集成高精度、高可靠性以及宽适应范围的程控刺激器于一体的硬卡。TM-WAVE生物信号显示与处理软件利用微机强大的图形显示与数据处理功能，可同时显示4道从生物体内或离体器官中探测到的生物电信号或张力、压力等生物非电信号的波形，并可对实验数据进行存贮、分析及打印。

一、启动BL-420生物信号采集系统

开机进入Windows系统，双击BL-420生物信号采集系统图标，即可进入软件主界面。TM-WAVE生物信号采集与分析软件的主界面是用户与BL-420生物机能实验系统打交道的唯一手段，故首先需要掌握TM-WAVE软件的主界面，熟悉主界面上各个部分的用途。

二、TM-WAVE生物信号采集与分析软件主界面介绍

（一）主界面

TM-WAVE生物信号采集与分析软件的主界面如图2-1所示。主界面从上到下依次主要分为：标题条、菜单条、工具条、波形显示窗口、数据滚动条及反演按钮区、状态条等6个部分；从左到右主要分为：标尺调节区、波形显示窗口和分时复用区三个部分。在标尺调节区的上方是通道选择区，其下方则是Mark标记区。分时复用区包括：控制参数调节区、显示参数调节区、通用信息显示区和专用信息显示区四个分区，它们分时占用屏幕右边相同的一块显示区域，可以通过分时复用区顶端的5个切换按钮在这5个不同用途的区域之间进行切换。分时复用区的下方是特殊实验标记选择区。

TM-WAVE软件主界面上各部分功能参见表2-1。

表2-1 TM-WAVE软件主界面上各部分功能表

名称	功能	备注
标题条	显示TM-WAVE软件的名称及实验相关信息	软件标志
菜单条	显示所有的顶层菜单项，您可以选择其中的某一菜单项以弹出其子菜单。最底层的菜单项代表一条命令	菜单条中一共有8个顶层菜单项
工具条	一些最常用命令的图形表示集合，它们使常用命令的使用变得方便与直观	共有22个工具条命令

续表

名称	功能	备注
左、右视分隔条	用于分隔左、右视,也是调节左、右视大小的调节器	左、右视面积之和相等
特殊实验标记编辑	用于编辑特殊实验标记,选择特殊实验标记,然后将选择的特殊实验标记添加到波形曲线旁边	包括特殊标记选择列表和打开特殊标记编辑对话框按钮
标尺调节区	选择标尺单位及调节标尺基线位置	
波形显示窗口	显示生物信号的原始波形或数据处理后的波形,每一个显示窗口对应一个实验采样通道	
显示通道之间的分隔条	用于分隔不同的波形显示通道,也是调节波形显示通道高度的调节器	4/8个显示通道的面积之和相等
分时复用区	包含硬件参数调节区、显示参数调节区、通用信息区、专用信息区和刺激参数调节区五个分时复用区域	这些区域占据屏幕右边相同的区域
Mark 标记区	用于存放 Mark 标记和选择 Mark 标记	Mark 标记在光标测量时使用
时间显示窗口	显示记录数据的时间	在数据记录和反演时显示
数据滚动条及反演按钮区	用于实时实验和反演时快速数据查找和定位,可同时调节四个通道的扫描速度	
切换按钮	用于在五个分时复用区中进行切换	
状态条	显示当前系统命令的执行状态或一些提示信息	

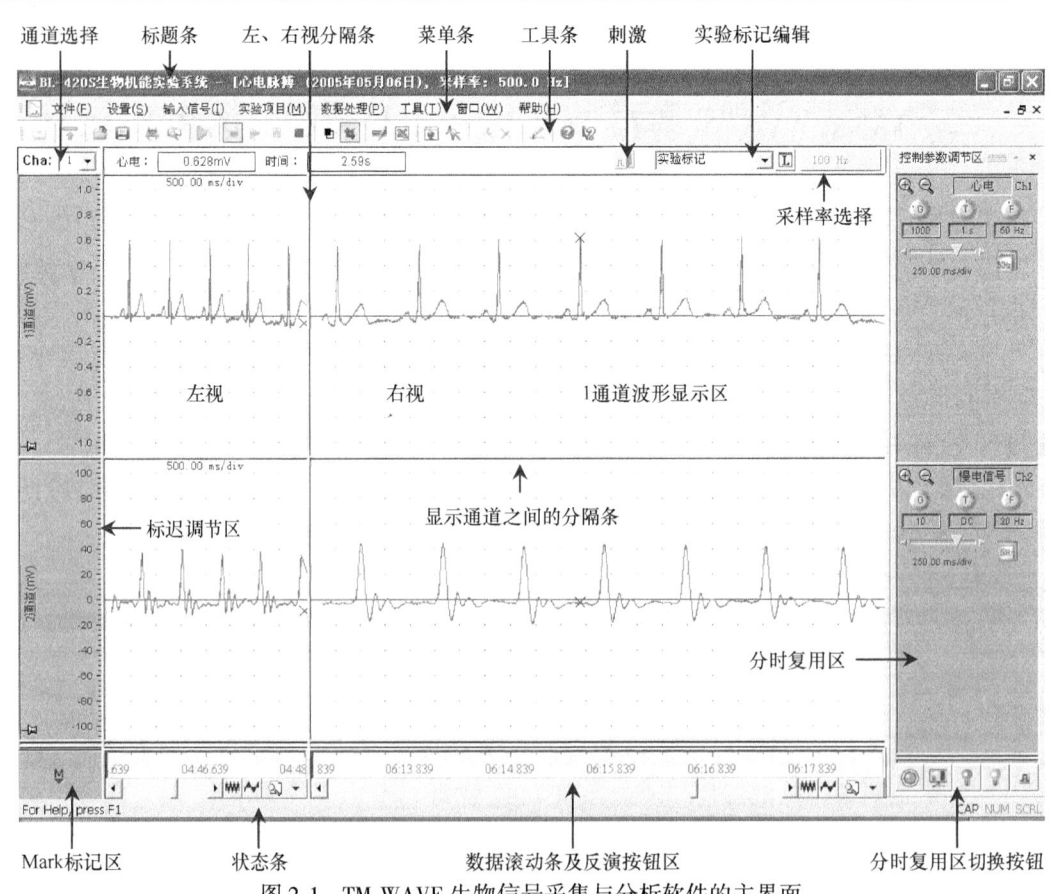

图 2-1　TM-WAVE 生物信号采集与分析软件的主界面

（二）通道显示窗口中所包含的快捷功能菜单介绍

在通道显示窗口如果单击鼠标右键，TM-WAVE 软件将会完成两项功能：①结束所有正在进行的选择操作和测量操作，包括两点测量、区间测量、细胞放电数测量以及心肌细胞动作电位测量等；②将弹出这个通道显示窗口中所包含的快捷功能菜单，参见图 2-2。

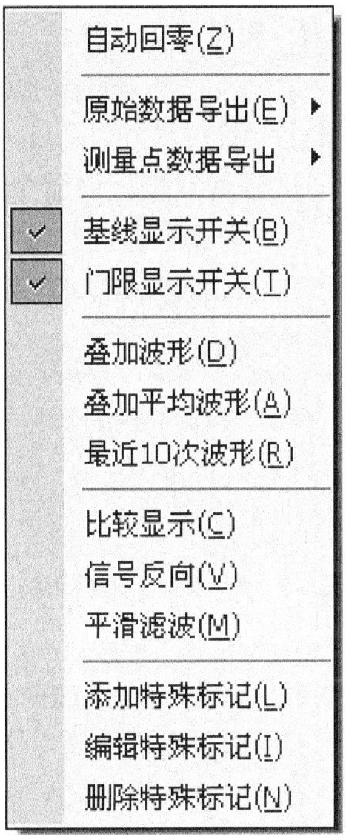

在这个快捷功能菜单中包含的命令大部分与通道相关，所以如果需要对某个通道进行操作，就直接在那个通道的显示窗口上单击鼠标右键弹出与那个通道相关的快捷菜单。

下面将通道显示窗口中所包含的快捷功能菜单的功能作一简介。

1. 原始数据导出 数据导出是指将选择的一段反演实验波形的原始采样数据以文本形式提取出来，并存入到相应的文本文件中。

数据导出的具体操作步骤如下：

（1）在整个反演数据中查找需要导出的实验波形段；

（2）将需要导出的实验波形段进行区域选择；

（3）在选择的区域上单击鼠标右键弹出通道显示窗口快捷菜单，然后选择数据导出命令，数据导出菜单中有两个子命令"本通道数据"和"所有通道数据"，选择其中一个完成数据导出。

图 2-2 在信号显示窗口中点击右键引出的快捷菜单

执行数据导出命令后得到选择波形段的原始采样数据以文本形式存入到 data 子目录下以"datan.txt"命名的文本文件中，其中 n 代表通道号，例如，从 1 通道上选择的数据段导出到 data1.txt 文本文件中，从 2 通道上选择的数据段导出到 data2.txt 文件中，以此类推。

导出的原始数据采用文本格式的原因之一是为了方便地在 notepad 等文本编辑器中进行查看，另外文本类型这种中间格式可以被读入到很多其他的数据统计、分析软件，如 Excel、MatLab、SAS、SPSS 等中进行进一步的统计、分析处理。

2. 测量点数据导出 测量点数据导出功能可以将测量光标位置处的波形点数据直接导出到 Excel 中，也可以将无创血压测定中得到的收缩压、舒张压、心率等指标直接导出到 Excel 中进行统计分析，这个功能主要用于无创血压测量。

3. 基线显示开关 该命令用于打开或关闭标尺基线（参考 0 刻度线）显示。

4. 门限显示开关 该命令用于打开或关闭频率直方图或序列密度直方图中用于选择分析数据范围的上、下门限线的显示。

5. 叠加波形 该命令在刺激触发方式下有效。它用于打开或关闭在刺激触发方式时得到的波形曲线的叠加波形显示。

刺激触发的叠加波形以金黄色显示。当显示叠加波形时，在通道显示窗口的右上角将显示到目前为止刺激触发的总次数，也就是叠加次数。

6. 叠加平均波形开关 该命令在刺激触发方式下有效。它用于打开或关闭在刺激触发方式时得到的波形曲线的叠加平均波形显示。

7. 最近 10 次波形开关　该命令在刺激触发方式下有效。使用该命令可以打开或关闭最近 10 次刺激触发波形的显示。

8. 比较显示　该命令用于打开或关闭通道的比较显示方式。

比较显示是指将所有通道的波形一起显示在 1 通道的波形显示窗口中进行比较。这个功能主要在神经干动作电位传导速度的测定实验使用。

9. 信号反向　该命令用于将选择通道的波形曲线进行反向显示。

10. 平滑滤波　该命令用于对选择通道的显示波形进行平滑滤波。

11. 添加特殊标记　该命令用于在波形的指定位置添加一个特殊实验标记。

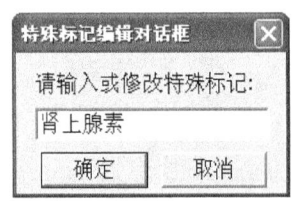

图 2-3　特殊标记编辑对话框

当在某一个实验通道的空白处(这里所指的空白处是指与其他特殊实验标记相隔一定距离的地方)单击鼠标右键,此时弹出的窗口快捷菜单中该命令有效,选择该命令,将弹出"特殊标记编辑"对话框,参见图 2-3。在这个对话框的编辑框中输入新添加的特殊实验标记内容,然后按下"确定"按钮,该特殊实验标记将添加在单击鼠标右键的地方;如果按下"取消"按钮,那么此次添加无效。

需要注意的是添加的特殊实验标记不能超过 30 个汉字。添加的内容将被存盘。

12. 编辑特殊标记　该命令用于编辑记录波形中一个已标记的特殊实验标记。

13. 删除特殊标记　该命令用于删除记录波形中一个已标记的特殊实验标记。

当在一个实验通道中某一个已显示的特殊实验标记附近单击鼠标右键,此时弹出的窗口快捷菜单中该命令有效,选择该命令,将弹出删除特殊实验标记确认框,按下"是(Y)"按钮,该特殊标记被删除;如果按下"否(N)"按钮,那么此次删除无效。

(三) 菜单条及功能介绍

菜单条所含有的功能菜单有文件菜单、设置菜单、输入信号菜单、实验项目菜单、数据处理菜单、工具菜单、窗口菜单和帮助菜单(图 2-4)。

图 2-4　菜单条

下面仅介绍学生实验中最常用到的输入信号菜单和实验项目菜单。

1. 输入信号菜单　点击菜单条上的"输入信号"菜单项时,"输入信号"下拉式菜单将被弹出(图 2-5)。

信号输入菜单中包括有 1 通道、2 通道、3 通道、4 通道 4 个菜单项,每一个菜单项有一个输入信号选择子菜单。

当选择某通道后,会向右弹出一个输入信号选择子菜单,参见图 2-5,用于具体指定该通道的输入信号类型。

选定了该通道输入信号类型后,可以再通过"输入信号"菜单继续选择其他通道的输入信号,当选定所有通道输入信号类型之后,使用鼠标单击工具条上的"开始"命令按钮,就可以启动数据采样,观察生物信号的波形变化。

2. 实验项目菜单 当用鼠标单击顶级菜单条上的"实验项目"菜单项时,"实验项目"下拉式菜单将被弹出(图2-6)。

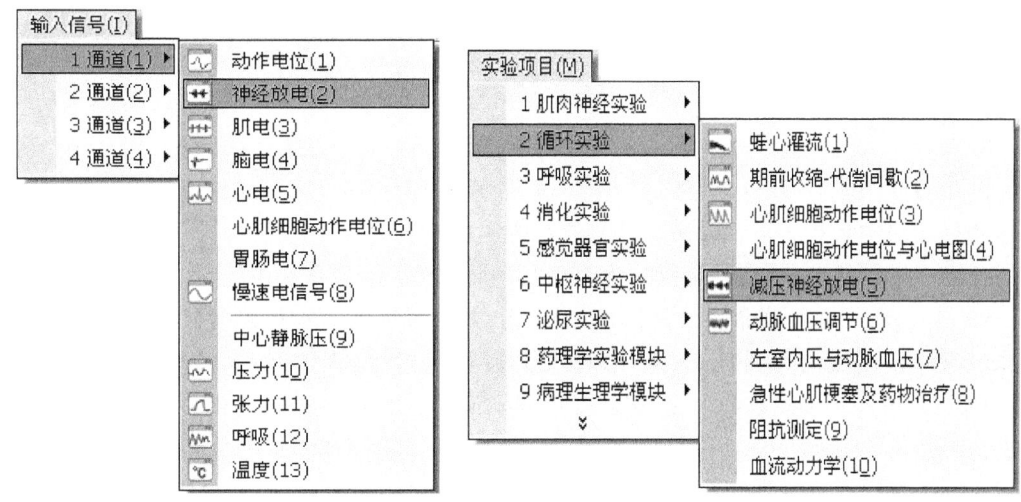

图2-5　输入信号下拉式菜单　　　　图2-6　实验项目下拉式菜单

实验项目下拉式菜单中包含有9个菜单项,它们分别是肌肉神经实验、循环实验、呼吸实验、消化实验、感觉器官实验、中枢神经实验、泌尿实验、药理学实验模块和病理生理学模块。

这些实验项目组将生理及药理实验按性质分类,在每一组分类实验项目下又包含有若干个具体的实验模块,当选择某一类实验,如循环实验时,则会向右弹出一个包含该类中具体实验模块的子菜单,参见图2-6。可以根据自己的需要从中选择一个实验模块,当选择了一个实验模块之后,系统将自动设置该实验所需的各项参数,包括信号采集通道、采样率、增益、时间常数、滤波以及刺激器参数等,并且将自动启动数据采样,使实验者直接进入到实验状态。当完成实验后,根据不同的实验模块,打印出的实验报告包含有不同的实验数据。

(四)工具条简介

工具条(图2-7)是把一些常用的命令以方便、直观(图形形式)的方式直接呈现在使用者面前,它所包含的命令可以和命令菜单中的重复,也可以不同,但是它所包含的命令应该是常用的,这是图形化操作系统提供给用户的另一种命令操作方式。

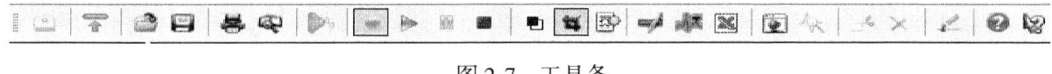

图2-7　工具条

TM-WAVE软件的工具条上一共有24个工具条按钮,下面详细介绍这些工具条按钮。

1. 系统复位　选择系统复位命令将对BL-420生物机能实验系统的所有硬件及软件参数进行复位,即将这些参数设置为默认值。

2. 拾取零值　该命令用于实现BL-420生物机能实验系统中的零速采样功能,即在扫描速度为零的情况下进行数据采集,并将新采集的数据显示在窗口的数据出现端。

3. 打开反演数据文件　该命令与"文件"菜单中的"打开"命令功能相同。

4. ▢ **另存为** 该命令与"文件"菜单中的"另存为"命令功能相同。

5. ▢ **打印** 该命令与"文件"菜单中的"打印"命令功能相同。

6. ▢ **打印预览** 该命令与"文件"菜单中的"打印预览"命令功能相同。

7. ▢ **打开上一次实验设置** 该命令与"文件"菜单中的"打开上一次实验设置"命令功能相同。

8. ▢ **记录** "记录"命令是一个双态命令,所谓双态命令是指每执行该命令一次,其所代表的状态就改变一次,这就好像是一盏电灯的开关,这种命令通过按钮标记的不同变化来表示两种不同的状态。当记录命令按钮的红色实心圆标记处于蓝色背景框内时,说明系统现在正处于记录状态,否则系统仅处于观察状态而不进行观察数据的记录。

9. ▢ **启动** 选择该命令,将启动数据采集,并将采集到的实验数据显示在计算机屏幕上;如果数据采集处于暂停状态,选择该命令,将继续启动波形显示。

10. ▢ **暂停** 选择该命令后,将暂停数据采集与波形动态显示。

11. ▢ **停止实验** 选择该命令,将结束当前实验,同时发出"系统参数复位"命令,使整个系统处于开机时的默认状态,但该命令不复位您设置的屏幕参数,如通道背景颜色,基线显示开关等。

12. ▢ **切换背景颜色** 选择该命令,显示通道的背景颜色将在黑色和白色这两种颜色中进行切换。

13. ▢ **格线显示** 这是一个双态命令,当波形显示背景没有标尺格线时,单击此按钮可以添加背景标尺格线;当波形显示背景有标尺格线时,单击此按钮可以删除背景标尺格线。

14. ▢ **同步扫描** 这是一个双态命令,当这个按钮按下时,所有通道的扫描速度同步调节,这时,只有第一通道的扫描速度调节杆起作用;当不选择同步扫描时,各个显示通道的扫描速度独立可调。

另外,数据分析通道的扫描速度一般与被分析通道的扫描速度同步调节。

15. ▢ **区间测量** 该命令用于测量任意通道波形中选择波形段的时间差、频率、最大值、最小值、平均值、峰值、面积、最大上升速度($dmax/dt$)及最大下降速度($dmin/dt$)等参数,测量的结果显示在通用信息显示区中。

区间测量的具体操作步骤

(1)选择本菜单命令项或选择工具条上的区间测量命令,此时将暂停波形扫描。

(2)将鼠标移动到任意通道中需要进行区间测量的波形段的起点位置,单击鼠标左键进行确定,此时将出现一条垂直直线,它代表您选择的区间测量起点。

(3)当移动鼠标时,另一条垂直直线出现并随着鼠标的左右移动而移动,这条直线用来确定区间测量的终点。当这条直线移动时,在通道显示窗口的右上角将动态地显示两条垂直直线之间的时间差,单击鼠标左键确定终点。

(4)此时,在两条垂直直线区间内将出现一条水平直线,该直线用来确定频率计数的基线(图2-8),该水平基线将随着鼠标的上下移动而移动,并且该水平直线所在位置的值将显示在通道的右上角,按下鼠标左键确定该基线的位置,完成本次区间测量。

(5)重复上面的步骤(2),(3),(4)对不同通道内的不同波形段进行区间测量。

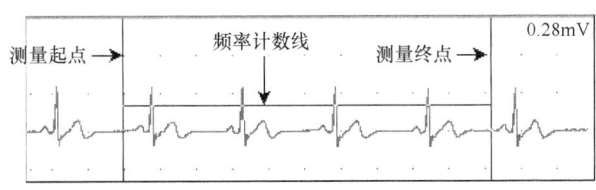

图 2-8　区间测量示意图

（6）在任何通道中按下鼠标右键都将结束本次区间测量。

16. ⚏ **心功能参数测量**　该命令用于手动测量一个心电波形上的各种参数，包括：心率、R 波幅度、ST 时段等 13 个参数。这是一个开关命令，只有在命令打开状态下方可测量。

有两种心功能参数测量方法：整体测量和局部测量。整体测量一次测量出选择心电的全部 13 个参数，局部测量则每次测量 1 个参数。如果在测量过程中已经通过工具条上的"打开 Excel"命令按钮打开了 Excel 电子表格，那么测量的数据将直接进入到 Excel 电子表格。

17. ⚏ **打开 Excel**　选择该命令，将打开 Excel 电子表格。使用这个命令打开 Excel 电子表格后，Excel 电子表格就和 TM-WAVE 软件之间建立了一种联系，以后的区间测量结果将会自动被写入到 Excel 电子表格中。

在使用此命令打开 Excel 电子表格之后，在关闭 TM-WAVE 软件之前，请不要先关闭 Excel 电子表格程序，因为这将意外中断两个程序之间的联系，而 TM-WAVE 软件又不能知道，会造成一些不好的结果。

18. ⚏ **X-Y 输入窗口**　选择该功能后，X-Y 向量图对话框将出现（图 2-9）。

X-Y 向量图不仅可以做出心电向量环，还可以完成压力-变化率环（P-dp/dt），压力-速度环（P-dp/dt/p）等分析血压与血压变化速率关系的 X-Y 曲线。

X-Y 向量图对话框中的"类型选择"参数用来设定所描绘的 X-Y 向量图的类型，有 3 种类型可供用户选择：心电向量、p-dp/dt 和 p-dp/dt/p，其中后两种类型只有在用户对某一通道的实验数据进行了微分处理后才有效，因为 dp/dt 指的是微分；否则后两种选择将无效（变为灰色）。

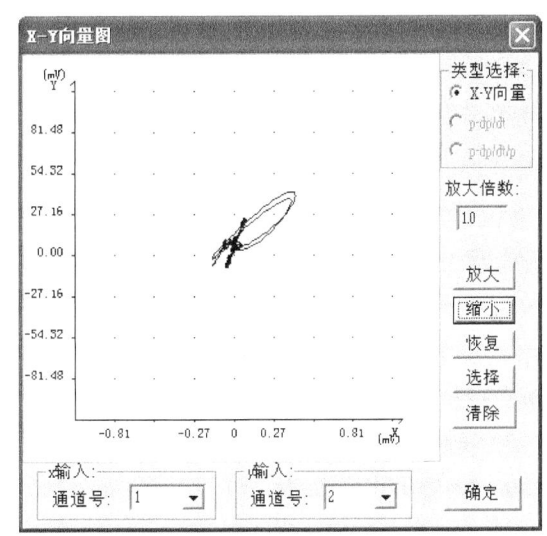

图 2-9　心电向量图显示窗

"X 输入"指的是 X-Y 向量图中 X 轴方向所选择的输入通道，可以为 1，2，3 或 4 通道中的任意一个；"Y 输入"代表 Y 轴方向的输入通道。

X-Y 向量图对话框中有 5 个功能按钮，它们分别是：放大、缩小、恢复、选择和清除。"放大"按钮用于将 X-Y 向量图在原来的基础上放大一倍；"缩小"按钮的功能与"放大"按钮功能正相反；"恢复"按钮将放大或缩小的图形恢复到 1 倍大小；"选择"按钮用于在 X 轴的输入通道上选择一段波形完整 X-Y 向量图,选择波形段的方法与区间测量选择波形段的方法相同;"清除"按钮用于清除您不需要或不满意的 X-Y 向量图形。

19. 选择波形放大　在实时实验或波形反演时,如果你想查看某一段波形的细节,可以使用这个命令。具体的操作方法是:先从波形显示通道中选择您想放大的波形段,当您使用区域选择功能选择波形段后,这个命令变得可用,用鼠标单击此命令,将弹出波形放大对话框。

20. 数据剪辑　数据剪辑是指将您选择的一段或多段反演实验波形的原始采样数据按 BL-420 的数据格式提取出来,并存入到您指定名字的 BL-420 格式文件中。这个命令只有在您对某个通道的数据进行了区域选择之后才起作用。

数据剪辑的具体操作步骤如下:

(1) 在整个反演数据中查找您需要剪辑的实验波形。

(2) 将需要剪辑的实验波形进行区域选择。

(3) 按下工具条上的数据剪辑命令按钮就完成了一段波形的数据剪辑,剪辑后的波形在显示通道中以灰色作为背景显示,以区别于没有剪辑的原始数据。

另外,如果您从刺激触发数据文件中进行剪辑,比如剪辑神经干动作电位的数据,只能按照整帧进行剪辑,即使您选择很短一段数据,系统还是要选择整帧。整帧是指每次刺激触发采样得到的数据长度,可变,如 1024,2048 等。

(4) 重复以上 3 步对不同波形段进行数据剪辑。

(5) 在您停止反演时,一个以"cut.tme"命名的数据剪辑文件将自动生成,您可以为这个数据剪辑文件更改文件名。

21. 数据删除　数据删除命令与数据剪辑命令的功能相似,均是从原始数据文件中选取有用数据,然后将有用数据另存为一个与原始数据格式相同的其他文件。但他们选择数据的方法不同,数据剪辑利用选取的波形构成一个新的数据文件,是在大量的原始数据中选择少量的有用数据;数据删除则是将选取的波形全部从原始文件中剔除,用剩余的原始数据构成一个新的数据文件,适用于从原始数据文件中剔除少量的无用数据。

注意　数据剪辑和数据删除命令不能同时使用,否则会造成混乱,因此,只要您先使用的数据剪辑命令,数据删除命令自动失效;反之亦然。

22. 添加通用标记　在实时实验过程中,当单击该命令,将在波形显示窗口的顶部添加一个通用实验标记,其形状为向下的箭头,箭头前面是该标记的数值编号,编号从 1 开始顺序进行,如 20↓,箭头后面则显示添加该标记的时间。

23. 关于　该命令用于打开软件的关于对话框,与"帮助"菜单中的"关于 TM-WAVE"命令功能相同。

24. 及时帮助　该工具条按钮的功能是提供及时帮助,当您选择该工具条命令后,鼠标指示将变成一个带问号的箭头,此时您用鼠标指向屏幕的不同部分,然后按下鼠标左键,将弹出关于指定部分的帮助信息。

(五) 时间显示窗口介绍

时间显示窗口在工具条和通道显示窗口之间,用于显示记录波形的时间。如未进行数据记录,该窗口将不会显示时间变化;如进行实验波形记录,该窗口将显示记录波形的时间。

这样,在反演时波形的时间显示就与实际实验中的时间相一致(图2-10)。这里所指的时间是一个值,即相对于记录开始的时间,记录开始的时间为0。

图2-10 时间显示窗

时间显示窗口显示的时间格式为:分:秒:毫秒。

时间显示窗口除具有时间显示功能外,还有区域选择的功能。有两种区域选择方法:①在某个通道显示窗口中选择这个通道中的某一块区域;②在时间显示窗口中选择所有通道同一时间段的一块区域。在时间显示窗口上选择所有通道同一时间段区域的方法是:首先在选择区域的起始位置按下鼠标左键,其次在按住鼠标左键不放的情况下向右拖动鼠标以选择区域的结束位置,这时所有通道被选择区域均以反色显示,最后在确定结束位置后松开鼠标左键完成区域选择。

(六) 标尺调节区简介

TM-WAVE软件显示通道的最左边为标尺调节区(图2-11)。每一个通道均有一个标尺调节区,用于实现调节标尺零点的位置以及选择标尺单位等功能。

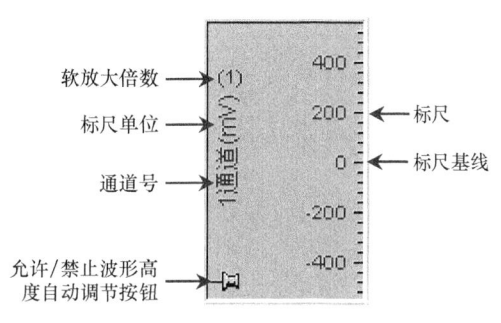

图2-11 标尺调节区

如果想调节标尺基线(标尺的0刻度线)的位置,首先将鼠标移动到标尺上,这时鼠标光标会变成一个上下指示的蓝色箭头,此时在按住鼠标左键不放的情况下上下移动鼠标,这时整个标尺会随着鼠标的移动而上下移动,从而调节标尺0点的位置。如果将鼠标光标移动到标尺上,然后双击鼠标左键,系统会自动将标尺基线位置移动到窗口中央。

(七) 分时复用区介绍

在TM-WAVE软件主界面最右边是一个分时复用区,在该区域内包含有五个不同的分时复用区域:控制参数调节区、显示参数调节区、通用信息显示区、专用信息显示区及刺激参数调节区;它们通过分时复用区底部的切换按钮进行切换。按钮 ⓘ 用于切换到控制参数调节区, ▌ 按钮用于切换到显示参数调节区, 💡 按钮用于切换到通用信息显示区, 💡 按钮用于切换到专用信息显示区。 ▌ 按钮用于切换到刺激参数调节区。

(八) 特殊实验标记选择区

位于工具条的下方,波形显示窗口的上面。特殊实验标记选择区中包含有一个特殊实验标记选择列表和一个打开特殊实验标记编辑框按钮(图2-12)。

图2-12 特殊实验标记选择

单击打开实验标记编辑对话框按钮,将弹出"实验标记编辑对话框"。您可以在这个对话框中对实验标记进行预编辑,包括增加新的实验标记组,增加或修改新的实验标记;也可以直接从中选择一个预先编辑好的实验标记组作为实验中添加标记的基础,选择标记组中所有的实验标记将自动添加到特殊实验标记编辑组合框中。

(九)刺激器设置介绍

1. 刺激器调节区 刺激器调节区位于 TM-WAVE 软件主界面右下角,点击符号 可打开或关闭刺激器调节对话框。

2. 刺激器参数介绍 在介绍刺激器设置之前,先对刺激器的各个参数做以下简单介绍,以利于更好地理解后面关于刺激器设置的叙述(图 2-13)。

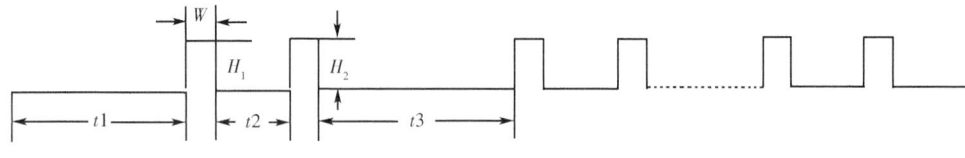

图 2-13 刺激器参数分析示意

(1) $t1$(延时):刺激脉冲发出之前的初始延时(范围:0~6s,单位:ms)。

(2) $t2$(波间隔):双刺激或串刺激中两个脉冲波之间的时间间隔(范围:0~6s,单位:ms)。

(3) $t3$(延时2):在连续刺激中,连续刺激脉冲之间的时间间隔,可与 $t1$ 相等,也可以不等(范围:0~6s,单位:ms),在显示中,该参数将被换算为频率,换算公式如下:$F = 1/(t3+w)$;其中 F 为频率(单位:Hz),$t3$ 和 w 的单位是 s。

(4) W(波宽):刺激脉冲的宽度(范围:0~2000ms,单位:ms)。

(5) $H1$(强度1):单刺激、串刺激中的刺激脉冲强度,或双刺激中第一个刺激脉冲的强度(范围 0~15V,单位:V)。如果选择的刺激模式为电流刺激,那么它表示第一个刺激脉冲的电流强度(范围 0~10mA,单位:mA)。

(6) $H2$(强度2):双刺激中第二个刺激脉冲的强度(范围 0~15V,单位:V)。如果选择的刺激模式为电流刺激,那么它表示第二个刺激脉冲的电流强度(范围 0~10mA,单位:mA)。

3. 刺激参数区 由上至下分为 3 个部分,包括:基本信息、程控信息、波形编辑,参见图 2-14。

(1) 基本信息区:基本信息是关于刺激的基本参数,对于每一个参数,均采用粗细两级的调节方法,每个参数加上一个调解机构叫做一个元素(图 2-15)。

当对话框元素的粗调按钮与微调按钮变为浮雕形式时,表明该参数此时无效,也不能被调节。某个参数当前的有效性主要由刺激器方式确定。

下面分别对各个参数作介绍。

1) 模式:有四种刺激器模式供选择,他们分别是粗电压、细电压、粗电流及细电流。

粗电压刺激模式的刺激范围为 0~100V,步长为 5mV;细电压刺激模式的刺激范围为 0~10V,步长为 5mV;粗电流刺激模式的刺激范围为 0~20mA,步长为 10μA;细电流刺激模式的刺激范围为 0~20mA,步长为 1μA;

第 2 章　机能学实验的常用仪器介绍　·13·

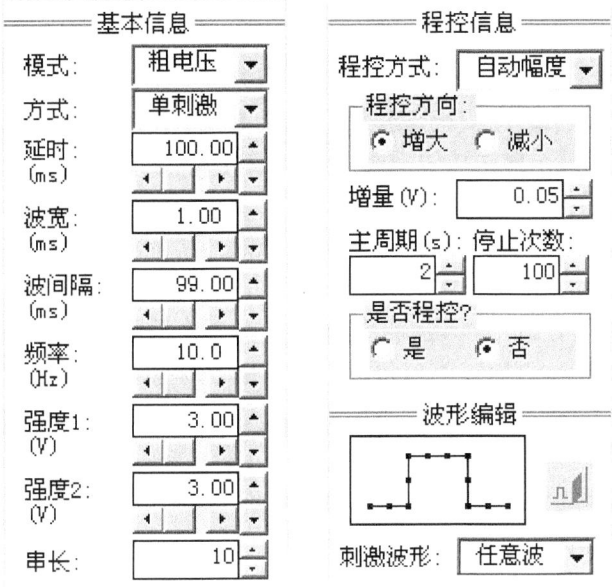

图 2-14　刺激的基本参数

2）方式：调节刺激器的刺激方式。

有五种刺激方式可供选择，它们分别是：单刺激（为默认选择）、双刺激、串刺激、连续单刺激与连续双刺激。

3）延时：调节刺激器第一个刺激脉冲出现的延时。

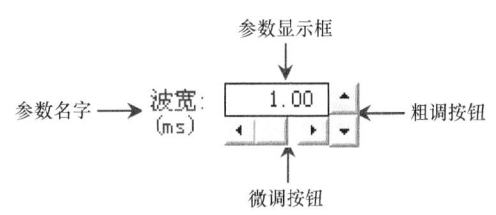

图 2-15　刺激器参数调节元素分解图

延时的单位为 ms，其范围从 0～6s 可调。每调节粗调按钮一次，其值改变 5ms，调节微调按钮一次，其值改变 0.05ms。

4）波宽：调节刺激器脉冲的波宽。

波宽的单位为 ms，其范围从 0～2s 可调。每调节粗调按钮一次，其值改变 0.5ms，调节微调按钮一次，其值改变 0.05ms。

5）波间隔：调节刺激器脉冲之间的时间间隔（适用于双刺激和串刺激）。

波间隔的单位为 ms，其范围从 0～6s 可调。每调节粗调按钮一次，其值改变 0.5ms，调节微调按钮一次，其值改变 0.05ms。波间隔的有效范围还受到刺激频率的影响。

6）频率：调节刺激频率（适用于串刺激和连续刺激方式）。

频率的单位为 Hz，其范围从 0～2000Hz 可调。每调节粗调按钮一次，其值改变 10Hz，调节微调按钮一次，其值改变 0.1Hz，但刺激器的频率受到波宽和波间隔（在串刺激和连续双刺激时波间隔才起作用）的影响，因此如果调节的波宽较长，刺激频率将不能调节到 2000Hz，计算机会自动计算出当时可以调节的最高刺激频率。

7）强度 1：调节刺激器脉冲的电压幅度（当刺激类型为双刺激时，则是调节双脉冲中第一个脉冲的幅度）或电流强度。

电压幅度的单位为 V，其范围从 0～100V 可调。在粗电压模式下，每调节粗调按钮一次,其值改变500mV,调节微调按钮一次,其值改变50mV;在细电压模式下,每调节粗调按钮一次,其值改变50mV,调节微调按钮一次,其值改变5mV。

电流强度的单位为mA,其范围从0~20mA可调。在粗电流模式下,每调节粗调按钮一次,其值改变100μA,调节微调按钮一次,其值改变10μA;在细电流模式下,每调节粗调按钮一次,其值改变10μA,调节微调按钮一次,其值改变1μA。

8) 强度2:当刺激类型为双刺激时,它用来调节双脉冲中第二个脉冲的幅度。当刺激器类型为串刺激时,它用来调节串刺激的脉冲个数。

强度2的电压幅度或电流强度的范围和调节方式与强度1完全相同。

9) 串长:该参数用来调节串刺激的脉冲个数,脉冲个数的单位为个,其有效范围从0~250个可调。每调节粗调按钮一次,其值改变10,调节微调按钮一次,其值改变1。

(2) 程控信息区:程控属性页中包括:程控方式、程控刺激方向、增量、主周期、停止次数和程控刺激选择6个部分,下面分别加以介绍:

1) 程控方式:该命令为程控刺激方式选择子菜单,包括:自动幅度、自动间隔、自动波宽、自动频率和连续串刺激等五种程控刺激方式。

2) 程控刺激方向:程控刺激方向包括增大、减小两个选择按钮,它们控制着程控刺激器参数增大或减小的方向。如果程控刺激器的方向为增大,则如果参数增大到最大时,系统自动将其设定为初始值;如果程控刺激器的方向为减小,则如果参数减小到最小时,系统自动将其设定为初始值。

3) 程控增量:程控刺激器在程控方式下每次发出刺激后程控参数的增量或减量。

4) 主周期:程控刺激器的主周期,单位为s。主周期是指程控刺激两次刺激之间的时间间隔。

5) 停止次数:停止次数是指停止程控刺激的次数,在程控刺激方式下,每发出一个刺激将计数一次,所发出的刺激数达到停止次数后,将自动停止程控刺激。也就是说在停止次数是停止程控刺激的一个条件。

6) 程控刺激选择:程控刺激选择包括"程控"和"非程控"两个选择按钮,可以通过这个选择按钮的选择,在程控刺激器和非程控刺激器之间进行选择。在任何时候,都可以选择程控按钮来将刺激器设置为程控刺激器;也可以选择非程控按钮随时停止程控刺激器。

(陆 杰)

第二节 换 能 器

在生物医学中的换能器(transducer)是一种能将机械能、化学能、光能等非电量形式的能量转换为电能的器件或装置。因此,换能器能将机体各系统、器官、组织直至细胞水平及分子水平的生理功能或病理生理变化参数,如体温、血压、血流量、呼吸流量、脉搏、渗透压、血气含量等非电量转换为电量,然后送至电子测量仪器进行测量、显示和记录。

一、应变式换能器的工作原理

生理科学实验中使用的张力换能器和压力换能器属粘贴有应变片的应变式换能器,这类换能器是根据导电材料在受力变形时,材料电阻率发生变化或其几何尺寸变化使电阻改变的原理制成(图2-16)。

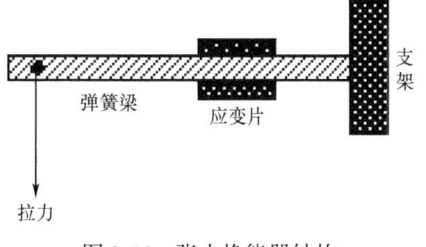

图2-16 张力换能器结构

二、常用的换能器

在生理科学实验中,常用的换能器有:

1. 生物电的引导电极 它能将离子电流转换成电子电流。电极多选用银、不锈钢、铂等材料制成,实验室引导动物心电图时常采用注射器针头作引导电极。

2. 张力换能器 它能将各种张力转换成电信号。张力换能器有多种规格,根据被测张力的大小选用合适量程的换能器。常用的有0~10g、0~50g、0~100g和0~500g等。

3. 压力换能器 它能将各种压力如血压转换成电信号。生物学实验中常用的血压换能器测量范围是-50~+300mmHg。

4. 流量传感器 它能将各种流体的流量如呼吸气流转换成电信号。此类传感器应用光电或磁电原理工作。

三、换能器使用注意事项

(1) 在使用时不能用手牵拉弹性梁和超量加载。张力换能器的弹性悬臂梁的负荷量不应超过满量程的20%,如果过大换能器可能被损坏。

(2) 防止水进入换能器内部。张力换能器内部没有经过防水处理,水滴入或渗入换能器内部会造成电路短路,损坏换能器,累及测量的电子仪器。

(3) 压力换能器不能碰撞,应轻拿轻放。压力换能器的内部由应变丝构成电桥,应变丝盘绕在应变架上,应变架结构精密,应变丝和应变架在碰撞和震动时,会发生断丝或变形。

(4) 压力换能器施加的压力不能超过其量程规定的范围。换能器的弹性膜片在过载情况下将不能恢复其形变,过载会发生应变丝断丝或应变架变形。

(陆 杰)

第三节 YSD-4G药理生理实验多用仪

一、概 述

YSD-4G型药理生理实验多用仪是一种生理、药理、病理实验综合性多用实验仪器。它由数字式集成电路对振荡频率进行逐次分频,产生各种不同标准频率(A)和时间间隔(B)

的刺激波形。波宽和电压幅度连续可调,并设有单次、双次、定时、连续、延迟和同步等输出方式。多用仪设置十进计数电路,采用三位数码管直接显示数字,可用于计时间、计液滴滴数和动物活动计数,并可接电磁标及记录仪进行记录。多用仪设有交流控制,做激怒电惊厥等实验还设有外接电热器进行恒温控制等。

二、主要技术性能

1. 频率范围(A)　按 $2n$ 倍增,分十档：1Hz、2Hz、4Hz、8Hz、16Hz、32Hz、64Hz、128Hz、256Hz、512Hz。

2. 时间间隔(B)　分十档 0.125s、0.25s、0.5s、1s、2s、4s、8s、16s、32s、64s。

3. 刺激输出

(1) 输出方式：分连续 A、连续 B、连续双次、定时和单次五种。

(2) 输出电压幅度(刺激强度)分 0~2V、0~10V、0~50V 三档,分别连续可调。

(3) 输出矩形波波宽：0.1~20ms 连续可调。

(4) 刺激输出与同步间延迟：0.1~20ms 连续可调,连续双次时,两脉冲之间间隔可在 0.2~200ms 范围连续可调。

(5) 矩形波输出端对零电位(地)实行短路保护：满 10V 和 50V 保护。

4. 同步输出(在后面板)　供示波器观察波形时候用,输出为负脉冲。

5. 计数与显示　可按选定的时间间隔计时,还可由"计数输入"插口外接受滴装置或动物活动转换装置进行计数,三位数码管显示数字十进制计数。

6. 电磁标与记录仪输出　设有两组电磁标,输出幅度为 12V,其对应的记录仪幅度为 0.8V 可对计数和刺激次数进行描记。

7. 设有交流电压输出有效值 0~150V　供激怒和惊厥实验。

8. 设有恒温输出对外接电热器加热　功率可达 400W,并进行恒温控制。

三、使用方法

(一) 基本功能检查

1. 通电前的准备

(1) 把"刺激方式"旋钮置"A"档,"A"频率旋钮,"B"时间旋钮均置于任意。

(2) 电源开关置于"关"。

(3) "延迟"和"波宽"旋钮关到最小(反时针)位置。

(4) "刺激输出电压"档次置于"2V"。

(5) "刺激输出电压强度"电位器关到最小(反时针)位置。

(6) "交流输出"钮子开关拨在"停止"。

(7) "交流输出"调节旋钮关到最小位置。

2. 通电检查　以上工作准备就绪,插上电源插头,接上电源,把"电源开关"拨到"开"的位置。

(1) 按"启动"按钮,调节波宽旋钮由小到大,前面板发光二极管逐渐由暗到亮。如果按"停止"按钮亮度也消失了。

(2) "A频率"旋钮置于"4Hz","B时间"旋钮置于"1s","刺激方式"旋钮置于"连续B",这时机内继电器工作,发出一秒一个的"咯嗒"声音,发光二极管1秒闪烁一次亮光,此时将计数开关拨到"计时"即每秒计一个数。

(3) 同时拨"交流输出"钮子开关置于"工作"调节交流强度旋钮,电压表应有指示数据。以上检查完毕说明机器工作正常。

(二) 实验操作

1. 矩形波刺激输出 由前面板"刺激输出"插口输出矩形波,矩形波的电压幅度由拨动式波段开关和"强度"旋钮调节、分0—2V、0—10V、0—50V三档,每档均为连续可调的正脉冲输出,矩形波的波宽由"波宽"旋钮连续调节,最大波宽为20ms(频率低于16Hz),最小波宽为0.1ms。在后面板有"同步"接线柱,输出同步信号可接示波器外触发,供观察波形时候用。在前面板上有"延迟"旋钮可调节刺激输出与同步输出之间的延迟,以便在观察时,使波形处于示波器荧光屏的正中,延迟时间由0.1ms至20ms连续可调。前面板上的发光二极管,可指示多用仪控制部分是否正常工作,并可指示刺激频率的快慢,波宽的宽窄,刺激输出的有无。强弱不能显示。在后面板上有"监视"插口,可接示波器监测刺激输出的波形。根据不同的用途选择不同的刺激方式。由"刺激方式"开关选定可分以下五种:

(1) "连续A":按启动按钮,即可输出连续脉冲,脉冲的频率由"A频率"选择开关旋钮决定,只有按"停止"按钮时才停止输出,按"启动"或"停止"按钮时后面板"电磁标Ⅰ"及"记录仪Ⅱ"均有输出供记录用。"连续A"可产生连续刺激,为连续刺激离体蟾蜍坐骨神经标本,用示波器配合可观察神经动作电位及药物对其影响,也可用于其他多种组织的刺激。

(2) "连续B":本档主要用于做激怒实验。当后面板的钮子开关拨到"工作"位置,后面板的两芯插座输出可变交流(50Hz)电压,它的强度由后面板"强度"旋钮从0到250V连续可调。电压表直接读出数据。输出的次数由"B时间"选择开关控制。例如:置0.125s即0.125秒输出一次,4s即每4秒输出一次。每次输出交流电压持续时间由"A频率"选择开关旋钮控制。因为"A频率"只有半个周期是高电频控制输出,所以每次输出维持的时间是"A频率"所选频率换算时间的一半,选择例如:1Hz即每次输出维持1/2秒,4Hz即每次输出维持1/8秒,8Hz即每次输出1/16秒。

在"连续B"时,前面板仍有刺激输出。输出频率由"B时间"选择开关旋钮决定,可由0.125s(8Hz)到64s(1/64Hz)调节,此时"A频率"选择开关旋钮需放在适当的位置(见注意事项3)"波宽""延迟"和"强度"旋钮均起作用。

(3) "连续双次":本档主要用于心脏不应期的实验,刺激输出为双脉冲,由"B时间"开关旋钮选择重复周期。如"B时间"选择2s,即2秒重复输出一次双脉冲,双脉冲之间的间隔可由前面板"延迟"旋钮在0.2~200ms范围连续可调,"波宽"和"强度"旋钮均起作用。

(4) "定时"档:按"启动"按钮即输出连续脉冲,脉冲频率由"A频率"选择开关旋钮决定,但输出时间的长短由"B时间"选择开关旋钮决定,可用于定时刺激。例如:当频率为8Hz,时间为1s时,按"启动"按钮,即输出定时为1秒,频率为8Hz的矩形波,也就是在1秒的时间内可输出8个脉冲,"延迟"、"波宽"和"强度"旋钮均起作用。其可用定量刺激实验,诱发动物心率失常。

（5）"单次"档：按"启动"按钮可输出单次脉冲刺激，如刺激神经肌肉标本引起肌肉的单收缩，还可用于小白鼠电惊厥的实验（见实验操作3）"延迟""波宽"和"强度"旋钮均起作用。

2. 数字式计数器

（1）计时间：前面板左中的钮子开关向上拨"计时"多用仪即可按"B 时间"选择开关旋钮所选定的时间进行计时，由数码管直接显示累计的时间数，接通电源应自动显零，十位和百位熄灭随计数增加逐位显示。"B 时间"在 1s 时显示为计的"秒数"可以作为秒表使用。"启动"按钮按下显示清零。在计时的同时后面板"电磁标Ⅰ"和"记录Ⅰ"均供记录用。

（2）计滴数：前面板左中的钮子开关向下拨"计数"，将受滴装置的引线插头插入"计数输入"的插口中，数码管即可显示滴下的液滴的次数，"电磁标1"和"记录Ⅰ"均供记录用。

（3）动物活动计数：前面板左中钮开关向下拨"计数"，把两端装有中型插头的导线一端插入多用仪的"计数输入"插口，另一端插入活动计数盒插口，再用地线引出线将多用仪后面板"地线"接线柱与附件盒上黑色接线柱相连，然后把金属板放入附件盒，圆心放置在突起的尖端上即可进行实验，小鼠在附件盒中倾斜的金属板上活动，每转一圈，多用仪的数码管计 4 个数字，"电磁标1"和"记录1"均可进行记录。

3. 电惊厥实验 将"刺激方式"置于单次的位置，"A 频率"（即控制输出的持续时间）置于 2Hz 或 4Hz，后面板上的开关拨向"工作"，电压调节旋钮置于适当位置，由电压表指示电压数，则后面板交流输出插座，可输出单次持续 250ms 或 125ms 的 50Hz 交流电压，实验时将输出线上的两鳄鱼夹用生理盐水浸湿分别夹住小鼠两耳，然后按下"启动"按钮即可使小白鼠发生电惊厥，以观察药物抗电惊厥的作用。

4. 激怒实验 将多用仪后面板的钮子开关拨向"工作"，交流电压调节旋钮逆时针旋至最小，把交流电压输出线插入多用仪后面板的"交流电压输出"的插座中，另一端两鳄鱼夹分别夹在附件盒上的红线黑接线柱上，并取出金属板，多用仪的"刺激方式"置于"连续 B"，一般情况下，将"B 时间"置于 1S 档，"A 频率"置于 4Hz 档，将两只雄性小白鼠放在实验盒中，调节交流电压强度，由小逐渐增大，即可观察小白鼠的激怒反应（两鼠两前肢相对）。

5. 恒温控制 附件恒温电热箱上水银接点式温度计选用所需的温度控制点，把两电极引线插头插入后面板上"温度控制"插口，恒温输出插座的输出与电热器相连，自动控制加热器电源通断，以保持温度恒定，可做各种脏器、器官的离体灌流、热板法镇痛等实验。

6. 短路保护 矩形波输出设有短路保护装置，当刺激输出档置于满 10V 或 50V 时，"刺激输出"端发生短路，机里的输出脉冲立即切断，发光二级管熄灭，直至外部短路排除，按一下"短路复位"按钮，才重新输出脉冲，发光二极管亮。

四、注意事项

（1）后面板上的交流输出开关向上拨至"工作"时，两芯插座有交流电压输出，不能让它长时间短路，以免损坏机内元件。不用时拔掉"交流输出"插头，开关拨向"停止"。

（2）"恒温输出"含有交流 220V 火线，须注意安全，插上或拔掉插头座均应关机操作，不用时拔掉。

(3）当"刺激方式"为"连续 B"或"连续双次"时，"A 频率"选择开关旋钮须放在适当位置，例如："B 时间"为 0.12s，"A 频率"须置于 8Hz 以上，也就是说必须 A 频率>1/B 时间，否则以上二档输出波形将发生紊乱，继电器工作紊乱。

（4）为防止感应电流的影响，本机必须良好接地。

（高丽佳　陆　杰）

第四节　分光光度计使用

分光光度计能在近紫外、可见光谱区域内对样品物质作定性和定量分析，因其灵敏度、准确性和选择性都较高，是一种实用性非常强、操作简便的通用分析仪器；因而在医疗卫生、临床检验、生物化学、环境保护、食品、材料科学等领域的生产、教学和科研工作中被广泛应用。

一、工作原理

当一束单色光照射待测物质的溶液时，当某一定频率（或波长）的可见光所具有的能量（hf）恰好与待测物质分子中的价电子的能级差相适应（即 $\Delta E = E2 - E1 = hf$）时，待测物将对该频率（波长）的可见光产生选择性的吸收。用可见分光光度计可以测量和记录其吸收程度（吸光度）。由于在一定条件下，吸光度 A 与待测物质浓度 C 及吸收地长度 L 的乘积成正比，即 $A = KCL$；所以，在测得吸光度 A 后，可采用标准曲线法、比较法以及标准加入法等方法进行定量分析（图 2-17）。

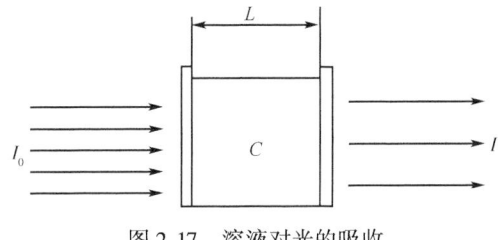

图 2-17　溶液对光的吸收

$T = I/I_0$　　$\text{Log} I_0/I = KCL$　　$A = KCL$

T：透射比　I_0：入射光强度　I：透射光强度　A：吸光度

从以上公式可以看出，当入射光、吸收系数和溶液的光程长不变时，透过光是根据溶液的浓度而变化的，722 型光栅分光光度计的基本原理是根据上述光学现象而设计的。

二、仪器的结构

任何分光光度计由光源室、单色器、试样室、光电管暗盒、电子系统及数字显示器等部件组成（图 2-18）。光源为钨卤素灯，波长范围为 330 ~ 800nm。吸光度范围 0 ~ 1.999。单色器中的色散元件为光栅，可获得波长范围狭窄的接近于一定波长的单色光。

三、仪器的主要技术指标及规格

（1）范围：340 ~ 820nm

（2）准确度：±2nm

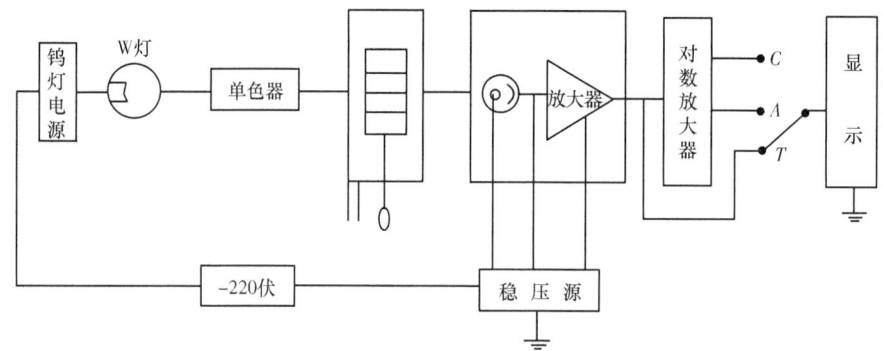

图 2-18　722 结构方框

(3) 重复性:<1nm
(4) 带宽:5nm
(5) 光:≤0.6%;(T)(在360nm处)
(6) 比测量范围:0~100%(T)
(7) 度测量范围:0~1.999(A)
(8) 直读范围:0~1999
(9) 精度:透射比准确度:≤1%(T)吸光度准确度:≤±0.004A(在0.5A处)
(10) 比重复性:<0.5%(T)
(11) 12V30W(长寿命卤钨灯)
(12) 元件:平面光栅,1200条线/mm

四、常用分光光度计的使用

1. 722型光栅分光光度计　722型光栅分光光度计的外形如图(图2-19、图2-20)所示。

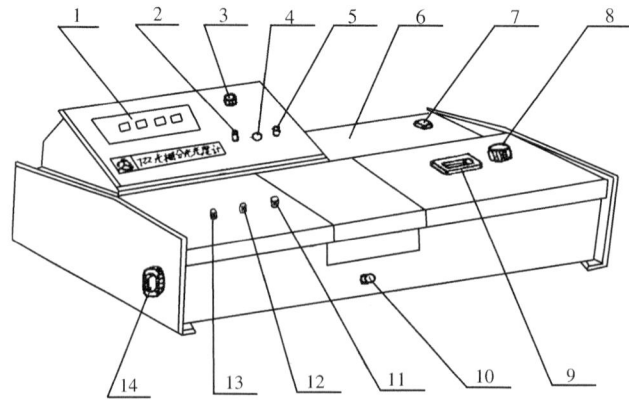

图 2-19　仪器外形

1. 数字显示器　2. 吸光度调零旋钮　3. 选择开关　4. 吸光度调斜率电位器　5. 浓度旋钮　6. 光源室　7. 电源开关　8. 波长手轮　9. 波长刻度窗　10. 试样架拉手　11. 100% T 旋钮　12. 0% T 旋钮　13. 灵敏度调节旋钮　14. 干燥器

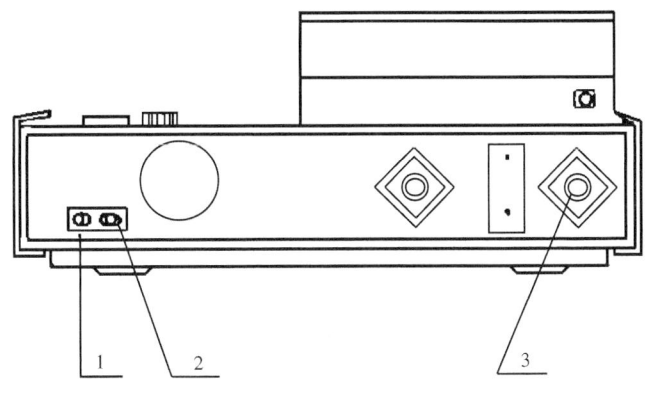

图 2-20　仪器后视图
1. 1.5A 保险丝　2. 电源插头　3. 外接插

（1）使用仪器前,使用者应该首先了解本仪器的结构和工作原理,以及各个操作旋钮之功能。在未接通电源前,应该对仪器的安全性进行检查,电源线接线应牢固。通地要良好,各个调节旋钮的起始位置应该正确,然后再接通电源开关。

仪器在使用前先检查一下,放大器暗盒的硅胶干燥筒(在仪器的左侧),如受潮变色,应更换干燥的蓝色硅胶或者倒出原硅胶,烘干后再用。

（2）将灵敏度旋钮调置"1"档(放大倍率最小)。

（3）开启电源,指示灯亮,选择开关置于"T",波长调至测试用波长。仪器预热 20min。

（4）打开试样室盖(光门自动关闭),调节"0"旋钮,使数字显示为"00.0",盖上试样室盖,将比色皿架置与蒸馏水校正位置,使光电管受光,调节透过率"100%"旋钮,使数字显示为"100.0"。

（5）如果显示不到"100.0",则可适当增加微电流放大器的倍率档数,但尽可能置低倍率档使用,这样仪器将有更高的稳定性。但改变倍率后必须按(4)重新校正"0"和"100%"。

（6）预热后,按(4)连续几次调整"0"和"100%",仪器即可进行测定工作。

（7）吸光度 A 的测量按(4)调整仪器的"00.0"和"100%",将选择开关置于"A",调节吸光度调零旋钮,使得数字显示为".000",然后将被测样品移入光路,显示值即为被测样品的吸光度值。

（8）浓度 C 的测量:选择开关由"A"旋置"C",将已标定浓度的样品放入光路,调节浓度旋钮,使得数字显示为标定值,将被测样品放入光路,即可读出被测样品的浓度值。

（9）如果大幅度改变测试波长时,在调整"0"和"100%"后稍等片刻,(因光能量变化急剧,光电管受光后响应缓慢,需一段光响应平衡时间),当稳定后,重新调整"0"和"100%"即可工作。

（10）每台仪器所配套的比色皿,不能与其他仪器上的比色皿单个调换。

2. 722S 型分光光度计

（1）连接仪器电源线,确保仪器供电电源有良好的接地性能。

（2）预热:接通电源,开机使仪器预热不少于 30min,在预热过程中应打开样品室盖,切断光路。

（3）设置测试模式:按动"功能键"可切换测试模式:透射比(T),吸光度(A),已知标准样品浓度值方式(C)和已知标准样品斜率(F)方式。

（4）改变波长：旋转波长调节旋钮改变仪器的波长显示值。

（5）设置参比样品和待测样品：将参比样品和待测样品分别倒入比色皿中，保持比色皿透光表面干净。打开样品室盖，将盛有溶液的比色皿分别插入比色槽中，盖上样品室盖。一般参比样品放在第一个槽位。

（6）置0%（T）：将校具（黑体）置入光路中，使黑体遮断光路，在 T 方式下按"%T"键，此时显示器显示"000.0"。

（7）置100%（T）：将参比样品推（拉）入光路中，按"$0A/100\% T$"键调 $0A/100\% T$，此时显示器显示的"BLA"直至显示"100.0"%T 或"0.000"A 为止。

（8）当显示器显示出"100.0"%T 或"0.000"A 后，将被测样品推（拉）入光路，这时你便可从显示器上得到被测样品的透射比或吸光度值。

五、仪器的维护

（1）使用前，使用者应该首先了解本仪器结构和原理，以及各个旋钮功能。

（2）仪器接地要良好，否则显示数字不稳定。

（3）拿取比色皿时，手指不能接触其透光面。

（4）装溶液时，先用该溶液润洗比色皿内壁 2~3 次；测定系列溶液时，通常按由稀到浓的顺序测定；被测溶液以装至比色皿的 3/4 高度为宜。

（5）装好溶液后，先用滤纸轻轻吸去比色皿外部的液体，再用擦镜纸小心擦拭透光面，直到洁净透明。

（6）一般参比溶液的比色皿放在第一格，待测溶液放在后面三格。

（7）实验中勿将盛有溶液的比色皿放在仪器面板上，以免玷污和腐蚀仪器，实验完毕，及时把比色皿洗净、晾干，放回比色皿盒中。

（8）仪器左侧下角有一只干燥剂筒，应保持其干燥，发现干燥剂变色应立即更新或烘干后再用。

（9）当仪器停止工作时，切断电源，电源开关同时切断，并罩好仪器。

（陈　黎　陆　杰）

第五节　血气分析仪

血气分析仪是采用高灵敏度的离子选择电极（包括 PH 电极、氧电极、和二氧化碳电极）来测定样品（主要是动脉血）中的酸碱度（氢离子浓度 PH）、二氧化碳分压（PCO_2）和氧分压（PO_2）值，并通过运算获得其他参数的精密实验室仪器。具有所需样品少，检测速度快，直接打印检测结果等特点。

血气分析仪因型号不同，操作略有差别（型号不同的仪器，应按不同的要求进行操作），但均应确保测定的准确，减少误差。由于血液中物质的生物活性容易受到采血部位、容器、空气等影响，所以必须十分注意样品的采集和保存。

采血前,先将洁净注射器中空气排除,连上针头,然后吸取抗凝剂(如:肝素生理盐水溶液),抽动注射器,使抗凝剂湿润注射器内壁,并充满所有空隙。从动脉采血 0.5~1ml,血样内不能混入气泡(如在采血时出现气泡应及时排除)。针头拔出后立即刺入一橡皮塞内,以确保样品与外界空气隔绝。采集好样品后,应将注射器在手掌中来回搓动,使血样与抗凝剂充分混匀,以待测定。

血液样品应尽快测定,如 30min 内不能测定样品,可将样品存放于 4°C 环境中,但一般不能超过两小时。

由于血气分析仪是以电极为传感器的精密仪器,电极工作正常与否与测定的准确性密切相关,所以在测定前和测定后对电极的保存和管理至关重要。如果血气分析仪短期不用,应多次冲洗和抽空管道内的溶液,然后取下参比电极保存,并关机。恢复使用时,先擦干净参比电极周围的白色结晶物,安装好参比电极与泵管,即可使用。长期不用的仪器,先多次冲洗和抽空管道中的溶液,然后取下所有电极,松开泵管,关机。除参比电极以外所有电极皆取出电极芯,倒出电极内液,再装回电极芯,保存。参比电极视情况加 KCl 溶液,不得干透。再次使用按要求安装和操作。

附血气相关参数缩写:实际碳酸氢盐(AB)。标准碳酸氢盐(SB)。血浆总二氧化碳(TCO_2)。实际碱剩余(ABE)。标准碱剩余(SBE)。缓冲碱(BB)。动脉血氧饱和度(S_aO_2)。动脉血样含量(C_aO_2)。

(郑维萍 陆 杰)

第3章 常用实验动物的基础知识和操作技术

第一节 常用实验动物的基础知识

鉴于以人体为对象的研究存在许多难以逾越的障碍,作为替代,某些动物品系常常被用于制作特定的疾病模型,以研究在正常和疾病状态下机体功能及组织结构出现的宏观和微观的改变,研究药物对正常和疾病状态的机体作用及机体对药物的不同处置过程。因此,作为医学和药学学生及相关学科的学生,了解最常用于教学、医疗和科学研究实验的一些动物的特性是非常必要的。

一、实验动物的遗传学分类

在采用动物的实验研究中,为了减少实验误差,通常要求所用动物能达到一定的纯度。这可以通过特殊的遗传育种和遗传监控达到。从遗传学的角度把实验动物分为近交系(inbred strain)、封闭系(closed colony)、突变系(mutant strain)和系统杂交动物(hybrid animal)四类。

1. 近交系 采用兄妹交配或亲子交配连续20代以上,获得群体基因高度纯合和稳定的动物种群。如小鼠中的C57BL和DBA均系近交系。近交系的优点在于所有个体的遗传特性高度相似;任何一个基因位点上的纯合概率均达到98.6%以上。缺点在于易导致不利于动物个体和群体发育的近交衰退。

2. 封闭群 封闭群又称远交原种(outbred stock)。一般指某个动物种群连续5年以上未从外部引种,而只在群体内随机交配育种的动物群。如昆明种小鼠、NIH小鼠、SD和Wistar大鼠等。封闭群动物具有较强的繁殖能力、活力和抗病力,但遗传基因的杂合性较高,个体间的变异较大。

3. 突变系 为正常染色体基因发生突变而成为携带遗传缺陷基因的动物品系。突变系动物常有特殊的研究用途。如裸小鼠、糖尿病小鼠、尿崩症大鼠等。

4. 系统杂交动物 为两个近交品系动物之间的杂交第一代(F1)动物。如C57BL和DBA小鼠之间的杂交第一代。

根据动物饲养环境中,微生物的控制情况,又将动物分为:①无菌动物(germ free animals),体内外均无病原微生物的动物;②悉生动物(gnotobiotic animals),带有明确微生物丛的动物;③无特定病原体动物(specific pathogen free animals),指不带有特定病原微生物或寄生虫的动物;④普通动物(conventional animals),亦称清洁动物(clean animals),带有一般微生物或寄生虫,但未带有人畜共患的或者致动物严重疾病的病原体。

二、实验动物的选择和应用

在每项科学研究中,动物的选择是非常重要的。因为并非所有的动物都适合特定的实

验研究。为了使实验结果尽可能与真实情况相符,必须对实验动物进行选择。其选择的主要原则如下:

1. 近似性 选择在组织结构方面、功能方面或疾病产生和进程方面与要研究的对象近似的动物。如药物成瘾的行为学研究,采用灵长类动物,因为其行为更接近于人,而其他动物与人的行为相差较大。免疫、过敏和实验性结核病模型,一般选用豚鼠;血压、心血管调节研究选择猫和犬较为合适;动脉粥样硬化模型选择家兔和鹌鹑,而不用大鼠。

2. 简单性 科学研究中,希望把复杂的东西尽可能简单化,以便能更好地控制实验条件,减少实验误差。如研究神经反射弧,尽管蟾蜍或蛙的神经系统与人相差较大,但因其简单明了,使用非常方便。家兔颈部的交感神经、迷走神经和减压神经分别存在,独立走行,而人、猪、犬和猫的减压神经常常与之并行;因此研究减压神经对心脏的调节选用家兔就比较方便。

3. 经济实用性 动物实验研究常常需要考虑实验的成本。其中动物的成本是非常高的。尽可能选择经济实用的动物是非常重要的。如进行离体心功能实验时人们常常选用蟾蜍而不用哺乳类动物心脏;因为前者条件要求低,易成活,而后者需要大量营养液、氧气和苛刻的温度和湿度控制。又如成瘾研究中,尽管灵长类最合适,但不易获得。所以在最初的研究中,一般采用大鼠或小鼠代替,可使成本降低。

(周岐新)

第二节 常用实验动物的基本操作技术

一、常用实验动物的捉拿

掌握正确的捉拿动物方法,可使受试动物迅速固定于合适体位,防止动物过度挣扎或受到损伤,又可避免实验者被动物咬伤,以保证实验的顺利进行。

(一) 蟾蜍或青蛙

进行捣毁蟾蜍的脑、脊髓操作时,通常实验者以左手的拇指压住动物脊柱,食指下压蟾蜍的上颌,中指夹住蟾蜍前肢,无名指和小指夹住蟾蜍双下肢(图3-1A)。右手进行捣毁蟾蜍的脑、脊髓操作。

进行注射操作时,将蟾蜍腹部朝外,实验者以左手拇指和食指夹住蟾蜍头及躯干交界处,左手其他三指握住其躯干及下肢(图3-1B)。

在捉拿和操作时,禁忌挤压蟾蜍两侧耳部突起的耳后腺,以免毒液射入眼中。为避免此情况的发生,在捉拿和操作之前,最好先用蛙布破坏蟾蜍的耳后腺,再进行操作。

(二) 小鼠

实验者以右手拇指和食指捏住鼠尾,将小鼠提起,放于鼠笼的铁丝网上或其他粗糙面上,向后上方轻拉鼠尾,此时小鼠前肢紧紧抓住粗糙面上,实验者以左手拇指及食指沿其背向前捏住鼠双耳之间的头部皮肤,右手向外拉住鼠尾,使鼠身拉直,左手中指抵住其背部,再

图 3-1　蟾蜍（或青蛙）的捉拿法

翻转左手，使小鼠腹部向上，然后以左手无名指、小指固定其躯干下部和尾部。右手可进行其他简单实验操作（图 3-2）。

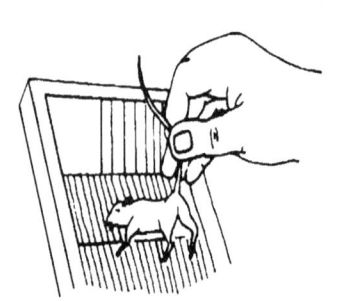  

图 3-2　捉拿小鼠的方法

（三）大鼠

捉拿固定法基本上与小鼠相同。但大鼠被激怒后易咬人。为防被大鼠咬伤，实验者应戴帆布手套捉拿。右手抓住鼠尾，将大鼠放在鼠笼的铁丝网上或其他粗糙面上，向后轻拉其尾，使其爬伏不动，再用左手拇指、食指捏住头部皮肤，其余 3 指和手掌固定鼠体，使其头、颈、胸、腹呈一直线（图 3-3）。如果未抓紧，动物头部尚能转动，可用另一手帮助捏紧其头部皮肤重新固定。

（四）家兔

家兔比较驯服，不会咬人，但脚爪较尖，捉拿时要避免被其抓伤。捕捉时，实验者以右手抓住家兔脊背靠颈部皮

图 3-3　大鼠的捉拿法

肤，轻轻把家兔提起，迅速以左手托其臀部，使家兔体重主要落在实验者的左掌心上，以免损伤动物颈部（图 3-4）。此外，抓家兔的耳朵、腰部或四肢易造成家兔耳、颈椎或肾脏的损害。

图 3-4　家兔的捉拿法

(五) 豚鼠

豚鼠性情温顺,胆小易惊,因此捉拿时要求快、稳、准。实验者以右手拇指和中指从豚鼠背部绕到腋下,一手即可抓起。对于个体特大者或妊娠者,可用另一手在臀部捏住其后腿,把豚鼠托起(图 3-5)。

图 3-5　豚鼠的捉拿法

(六) 犬和猫

目前,学生实验几乎不用犬和猫,因此有关犬和猫的捉拿方法从略。

二、常用实验动物的固定

麻醉后需将动物固定在手术台上,以便手术操作和记录。固定动物的方法和姿势依实验内容而定。仰卧位是机能实验中最常用的固定姿势,适合于颈部、胸部、腹部和股部的手术和实验。俯卧位适合于颅脑和脊髓实验。侧卧位适合于耳蜗和肾脏(腹膜后入路)部位的实验。

(一) 兔的固定

1. 头部固定　目前多采用简易固定法进行仰卧位的固定。使动物仰卧,用棉绳套住其上门齿,再系于实验台的铁柱上或木钩上。进行头颅部手术的实验动物,头部可根据实验要求固定于立体定向仪、马蹄形头固定器。

犬和猫的固定基本与兔相同。

2. 四肢的固定　头部固定后,再固定四肢。先用四根棉绳的一端分别打活结套在动物四肢腕、踝关节的上方,另一端缚于实验台两侧的木钩上。

若动物取仰卧位,绑缚左右两前肢的棉绳从动物背后交叉穿过,再压住对侧前肢(前肢须平直放在躯干两侧),分别缚于实验台两侧的木钩上。两后肢直接固定在同侧的木钩上。

若进行头颅部手术时,动物取俯卧位,再将四肢固定即可。

(二) 鼠的固定

取仰卧位时,可用细棉绳扣住动物的两上门齿,再固定于鼠解剖台头端的小钉上。四肢均用有活结细棉绳缚住,并固定在解剖台两侧的木槽内(绑缚两前肢细棉绳不需交叉)。

取俯卧位时,可用 U 形扣夹住动物的颈部,四肢用细棉绳缚与解剖台两侧的木槽内。

(三) 蛙的固定

用蛙足钉或图钉将四肢钉在蛙板上即可。

三、实验动物的去毛

动物的被毛常会影响实验操作和结果的观察,因此,实验前必须剪短或除去动物的被毛。常用的去毛方法简述如下:

1. 剪毛法　常用于动物急性实验。将动物固定后,用一般弯剪刀紧贴动物皮肤将手术野的被毛剪去。在剪毛过程中,切不可提起动物被毛,以免剪伤动物皮肤。剪下的毛放入盛有水的容器内。

2. 拔毛法　适用于大、小白鼠或家兔耳缘静脉和后肢皮下静脉注射或取血。此法简单,将动物固定后,用拇指和食指将手术野的被毛轻轻拔去。

3. 剃毛法　用于大动物的慢性实验。将动物固定后,先用剪刀剪去长毛,再用刷子蘸温肥皂水将剃毛部位的被毛充分浸润,然后用剃毛刀顺被毛生长方向剃去被毛。若采用电动剃毛刀,逆被毛生长方向剃毛,比较方便。剃毛时用手绷紧动物皮肤,不要剃破动物皮肤。

4. 脱毛法　采用化学脱毛剂将动物被毛脱去。常用于动物无菌手术野备皮。

常用的脱毛剂配方有:

(1) 硫化钠 8g 溶于 100ml 水内,配成 8% 硫化钠水溶液。

(2) 硫化钠 3 份、肥皂粉 1 份、淀粉 7 份,加水调成糊状软膏。

(3) 硫化钠 8g、淀粉 7g、糖 4g、甘油 5g、硼砂 1g、水 75g,调成稀糊状。

(4) 硫化钠 10g、普通生石灰 15g,加水至 100ml 拌匀。

各种脱毛剂用法:将脱毛部位的被毛先用剪刀剪短,以节省脱毛剂用量。(注意:脱毛部位被毛在脱毛前一定不要用水洗,以免脱毛剂渗入毛根刺激皮肤。)用棉球或纱布块蘸脱毛剂在脱毛的部位涂成薄层,2~3min 后用温水洗去该部位脱下的毛和脱毛剂,再用纱布将水擦干,涂上一薄层油脂。

采用上述 1~3 种配方,对家兔、大白鼠,小白鼠等小动物脱毛效果较满意。第 4 种配方对犬等大动物的脱毛效果很好。

(刘爱东　王　菁)

第三节　实验动物的麻醉和麻醉方法

一、实验动物的麻醉

实验动物的麻醉,是机能实验中的重要问题。恰当的麻醉可保证手术的成功和整个实验的顺利进行,过浅或过深都会影响手术或实验的进程和结果。

二、麻　醉　方　法

(一) 局部麻醉法

局部麻醉是指在动物清醒情况下,用局部麻醉药可逆性阻断感觉神经末梢发出的冲动并向中枢传导,使局部痛感觉暂时消失。一般在用药后几分钟内起效,药效维持 1h 左右。

局部麻醉法有局部皮下浸润注射法、神经干阻滞法和黏膜局部滴药或涂药麻醉法等。在进行皮下浸润麻醉时,先将动物捉拿固定好,在进行实验操作的局部皮肤区域手术切口线的一端进针,针的斜面向下刺入皮内,注药后则桔皮样隆起,称皮丘。将针拔出,在第一个皮丘的边缘再进针,如法操作行成第二个皮丘,如此在切口线上形成皮丘带。再经皮丘向皮下组织注射局麻药,即可切开皮肤和皮下组织。每次注药前都要回抽,以免将麻醉药误注入血管内。

常用的浸润麻醉药是 1% 盐酸普鲁卡因溶液,注射后 1~3min 内开始作用,可维持 30~45min。

(二) 全身麻醉法

全身麻醉可使动物意识和感觉暂时消失,肌肉充分松弛、反射活动减弱。全身麻醉可分为吸入麻醉和注射麻醉两种。

1. 吸入麻醉法　动物吸入麻醉常用药物是乙醚,使用方便,安全可靠,价格便宜,但麻醉维持时间短。其他临床常用的吸入麻醉药也可使用。

(1) 大鼠和小鼠:将动物扣在玻璃钟罩或烧杯内,然后把含有麻醉药的脱脂棉球或纱布放入其中,动物因吸入麻醉药蒸气而被麻醉。

(2) 兔、猫和犬:因动物形体大,操作不方便,易出现麻醉意外,较少使用吸入麻醉药麻醉,而一般采用注射麻醉法。

2. 注射麻醉法　注射麻醉法在动物实验中应用甚广,通过对动物进行肌内、腹腔或静脉注射非挥发性麻醉药,以达到麻醉目的。麻醉药的选择,可因动物、实验目的及手术时间长短等而不同。

常用的给药方法是腹腔注射和静脉注射两种。腹腔注射操作方便,但麻醉作用发生慢,动物兴奋现象明显,麻醉深浅不易控制。腹腔注射麻醉时,若麻醉效果不理想,需追加用药的剂量不得超过计算总量的1/5。此法多用于大鼠、小鼠和豚鼠等较小动物。

静脉注射的麻醉诱导时间短,麻醉速度快,麻醉深度比较容易控制。静脉注射的原则是:"一快、二慢、三观察"。也就是,麻醉用药计算总量的前2/3量注射宜快(但也不宜过快),使动物快速渡过兴奋期,后1/3量要缓慢注射,以防麻醉过量。在注射过程中,密切观察动物的呼吸、角膜反射、肌张力的变化等,以判断麻醉深浅,随时调整注射的速度和药量,以达到所需的麻醉状态。如果首次计算总量注射完,20min内达不到满意的麻醉效果,可再缓慢给予1/3的首次计量。在实验延长过程中,若麻醉深度变浅,可按上法追加剂量。此法多用于兔等体型较大动物。

麻醉药配制的浓度取决于动物的用药量。通常大动物用药量为1ml/kg,小动物用药量为0.1ml/10g。常用的注射麻醉药的用法和用量见表3-1。

表3-1 常用注射麻醉药的用法与用量

麻醉药	动物	给药法	剂量(mg/kg)	维持时间(h)	备注
戊巴比妥钠 (3%~5%)	犬、猫、兔	iv	30	1~2	麻醉力强,镇痛不全,易抑制呼吸
		ip	30	1~2	
		sc	50	1~2	
	豚鼠	ip	45	1~2	
	大鼠	ip	45	1~2	
	小鼠	ip	45	1~2	
硫喷妥钠 (5%)	犬、猫、兔	iv	15~20	1/4~1/2	麻醉力强,起效快,镇痛不全,易抑制呼吸
	大鼠	ip	40	1/4~1/2	
	小鼠	ip	15~20	1/4~1/2	
氨基甲酸乙酯 (乌拉坦,20%)	犬、猫、兔	iv	750~1000	2~4	毒性小。主要适合于小动物麻醉
	大鼠、小鼠	sc,im	1350	2~4	
	大鼠、小鼠	ip	1000~1500	2~4	
	蛙	淋巴囊	2000	2~4	
氯醛糖 (2%)	猫、兔	iv,ip	80	5~6	安全,肌肉松弛不全,抑制听觉不深
	大鼠	iv,ip	80	5~6	
氯-乌合剂 (含氯醛糖1%, 乌拉坦10%)	猫、兔、大鼠	iv,ip	5ml/kg (含氯醛糖50mg, 乌拉坦500mg)	5~6	对神经反射及心血管的影响小

注:iv 静脉注射,ip 腹腔注射,im 肌内注射,sc 皮下注射

三、使用麻醉药的注意事项

(1)要根据实验目的、动物种类、健康状况和实验持续时间的长短来选择麻醉药物和麻醉方法。

(2) 乙醚是挥发性很强的液体,但易燃易爆,使用时应远离火源。平时应装在棕色玻璃瓶中,储存于阴凉干燥处,不宜放在冰箱内,以免遇到电火花时引起爆炸。乙醚一旦开瓶,即使未用完也应弃去。

(3) 静脉注射麻醉时,应注意给药速度,密切观察动物生命体征的变化,出现呼吸节律不整和心动过缓时,应立即停止给药。若麻醉剂量已给足,动物仍有挣扎、兴奋等表现时,应观察一段时间,确认动物是否已渡过兴奋期,切不可盲目追加麻醉药物。避免因麻醉过深,抑制心跳呼吸中枢而导致动物死亡。

(4) 动物麻醉后可出现体温下降,要注意保温。在寒冷季节,注射前应将麻醉剂加热至与动物体温相一致的水平。

四、麻醉意外问题的处理

1. 麻醉过量处理 一旦麻醉过量,应根据过量程度不同立即采取不同的处理方法。若实验动物呼吸停止但有心跳,注射呼吸兴奋剂并实行人工呼吸。若实验动物呼吸、心跳均停止,心内注射1:10000肾上腺素,实行人工呼吸,肌内注射呼吸兴奋剂。待恢复自主呼吸后,再进行后续操作。

常用呼吸兴奋剂:山梗菜碱(洛贝林,0.3~1.0mg/kg),尼可刹米(可拉明,2~5mg/kg),苯甲酸钠咖啡因(1.0mg/kg)。

2. 麻醉过浅的处理 麻醉过浅时,动物可能出现挣扎、尖叫等表现,需要及时地追加麻醉药物,但一次追加不宜超过总量1/3,并密切观察动物是否已达到麻醉的基本状态。

(刘爱东　田　琳)

第四节　动物实验的常用插管术

各实验动物气管插管术,颈总动脉插管术,颈外静脉插管术,股动脉和股静脉插管术,输尿管插管术,膀胱插管术等见相关实验章节。

第五节　样本采集、采血和组织固定

一、样本采集和采血

(一) 实验动物的采血法

1. 小鼠和大鼠的采血法

(1) 动脉采血:将麻醉大鼠仰卧位固定于鼠板上,手术暴露颈动脉、副动脉或股动脉,静将注射针沿血管平行向心脏方向刺入血管,抽取所需血量。体重200~300g的大鼠可取血8ml左右。

(2) 心脏采血:小鼠或大鼠麻醉后仰卧固定于鼠板上,剪去心前区被毛,消毒皮肤,在左胸第3、4肋间心尖搏动最强处,持注射器垂直刺入心脏,抽取所需血量。也可切开胸腔,直视下心脏采血。

(3) 眼眶动、静脉采血:先将小鼠或大鼠倒持压迫眼球使其突出充血后,以纹式镊迅速摘去眼球,血液即从眶内很快流出,一般可取动物体重的4%~5%的血量,此法因动物取血后死亡,故只宜使用一次。

(4) 断头采血:持剪刀于颈部迅速剪掉鼠头,立即将鼠颈向下,血液即可流入已准备好的容器中。大鼠断头时,操作者应带帆布手套。

(5) 眼眶后静脉丛采血:用玻璃管制成长为7~10cm 的取血管,其前端拉成内径0.6mm,壁厚0.3mm 的毛细管,预先将玻璃管浸入1%肝素溶液中,取出待干备用。左手抓住鼠两耳之间的头部皮肤使头固定,并轻压颈部两侧,使眼球充分外突,右手持取血管,将其尖端插入下眼睑与眼球之间后,轻轻向眼底部方向移动旋转,穿破静脉丛使血液流入取血管内。取血完毕拔出取血管同时放开左手,即可使出血停止。此法也适用于豚鼠、兔等动物,并可在数分钟后在同一穿刺孔重复取血。

(6) 剪尾采血:事先用热催风机将清醒大鼠鼠尾根部催热,使尾部血管充盈,酒精消毒后剪去尾尖,血液即从断端自然流出。采血结束时,用棉球压迫止血。此法每只鼠可采血10次以上,每次取血0.3~0.5ml。

2. 豚鼠的采血法

(1) 耳缘切口采血:先豚鼠耳消毒,用刀片割破耳缘血管,血液会从血管流中流出。此法能采血约0.5ml。

(2) 心脏采血:将豚鼠麻醉后仰卧位固定,剪去心前区被毛,消毒皮肤,在左胸第3、4肋间心脏搏动最强处将注射器垂直刺入心脏,血液随心脏跳动而进入注射器内。不能左右来回斜穿,以免造成气胸而致动物死亡。一周后,可重复穿刺采血。此法也适用于兔的心脏采血。

(3) 足背静脉采血:一人固定豚鼠,另一人将动物一侧足背面以酒精消毒,找出背中足静脉后,左手拉住豚鼠趾端,右手持注射器刺入静脉,拔针后即有血液流出,采血后用棉球压迫止血。此法采血量较少。若需反复取血时,两后肢可交替使用。

3. 家兔的采血法

(1) 耳缘静脉采血:将家兔固定,剪去拟采血耳廓上的被毛,消毒皮肤,用热催风或手轻搓耳壳,使耳部静脉扩张。用粗针头(或三棱)针刺破耳缘静脉末端或用刀片在静脉末端上切一小口,让血液自然流出。采血完毕后用棉球压迫止血。一次可采血0.5~1.0ml。此法可多次重复使用,也适用于豚鼠。

(2) 耳中央动脉采血:将家兔固定好,剪去拟采血耳廓上的被毛,消毒皮肤,用手轻搓或加热的方法使兔耳充血,在耳中央有一条较粗、颜色较鲜红的血管,即为使耳部耳中央动脉。动脉扩张后,用左手拇指和食指固定中央动脉远心端,右手持注射器穿刺采血。

(3) 心脏采血:操作方法类似豚鼠。

(二) 实验动物的尿液采集

1. 代谢笼法 此法较常用,适用于小鼠和大鼠的尿液采集。代谢笼是能将尿液和粪便分开而达到收集动物尿液目的的一种特殊装置。收集尿液以100g体重排尿的毫升数表示。由于大鼠、小鼠尿量较少,收集中损失和蒸发,以及与膀胱排空不一致,误差较大,一般收集5h以上的尿液,取均值。为获得足够尿量,可在收集尿液前经胃给小动物灌入生理盐水,也可喂些青菜。

2. 导尿法 此法常用于家兔、犬等大型动物。将动物轻度麻醉,固定于手术台上,导尿管顶端涂有液状石蜡,由尿道旋转插入后,即可见尿液流出,此法可以采到未污染的尿液。

实验中已暴露动物的膀胱,可直视穿刺抽取尿液。

3. 膀胱瘘和输尿管瘘 行膀胱插管或输尿管插管,即可采集尿液。这种采尿法一般用于要精确计量单位时间内动物尿排量的实验。可将插管开口置于计量容器上。在整个观察过程中,要用38℃生理盐水纱布覆盖好切口及膀胱。

(刘爱东)

第六节 给药剂量换算和给药途径

一、给药剂量换算

(一) 动物给药量的确定

动物给药量的确定是实验开始时一个首要问题之一。剂量太小,作用不明显,剂量太大,又可能引起毒性反应,甚至导致死亡。通常可按下述方法确定剂量:

(1) 先粗略地探索小鼠的中毒剂量或致死剂量,然后用小于中毒量的剂量,或取致死量的若干分之一为初试剂量,一般可取1/10~1/5。

(2) 根据动物或人的应用剂量进行动物之间或动物与人之间的剂量换算来确定初试量。

(3) 根据参考文献提供的相同药品的剂量确定初试量。化学药品可参考化学结构相似的已知药物,特别是化学结构和作用都相似的药物的剂量。植物药粗制剂的剂量则多按生药折算。

(4) 确定动物给药剂量时,给药途径不同,所用剂量也不同,以口服量为100%计算,通常在灌肠时的剂量应为100%~200%,皮下注射量则为30%~50%,肌内注射量为25%~30%,静脉注射量仅为25%。

(二) 实验动物用药量的计算方法

(1) 动物实验所用的药物剂量,一般按mg/kg体重或g/kg体重计算,给药时须从已知药液的浓度换算出相当于每kg体重应使用的药液量(ml),以便给药。

(2) 动物实验中有时需根据药物的剂量及该药物某一给药途径的药液容量配置相应的浓度以便于给药。

例:给家兔静注硫喷妥钠20mg/kg,注射量为1ml/kg,应配制硫喷妥钠的浓度是多少?

计算方法:20mg/kg硫喷妥钠相当于体积1ml/kg,因此1ml药液中应含有硫喷妥钠20mg,换算成百分比浓度 $1:20=100:X$,$X=2000mg=2g$,即100ml中含有2克硫喷妥钠,应配成2%的硫喷妥钠。

(三)人与动物及几种常用实验动物间药物剂量的换算方法

人与动物对同一药物的耐受性相差很大。一般来说,动物的耐受性要比人大,也就是单位体重的用药量动物比人要大。人的各种药物的用量在很多书上可以查得,但动物用药量可查的书较少,因此,必须将人的用药量换算成动物的用药量。一般可按下列比例换算:按每公斤体重人用药量为1,小白鼠、大白鼠为25~50,兔、豚鼠为15~20,狗、猫为5~10。

以上为人与动物简单换算,而人与动物及各类动物间药物剂量的换算的方法通常按体重或体表面积进行:

1. 按体重换算 已知A种动物每千克体重用药剂量,欲计算B种动物每千克体重用药剂量时,可先查表1,找出折算系数,再按下面公式计算。

B种动物剂量(mg/kg)=折算系数×A种动物剂量(mg/kg)

例:已知某药对小鼠的最大耐受量为15mg/kg,推算1.0kg家兔的用药量。

查表3-2A种动物为小鼠,B种动物为兔,交叉点值为0.37,家兔用药量为0.37×15mg/kg=5.55mg/kg,1.0kg家兔的用药量为1.0×5.55mg/kg=5.55mg。

表3-2 动物与人体的每公斤体重剂量折算系数表

折算系数 W		A种动物或成人						
		小鼠(0.02kg)	大鼠(0.2kg)	豚鼠(0.4kg)	兔(1.5kg)	猫(2kg)	犬(12kg)	成人(60kg)
B种动物或成人	小鼠(0.02kg)	1	1.6	1.6	2.7	3.2	4.8	9.01
	大鼠(0.2kg)	0.7	1	1.14	1.88	2.3	3.6	6.25
	豚鼠(0.4kg)	0.61	0.87	1	1.65	2.05	3	5.55
	兔(1.5kg)	0.37	0.52	0.6	1	1.23	1.76	2.3
	猫(2.0kg)	0.3	0.42	0.48	0.81	1	1.44	2.7
	犬(12kg)	0.21	0.28	0.34	0.56	0.068	1	1.88
	成人(60kg)	0.11	0.16	0.18	0.304	0.371	0.531	1

2. 按体表面积换算 研究资料证明药物在不同种属动物体内的血浓度和作用与体表面积成平行关系,因此认为按体表面积换算剂量比体重折算更为精确。换算有多种方法,这里介绍一种比较常用,且简单易算的方法。即利用"人和动物间按体表面积折算的等效剂量比值表"进行计算。

例:某药用于大鼠灌胃给药时的剂量为250mg/kg,试粗略估计犬灌胃给药时可试用的剂量。

解:查表3-3知,12kg狗的体表面积为200g大白鼠的17.8倍。

大白鼠灌胃时的给药剂量为250mg/kg,200g的大白鼠的给药量为:250×0.2=50mg

狗的适当试用剂量为 $\frac{50\times17.8}{12}=74.17$ mg/kg。

表 3-3　常用动物与人的体表面积比值表

	小鼠(0.02kg)	大鼠(0.2kg)	豚鼠(0.4kg)	兔(1.5kg)	猫(2kg)	犬(12kg)	成人(70kg)
小鼠(0.02kg)	1.0	7.0	12.25	27.8	29.7	124.2	387.9
大鼠(0.2kg)	0.14	1.0	1.74	3.9	4.2	17.8	56.0
豚鼠(0.4kg)	0.08	0.57	1.0	2.25	2.4	10.2	21.5
兔(1.5kg)	0.04	0.25	0.44	1.0	1.08	4.5	14.2
猫(2.0kg)	0.03	0.23	0.41	0.92	1.0	4.1	13.0
犬(12kg)	0.008	0.06	0.10	0.22	0.24	1.0	3.1
成人(70kg)	0.0026	0.018	0.031	0.07	0.078	0.32	1.0

二、给药途径

根据实验目的、所用实验动物种类及药物剂型的不同,采用的给药途径和方法亦不同,这对于保证实验的成功是十分重要的。动物实验的给药途径和方法多种多样,在机能学实验中,常用的给药途径和方法有皮下注射、肌内注射、静脉注射、腹腔注射和经口灌服等。

1. 皮下注射　注射时以左手拇指和食指轻轻提起皮肤,右手将装有 $5\frac{1}{2}$ 号针头的注射器刺入皮下,固定后即可注射药液。皮下注射部位一般取背部及后腿部。最适给药部位因实验动物不同而异。豚鼠在后腿的内侧或小腹部;大鼠和小鼠在背侧部;兔在背部或耳根部。

2. 肌内注射　肌内注射应选肌肉发达,无大血管通过的部位。如小鼠和大鼠肌内注射一般选用连有 $5\frac{1}{2}$ 针头的注射器,将针头刺入大腿外侧肌肉,将药液注入。

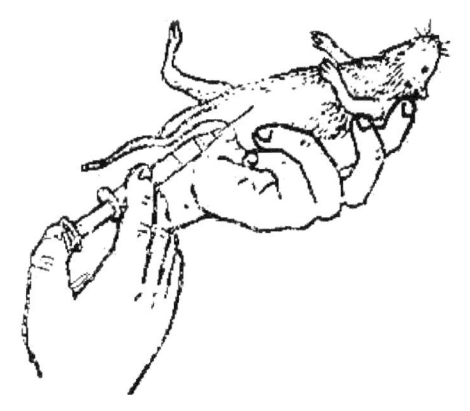

图 3-6　小鼠腹腔注射

3. 腹腔注射　用大、小白鼠做实验时,以左手抓住动物,使腹部向上,右手将注射针头于左(或右,多选左侧,避免损伤肝脏)下腹部刺入皮下,以45°角穿过腹肌,此时有落空感,固定针头,回抽无尿液、肠液后,缓缓注入药液(图3-6)。

4. 静脉注射

(1) 家兔:家兔耳部血管分布清晰,耳动脉在中央行走,静脉沿内外缘行走。一般选用外缘静脉,因为表浅易固定。拔去注射部位的被毛后,左手食指和中指夹住静脉的近端,拇指绷紧静脉远端,无名指及小指垫在下面,右手持注射器连针头尽量从静脉的远端刺入,以拇指和食指将针头连同兔耳一起固定,将药液注入(图3-7)。

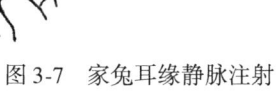

图 3-7　家兔耳缘静脉注射

(2) 小鼠和大鼠：一般采用尾静脉注射。鼠尾静脉有三条,左右两侧及背侧各1条,以左右两侧尾静脉比较容易固定,多采用。操作时先将动物固定在鼠筒内,露出鼠尾,尾部用 45～50℃的温水浸润半分钟或用75% 乙醇溶液擦拭使血管充分扩张,表皮角质软化。然后以左手拇指和食指捏住鼠尾两侧,使静脉充盈,用中指从下面托起鼠尾,以无名指和小指夹住鼠尾末梢,右手持连接 $4\frac{1}{2}$ 号针头的注射器,使针头与静脉平行(小于30°),从尾下四分之一处(约距尾尖2～3cm)处进针；先缓注少量药液,如无阻力,并见沿静脉血管出现一条白线,表示针头已进入静脉,可继续注入(图3-8)。

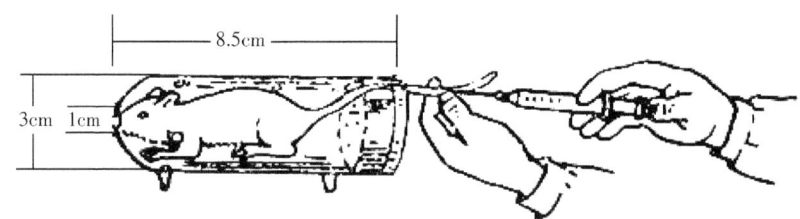

图3-8 小鼠尾静脉注射

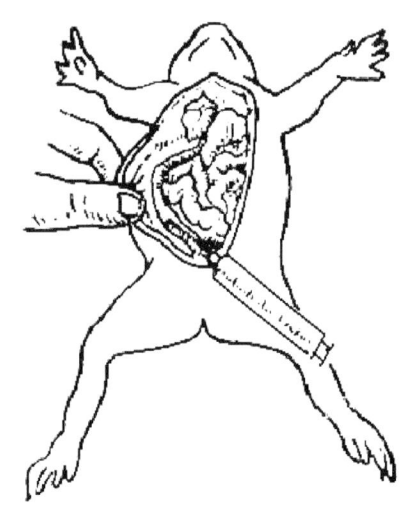

图3-9 蛙腹壁静静注射

(3) 蛙(或蟾蜍)：采用腹壁静脉注射。将蛙或蟾蜍脑脊髓破坏后,仰卧固定于蛙板上,沿腹中线稍左剪开腹肌,可见腹壁静脉贴着腹壁肌肉下行。注射时用左手拇指和食指捏住腹壁肌肉,稍向下拉,中指再下方顶住腹壁肌肉,右手将注射针头沿血管平行方向刺入即可(图3-9)。

(4) 豚鼠：一般采用前肢皮下头静脉。豚鼠的静脉管壁较脆,注射时应特别注意。需两人配合,一人固定豚鼠,以拇指和食指环握豚鼠颈部,以中指和无名指固定给药的前肢,可以适当用力,使静脉充盈,另一只手托住豚鼠臀部并固定下肢。另一人注射,注射部位除毛,用75% 乙醇溶液消毒。前肢皮下血管易滚动,以拇指按压固定,进针要浅,不能回针,以 $4\frac{1}{2}$ 号针头刺入血管后,见回血后推药。

5. 灌胃法给药 灌位给药适用于小鼠、大鼠和家兔。

(1) 小鼠、大鼠：灌胃器由注射器和特殊的灌胃针构成。小鼠的灌胃针长为4～5cm,直径为1mm,大鼠的灌胃针长为6～8cm,直径约1.2mm。灌胃针的尖端焊有一小圆中空的金属球。针头金属球端弯曲成20°左右的角度,以适应口腔、食管的生理弯曲度走向。灌胃时将灌胃针安装在注射器上,吸入药液。左手抓住鼠背部及颈部皮肤将动物固定,压迫鼠的头部,使口腔与食管成一直线,将灌胃针沿咽后壁慢慢插入食管,可感到轻微的阻力,此时可略改变一下灌胃针方向,顺势将药液注入。若感到明显阻力或动物挣扎时,应立即停止进针或将针拔出,以免损伤或穿破食管。一般灌胃针插入小鼠食管长度为3～4cm,大鼠为5～6cm。常用的灌胃量小鼠为0.2～1ml,大鼠1～4ml。

（2）家兔：给家兔灌胃时，先将动物固定，再将特制的扩口器放入动物口中，灌胃时将扩口器放于上述动物上下门牙之后，将带有弹性的橡皮导管（如导尿管），经扩口器上的小圆孔插入，沿咽后壁而进入食管，检查导管是否正确插入食管时，可将导管外口置于一盛水的烧杯中，如不发生气泡，即认为此导管是在食管中，未误入气管，即可将药液灌入。家兔一次灌胃为为80~150ml。

（余丽梅　聂　晶）

第七节　实验后动物的处理

实验后应将动物处死后置于指定地方，下面介绍几种常用实验动物的处死方法。

1. 脊椎脱臼法　适合于大鼠和小鼠。右手抓住鼠尾，将动物放在鼠笼盖或粗糙的表面上向后拉，用左手拇指和食指用力向下按住鼠头，使颈椎脱臼（脊髓与脑髓拉断），动物立即死亡。

2. 断头法　此法也适用于鼠类小动物。用剪刀在颈部将鼠头剪断，并使颈部对准容器，以免血液四溅。由于脑脊髓离断且大量出血，动物立即死亡。

3. 击打法　此法适用于大鼠、家兔等。抓住动物尾部，提起，用力摔击头部，或用木锤用力捶其后脑部，动物痉挛后即处死。

4. 急性失血法　常剪断动物的股动脉，放血致死。如果正在做手术性或解剖性实验，可剪断颈动脉，腹主动脉或剪破心脏放血。可采用摘眼球法，右手取一眼科弯镊，在鼠右或左侧眼球根部将眼球摘去，并将鼠倒置；头向下，大量失血而致死。

5. 化学药物致死法　也适合于鼠类动物。在一密闭容器内，预先放有浸有全身麻醉作用的乙醚或氯仿的棉花，将动物投入容器内，使动物吸入麻醉药而致死。也可腹腔注射过量戊巴比妥钠抑制呼吸而致死亡。

6. 空气栓塞法　此法适用于较大动物的处死，特别是家兔；一般耳缘静脉注入20~40ml空气。本法的优点是处死方法简单、迅速。缺点是由于动物死于急性循环衰竭，各脏器淤血十分明显。

（陆　杰）

第二篇 经典验证性实验

第4章 机能学基础实验

实验一 电刺激与骨骼肌收缩反应的关系

【实验目的】

(1) 学习两栖类动物坐骨神经-腓肠肌标本的制备方法。

(2) 观察不同刺激强度时骨骼肌的收缩反应,明确阈下刺激、阈刺激、阈上刺激及最适刺激的概念,并加深对刺激、反应和兴奋性等概念的理解。

(3) 观察电刺激频率的变化对骨骼肌收缩形式的影响,加深不同刺激频率对骨骼肌收缩形式影响的理解。

【实验原理】

活的肌肉组织具有兴奋性,能接受刺激发生反应,表现为骨骼肌收缩。刚能引起肌肉产生收缩反应的最小刺激强度称阈强度,所给予刺激称为阈刺激,此强度以下刺激称为阈下刺激,此强度以上刺激称为阈上刺激。能使肌肉发生最大反应的最小刺激称为最大刺激。就单条骨骼肌纤维而言,它对刺激的反应具有"全"或"无"性质。但蟾蜍的腓肠肌是由许多肌纤维组成的,由于每条肌纤维兴奋性的高低不同,其收缩力在一定范围内与刺激强度成正比。即兴奋性高的纤维首先发生兴奋,随刺激强度的增大,兴奋性较低的纤维也发生兴奋,肌肉的收缩逐渐增强,当整个肌肉的肌纤维均兴奋时,便出现最大收缩反应。

刺激频率不同,肌肉收缩形式也不同。多个同等强度阈上刺激,相继作用于神经-肌肉标本,如刺激间隔时间大于肌肉收缩收缩期和舒张期之和,可引起肌肉产生分隔的单收缩;逐渐增加刺激频率,使刺激间隔时间大于收缩期,而小于收缩期与舒张期之和时,则后一刺激引起肌肉收缩落在前一收缩过程的舒张期内,表现出收缩曲线呈锯齿状融合,称为不完全强直收缩,如刺激间隔时间小于收缩期,则后一刺激引起肌肉收缩落在前一收缩过程的收缩期内,表现出收缩曲线完全融合,肌肉处于持续的收缩状态,称为完全强直收缩。

【实验对象】

蟾蜍或蛙。

【实验器材】

任氏液、蛙类手术器械、张力换能器、刺激电极、BL-420 生物信号记录分析系统、铁支架、肌槽等。

【实验步骤】

1. 坐骨神经-腓肠肌标本的制备

(1) 破坏蟾蜍(或蛙)脑和脊髓:常用方法有三种。

1) 俯式捣毁法:是最常用的方法。取蟾蜍一只,自来水冲洗干净。左手握住蟾蜍,将其腹面朝向手面,前肢夹在食指和中指之间,后肢夹在无名指和小指之间固定,并用拇指压住背部使其挺直,食指压住其头部前端使头前俯。右手持探针从枕骨大孔垂直刺入,再将针尖向前方刺入颅腔,左右搅动捣毁脑组织。然后将针退出至进针处,但不拔出而是转向后方刺入脊椎椎管捣毁脊髓(图4-1)。

 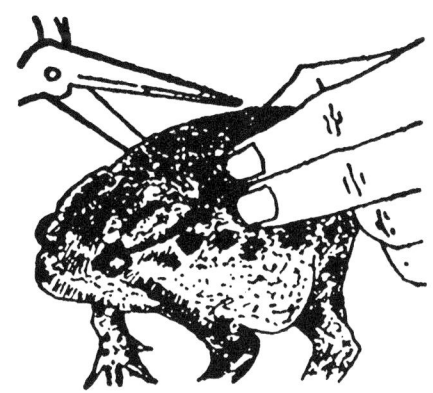

图 4-1 破坏脑脊髓　　　　　图 4-2 剪断脊柱

2) 仰式捣毁法:将蟾蜍仰卧于蛙板上,拉开下颌,探针在颅底两眼之间向前下刺入颅腔,捣毁脑组织,然后将探针退至刺入点,针尖向后平行刺入椎管内以破坏脊髓。

3) 横断脊柱后捣毁法:左手持蟾蜍,右手持粗剪刀,在两腋窝稍下横断脊髓,然后在脊柱断面处,向上插入探针破坏大脑,再向下插入探针破坏脊髓。

以上方法破坏脑和脊髓成功后,蟾蜍出现四肢(尤其是后肢)完全松软,呼吸消失,表示脑脊髓已完全破坏,否则应按上法再行捣毁。

(2) 剪除躯干上部及内脏:两侧腋窝稍下(或在骶髂关节水平以上约1.5~2cm处)剪断脊柱,左手在皮肤外提起脊柱,使蟾蜍头与内脏自然下垂,右手持粗剪刀,分别沿脊柱左右侧剪开皮肤肌肉,并剪除全部内脏及头胸部(注意:勿损伤坐骨神经),仅留下后肢、骶骨、脊柱及由它发出的坐骨神经(图4-3,图4-4)。

(3) 剥皮:左手握住脊柱断端(注意:不要握住或接触神经),右手捏住其上的皮肤边缘,向下剥掉全部后肢皮肤,将标本放在盛有任氏液的培养皿中,洗净手及用过的器械后,进行下述操作(图4-4)。

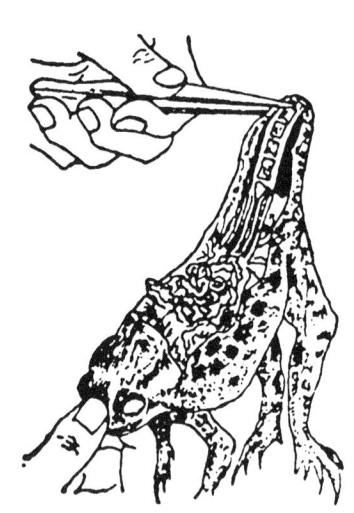 

图 4-3 去掉躯干和内脏　　　　　图 4-4　剥去下肢皮肤

（4）游离坐骨神经：将标本腹侧向上用蛙钉固定于蛙板上。沿脊柱一侧用玻璃分针游离坐骨神经，并于近脊柱处用线结扎并在靠脊柱侧剪断坐骨神经，然后将标本背部向上放置、固定，循坐骨神经沟（股二头肌及半膜肌之间的肌缝处）找出坐骨神经的大腿部分，用玻璃分针顺神经走行方向小心分离至梨状肌下孔，用镊子夹住结扎线，将坐骨神经干从梨状肌下孔穿出至背侧，用镊子轻提起坐骨神经，游离并剪断坐骨神经的所有分支，将神经一直游离至腘窝处。

（5）制成坐骨神经-腓肠肌标本：分离腓肠肌的跟腱，在跟腱处穿线结扎并在结扎线远端剪断跟腱，提起跟腱将腓肠肌游离至膝关节处；然后将坐骨神经搭在腓肠肌上，用粗剪刀剪去股骨上的肌肉，刮净骨膜，于膝关节上约 1cm 处斜行剪断股骨，然后沿膝关节下将胫骨全部剪掉。至此，坐骨神经腓肠肌标本制备完毕。

（6）检查标本的兴奋性：用经任氏液湿润的锌铜弓迅速接触坐骨神经，如腓肠肌有明显而灵敏的收缩，表示标本兴奋性良好，将标本放入盛有任氏液小搪瓷杯内约 10～20min，待其兴奋性稳定后即可进行实验。若无锌铜弓，可用中等强度单个电脉冲刺激代替。

2. 固定标本　将标本的股骨头固定在肌槽的股骨固定孔内。肌腱上的结扎线与张力换能器相连。将神经置于肌槽的电极上。

3. 仪器连接　张力换能器的插头插入生物信号记录分析系统的信号输入插孔，刺激电极的接头与其刺激信号输出孔相连。

4. BL-420 的操作　打开 BL-420→实验项目→肌肉神经实验→刺激强度与反应的关系→引导出肌肉收缩。

【实验项目】

1. 改变刺激强度，记录肌肉的收缩张力曲线（图 4-5）　前述刚能引起腓肠肌收缩的刺激强度为阈强度（阈值），强度为阈值的刺激为阈刺激。刺激强度继续增大，可记录到收缩曲线逐步升高的曲线图,直到最后收缩曲线的幅度不再随刺激强度的升高而升高。刚好使收缩曲线达到最高的最小刺激强度的刺激称为最大刺激强度。

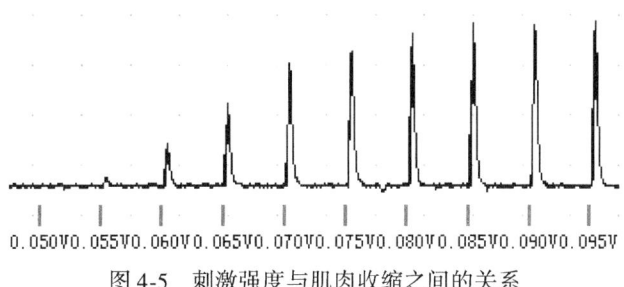

图 4-5　刺激强度与肌肉收缩之间的关系

2. 改变刺激频率,记录肌肉的单收缩和复合收缩张力曲线(图 4-6)　刺激强度固定(最大刺激),采用连续串刺激。当刺激间隔时间长于肌肉的收缩总时程时,可记录到肌肉的单收缩张力曲线。当刺激间隔时间小于肌肉的收缩总时程时,可记录到肌肉收缩的融合,即复合收缩曲线。若刺激间隔时间大于收缩期而小于肌肉的收缩总时程时,曲线顶部呈锯齿状,为不完全强直收缩。若刺激间隔时间小于收缩期,则曲线顶端平滑,为完全强直收缩。

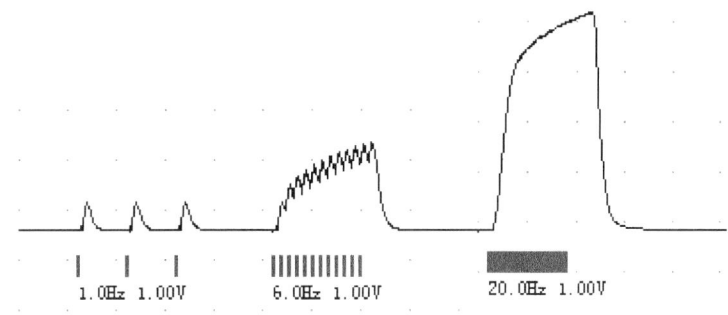

图 4-6　刺激频率与肌肉收缩之间的关系

【注意事项】

(1) 实验中每次肌肉收缩后必须间隔一定时间(0.5～1.0min)再给刺激,以确保肌肉的收缩力和兴奋性。

(2) 经常用任氏液湿润标本,以保持标本活性。

(3) 频率选择由低频率开始逐渐增大,每种频率的刺激持续时间不宜过长,出现理想的收缩曲线即可。

(4) 若肌肉在未给刺激时即出现挛缩,可能是仪器漏电所致,应检查接地是否良好。

【思考题】

(1) 实验过程中组织的兴奋阈值是否会改变? 为什么?

(2) 为什么在一定范围内肌肉收缩的幅度会随刺激强度增大而增大?

(3) 肌肉收缩张力曲线融合时,神经干和骨骼肌细胞的动作电位是否融合? 为什么?

(余华荣)

实验二 蟾蜍坐骨神经动作电位的引导

【实验目的】

观察蟾蜍坐骨神经动作电位的基本波形,掌握坐骨神经制备方法与引导动作电位的方法,熟悉仪器设备的操作方法。

【实验原理】

神经干动作电位是神经兴奋的客观标志。当神经受到有效刺激时,处于兴奋部位的膜外电位负于静息部位;当动作电位通过后,兴奋处的膜外电位又恢复到静息时水平。神经干兴奋过程所发生的这种膜电位变化称神经复合动作电位。如果将两个引导电极置于神经干表面时(双极引导),动作电位将先后通过两个引导电极处,可记录到两个相反的电位偏转波形,称为双向动作电位。

【实验对象】

蟾蜍。

【实验器材】

蛙类手术器械、BL-420 生物信号记录分析系统、神经屏蔽盒、任氏液等。

【实验步骤】

1. 制备蟾蜍坐骨神经-腓神经标本

(1) 破坏脑脊髓:左手握住蟾蜍,用食指压住头部前端使头前俯,右手持探针从枕骨大孔处垂直刺入,横断脑脊髓,然后向前通过枕骨大孔刺入颅腔,捣毁脑组织。将探针抽出再向后刺入脊椎管捣毁脊髓。此时如蟾蜍的四肢松软,呼吸消失,表示脑脊髓已完全破坏,否则应按上述方法再行捣毁。

(2) 剪除躯干上部及内脏,剥去皮肤:从前肢根部剪开皮肤,并剪断脊柱,将其头、前肢和内脏一并弃去,保留脊柱及后肢。剥去皮肤,将标本置于盛有任氏液的烧杯中。将用过的器械洗净并洗手。

(3) 游离坐骨神经干:将标本仰卧位固定于蛙板上。沿脊柱两侧用玻璃分针分离一侧坐骨神经,在靠近脊柱处穿线、结扎并剪断。轻轻提起结扎线,逐一剪去神经分支,游离坐骨神经后将蛙俯卧固定于蛙板上。沿坐骨神经沟分离坐骨神经的大腿部分,用玻璃分针将腹部的坐骨神经小心勾出,手执结扎神经的线,剪断坐骨神经的所有分支一直游离至膝关节处。

(4) 游离腓神经,完成坐骨神经-腓神经标本制备:在膝关节处找到坐骨神经分支——胫、腓神经,剪断胫神经,沿腓肠肌内侧游离腓神经至踝关节处,用线结扎,在结扎远端剪断腓神经。在制作神经标本时,动作要轻,切勿损伤神经。

2. 仪器连接 将刺激电极、接地电极及引导电极的导线分别连接到神经屏蔽盒的接线柱上,将分离的神经干标本置于神经屏蔽盒中,与刺激电极、接地电极及引导电极均接触良好。

3. 实验观察

(1) 双相动作电位

1）打开 BL-420→实验项目→神经肌肉实验→神经干动作电位引导→记录双相动作电位。

2）点击右下角的"刺激参数区"按钮→由小到大逐渐改变刺激强度，观察动作电位幅度的改变，记录阈强度和最大刺激强度。(刺激模式：粗电压；方式：单刺激；延时：5 ms；波宽：0.1 ms；强度：0.1 V 开始逐渐增加)。

3）观察双相动作电位波形(图 4-7)：点击区间测量(屏幕上方斜梯状标志按钮)→测量最适刺激强度时潜伏期、时程和波幅。

A. 测量潜伏期：在测的起始点出单击，出现竖线后，将鼠标移至测定终点，直接在显示屏右上角读数。

B. 测量时程：步骤同潜伏期。

C. 测量波幅：在时程测完后，点击左键，屏幕上出现横线，上下移动鼠标至所测点，在右上角读数→停止实验→保存实验结果。

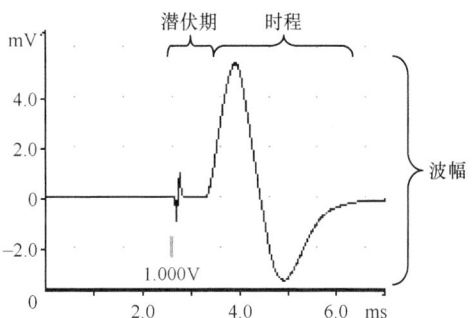

图 4-7　刺激坐骨神经时诱发产生的动作电位

4）保存实验图形：点击保存按钮→自己输入文件名，保存文件。

5）根据自行输入的文件名，打开文件→裁剪、编辑图形。

（2）单相动作电位

1）用镊子将两个引导电极之间的神经夹伤，动作电位的第二相便消失，在荧光屏上呈现单相动作电位。

2）测量最适刺激强度时单相动作电位的潜伏期、时程和波幅。

3）裁剪、编辑图形。

【注意事项】

（1）分离神经标本应尽量减少对神经干的损伤，并且尽量分离长一些。

（2）刺激伪迹不能要，但又不宜过大，可以通过改变标本盒中接地电极的位置来减小伪迹强度。

【思考题】

（1）通常所记录的双相动作电位的第一相和第二相何以在波形、幅值上不对称？在什么情况下才可记录到对称的双相动作电位？

（2）就单细胞或单纤维而言，动作电位的产生是"全"或"无"的，为什么在坐骨神经干上，在阈刺激和最大刺激之间所引起的动作电位是依刺激强度而递增的？

（3）实验中所记录动作电位波形与理论课所讲的波形有何不同？出现不同波形的原因？

（王莎莉）

实验三　蟾蜍坐骨神经干动作电位传导速度的测定

【实验目的】

加深理解兴奋传导的概念，掌握测定神经干动作电位传导速度的方法。

【实验原理】

神经纤维兴奋的标志是产生一个可传播的动作电位。测定神经干上的神经冲动的传导速度,可以了解神经的兴奋状态。在示波器上测量动作电位传导一定距离所耗费的时间,便可计算出兴奋的传导速度。

【实验对象】

蟾蜍。

【实验器材】

同神经干动作电位实验。

【实验步骤】

(1) 仪器与选择实验参数,同神经干动作电位实验。

(2) 制备好坐骨神经-腓神经标本,并放入神经屏蔽盒内(注:刺激电极端为神经干的中枢端)。

(3) 引导出最大刺激强度时的动作电位波形。

1) BL-420仪器操作:实验项目→神经肌肉实验→神经干动作电位传导速度测定→输入两电极之间的距离,用下列方法测定其传导速度。

2) 潜伏期法:测量第一个通道动作电位潜伏期(t)的时间,输入刺激电极到第一个引导电极间的距离(S),屏幕右上角显示传导速度和根据速度的公式计算传导速度:$v = S/t$。

3) 潜峰法:测量两个通道的动作电位波峰间的时间差,为(t_2-t_1),测量并输入两对引导电极间的距离为(S_2-S_1),然后根据利用公式计算出动作电位的传导速度:$v = (S_2-S_1)/(t_2-t_1)$(图4-8)。

(4) 保存、裁剪、编辑图形(方法同上)。

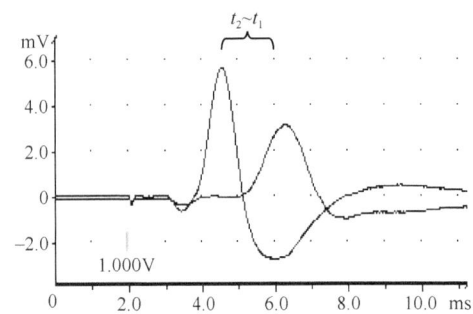

图4-8 潜峰法测定蟾蜍坐骨神经干动作电位的传导速度

【注意事项】

(1) 神经标本尽可能分长些。

(2) 在计算传导速度v时的单位,t以秒计,S以米计。

(王莎莉)

实验四　蟾蜍坐骨神经干兴奋性的不应期测定

【实验目的】

通过测定神经干不应期,理解可兴奋组织的兴奋性在兴奋过程中的变化过程。

【实验原理】

神经与肌肉等可兴奋组织兴奋性在一次兴奋过程中可发生系列变化,即绝对不应期、相对不应期、超常期和低常期,组织的兴奋性才逐渐恢复。为了测定神经干在兴奋过程中的兴奋性变化,可先给一个条件刺激以引起神经兴奋,然后再用另一检验性刺激在前一兴奋的不同时相给予刺激,检查神经对检验性刺激反应的兴奋阈值以及所引起的动作电位(AP)幅度,即可观察到神经组织兴奋性的变化过程。在本次实验中,主要观察的是不应期的变化,而非整个兴奋性的周期性变化。

【实验对象】

蟾蜍。

【实验器材】

同神经干动作电位实验。

【实验步骤】

(1) 连接仪器,选择实验参数以及手术步骤均同神经干动作电位实验。

(2) 将制备好的坐骨神经-腓神经标本放置在标本盒内。

(3) 观察并测量神经干的不应期。

1) BL-420 操作:实验项目→神经肌肉实验→神经干不应期实验→实验参数设置(起始波间隔:15 ms,波间隔减量:0.1~0.2 ms,刺激时间间隔:1~2 s,实验方式:程控)。

2) 按程序连续输出双脉冲刺激,两个刺激之间的间隔时间逐渐缩短,使第二个动作电位(AP)逐渐向第一个 AP 靠近(注意波形变化)。当第二个刺激引起的 AP 幅度刚好开始降低时,表明此时第二刺激已落入第一次兴奋的相对不应期。此时两个刺激伪迹之间间隔时间为总不应期(图 4-9)。继续缩短两个刺激之间间隔时间,这期间第二个 AP 波形越来越小,当第二个 AP 完全消失时,表明此时从第二个刺激开始落入第一次兴奋后的绝对不应期,此时两个刺激伪迹之间的间隔时间为绝对不应期。总不应期与绝对不应期之差为相对不应期。

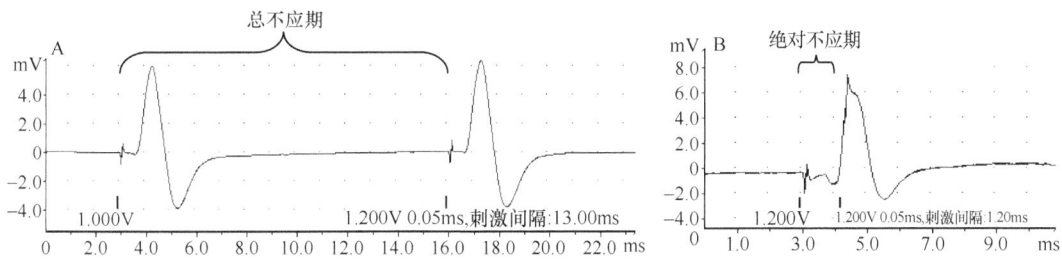

图 4-9 蟾蜍坐骨神经兴奋性的不应期测定

A. 两刺激间隔的时间为总不应期时间;B. 两刺激间隔的时间为绝对不应期时间

【注意事项】

在实验刺激参数最终的确定中,可按照实验当时的情况进行调整。

在本次实验中,主要观察的是不应期的变化,而非整个兴奋性的周期性变化。

(王莎莉)

实验五 血液凝固及其影响因素

【实验目的】

了解血液凝固的基本过程及一些影响血液凝固的因素,学会测定血液凝固时间的方法。

【实验原理】

血液由流动的液体状态变为不能流动的胶冻状的过程称为血液凝固。血液凝固最基本的反应是血液中可溶性的纤维蛋白原变成了不溶性的纤维蛋白细丝,后者交织在一起形成网状结构,红细胞及血液中的其他成分被网罗其中形成血凝块。整个过程分为三个阶段,即凝血酶原激活物形成、凝血酶形成及纤维蛋白形成,在此过程中一系列凝血因子相继被激活,最终形成不溶性的纤维蛋白。根据启动此过程的凝血因子不同,分为内源性凝血与外源性凝血。前者是由于血浆中的凝血因子Ⅻ与异物表面接触激活而启动凝血过程;后者是由于受损的组织细胞释放出凝血因子Ⅲ而启动凝血过程。前者所需时间较长,后者因所需的凝血因子的种类及步骤少,时间较短。

本实验在事先暴露血管的情况下直接从静脉取血,观察记录不同实验条件下血液凝固所需要的时间,通过加入含有丰富组织因子的脑或肺组织悬液,观察外源性凝血系统的作用,比较内外源性凝血系统血液凝固过程的不同,并进一步观察、记录影响血液凝固的各种理化因素。

【实验对象】

家兔。

【实验器材】

生理盐水,25mmol/L $CaCl_2$,10ml 注射器,竹签,干洁小试管 11 支,秒表,水浴装置一套,冰块,棉花,液状石蜡,吸管,富血小板血浆,少血小板血浆,兔脑粉悬液或兔肺组织悬液,小烧杯 2 个,8U/ml 肝素,2% 草酸钾溶液,稀释凝血酶溶液,抗凝全血。

【实验步骤】

1. 前期准备　按备注中的方法提前制备好富血小板血浆、少血小板血浆、肺组织悬液、凝血酶,置4℃低温储存备用。

2. 观察纤维蛋白原在凝血过程中的作用　取抗凝血10ml,注入两个小烧杯内,复钙(加入 25mmol/L $CaCl_2$ 3~4 滴/ml 血),轻轻摇匀;一杯静置,另一杯不断用竹签搅拌,数分钟后竹签上即可看到结成红色血团的纤维蛋白,观察洗净竹签上丝状纤维蛋白,比较两杯血液凝固情况,分析产生差别的原因。

3. 观察内源性与外源性凝血过程　取干洁小试管 3 个,标号后按表分别加入试剂,最后同时加入 25mmol/L $CaCl_2$ 溶液,摇匀。每隔 30 s 倾斜试管 1 次,观察液面是否倾斜即血液是否凝固,直至试管内血液不再流动为止,分别记录三个试管的血液凝固时间并填入表4-1。

表4-1 内源性及外源性凝血的观察

	第一管	第二管	第三管
富血小板血浆	0.2ml		
少血小板血浆		0.2ml	0.2ml
生理盐水	0.2ml	0.2ml	
肺组织悬液			0.2ml
25mmol/L CaCl$_2$ 溶液(复钙)	0.2ml	0.2ml	0.2ml
血浆凝固时间			

（1）比较第二管和第三管的凝血时间,分析产生差别的原因。

（2）比较第一管和第二管的凝血时间,说明血小板在凝血过程中所起的作用。

4. 凝血酶凝固时间的测定 取少血小板血浆 0.2ml,加入凝血酶稀释溶液 0.2ml,摇匀后置于 37℃恒温水浴中,立即开始记录时间。每隔 5 s 倾斜试管 1 次,观察血液凝固的情况,记录血凝时间,此时间即凝血酶凝固时间。正常值为 16~18s。

5. 影响血液凝固的因素 取 6 支干的小试管,按表 4-2 准备不同的实验条件,每只试管加入抗凝血 1~2ml,复钙后立即计时,每 30 s 倾斜试管 1 次,观察血液是否凝固,至血液成为凝胶状不再流动为止,记下凝固时间,填入表 4-2。

表4-2 影响血液凝固的因素

实验条件		凝血时间	机制
粗糙面	棉花少许		
光滑面	液状石蜡润滑试管内表面		
温度	37℃恒温水箱中		
	0℃冰浴烧杯中		
加入肝素8U(摇匀)			
加入草酸钾 1~2mg(摇匀)			

如果肝素管及草酸钾不出现血液凝固,两管各再加入 25mmol/L CaCl$_2$ 溶液 2~3 滴,观察血液是否凝固?

【注意事项】

（1）同一观察项目内的各试管的口径、采血量、温度等基本条件应保持一致。

（2）判断凝血的标准要前后一致。一般以倾斜试管达 45°时,以试管内血液不再流动为准。

（3）不要人为地手握加温或反复摇动试管,以防止外部条件影响实验结果。

（4）不要过多震动或过频地倾斜试管,否则会延长凝血时间。

（5）记录凝血的时间要准确。

（6）试管、注射器及小烧杯必须清洁、干燥。

【备注】

1. 富血小板血浆的制备 取刻度离心管一只,加入1%乙二铵四乙酸钠或0.1mol/L柠檬酸钠抗凝全血(1份抗凝剂加9份静脉血),以1000 r/min,离心10min,取上清液即为富含血小板血浆。

2. 少血小板血浆的制备 取刻度离心管一只,加入上述同样抗凝血,以4000 r/min,离心30min,上清液即为少血小板血浆。

3. 肺组织液的制备 取新鲜兔肺洗净血液,剪成小块研磨成糊浸泡于2~3倍体积的生理盐水中摇匀,静置6h以上,离心收集上清液即肺组织浸液,存入冰箱备用。

4. 凝血酶溶液的制备

(1) 浓缩凝血酶溶液的制备:在100ml新鲜兔血浆中加入蒸馏水至1000ml,将8.5g 2%醋酸溶液加入稀释的血浆中,使其pH约在5.3左右,见白色混浊出现后,离心弃掉上清液。将25ml生理盐水加入沉淀物中使之溶解,随后加入0.25ml 2% Na_2CO_3,使其pH保持在7左右,再加入0.25mol/L $CaCl_2$ 3ml,随即用玻璃棒或竹签将凝结的纤维蛋白搅去,剩下的溶液即为凝血酶溶液。

(2) 稀释凝血酶溶液的制备:用生理盐水稀释上述浓凝血酶溶液,使该稀释液0.1ml能将0.1ml正常血浆在16~18s内凝固为度。

5. 兔脑粉悬液的制备

(1) 干燥兔脑粉制备:取新鲜兔脑,剥去血管和脑膜,用生理盐水充分洗净血液,置乳钵中研碎,加入3倍量丙酮脱水,再研磨搅拌至浓粥状,静置数分钟后,倒去上清液,再加适量丙酮,如此反复4~5次,使脑组织被碾磨脱水成灰白色微细粉末状,然后滤去液体,收集粉末。粉末自然干燥(亦可用真空抽气机或置于37℃温箱中1h使其干燥)后分装密封,保存于普通冰箱4℃内,半年之内活性不变。但若潮解,氧化成褐色,则不能再用。

(2) 兔脑悬液制备:取新鲜兔脑,剥去血管和脑膜后洗净血液,置乳钵中研碎后,加入10倍重量生理盐水,搅拌混匀后离心,取上清冷藏备用。也可用上述兔干脑粉制备。取干脑粉0.3g放入试管内,加生理盐水5ml,充分混匀后,置45℃水浴内10min,经常摇动。然后以1000 r/min,离心1min(或静置),取上层乳白色液体即为脑悬液。应用前先检查其活性:取血浆0.1ml,脑悬液0.1ml加25mmol/L $CaCl_2$ 1ml,观察凝固时间,如凝固时间在12~14s内,即可采用;否则应调整其浓度(为使学生实验容易掌握时间,本实验所要求的脑悬液活性是使血浆凝固时间为1min左右)。脑悬液置普通冰箱保存2周内其活性恒定。

【思考题】

(1) 内源性凝血系统和外源性凝血系统有何区别?
(2) 正常情况下人体内的血液为什么不会凝固?
(3) 实验中血浆加钙后为什么会发生凝固?
(4) 凝血酶在凝血过程中作用如何?凝血酶凝固时间延长有何临床意义?
(5) 试述促进或延缓血液凝固的原理及意义。

(杨 戎)

实验六　期前收缩和代偿间歇

【实验目的】

学习在体蛙心心跳曲线的记录方法,通过在心脏活动的不同时期给予刺激,观察期前收缩与代偿间歇,了解心肌兴奋性的特点,验证心肌有效不应期特别长的特征。

【实验原理】

心肌细胞每发生一次兴奋,其兴奋性会发生系列有规律变化,伴随膜电位变化,Na^+通道经历激活、失活和复活等过程,其兴奋性也发生相应的周期性改变:有效不应期,相对不应期和超常期。心肌兴奋后兴奋性变化特点是其有效不应期特别长,约相当于机械收缩的整个收缩期和舒张早期。在此期中,任何强大刺激均不能引起心肌兴奋而收缩;在有效不应期之后,下一次窦房结的兴奋到达之前,受到一次"额外"刺激,或窦房结以外传来"异常"兴奋,就可引起一次提前出现的收缩,称为期前收缩。期前收缩也有自己的有效不应期,如正常窦房结节律性兴奋正好落在心室期前收缩的有效不应期内,便不能引起心室兴奋和收缩,出现一次兴奋"脱失",需待下次正常节律性兴奋到达时,才能恢复正常的节律性收缩。因此,在期前收缩之后就会出现一个较长的心室舒张期,称为代偿间歇。

【实验器材】

BL-420生物机能实验系统,张力换能器,刺激电极,铁支架,双凹夹,蛙类手术器械一套,蛙板,蛙钉,蛙心夹,棉线,滴管,任氏液。

【实验对象】

蟾蜍或蛙。

【实验步骤】

(1) 破坏蟾蜍的脑和脊髓,将其仰卧固定在蛙板上。从剑突下向上呈"V"形剪开皮肤,提起剑突,将粗剪刀伸入胸腔内,紧贴胸壁(避免损伤心脏和血管)沿中线打开胸腔,剪掉胸骨。将两前肢向外拉开用蛙钉固定,尽量打开胸腔。用眼科镊提起心包膜,并用眼科剪仔细剪开心包,暴露心脏。

(2) 在心室舒张期时用蛙心夹夹住心尖约1mm,将蛙心夹上连线与换能器感应片相连,换能器连入BL-420生物机能实验系统的输入通道。刺激电极固定于铁支架上,并使心室恰好处于刺激电极的两根级丝之间,无论心室收缩和舒张时,均能与两极接触,连接装置。

(3) 打开计算机,进入BL-420生物机能实验系统操作界面,由菜单条实验项目→循环实验→期前收缩和代偿间歇。

(4) 观察项目

1) 描记心脏正常收缩曲线,观察曲线的收缩相和舒张相。心跳曲线的上升支代表心室收缩,下降支代表心室舒张过程(图4-10)。

2) 用中等强度的单个阈上刺激,分别在心缩期的早、中、晚期各给予心室1次刺激,观察对心跳曲线的影响。

3) 用同等强度刺激,分别在心舒期的中、晚期各给予心室1次刺激,观察对心跳曲线的影响。

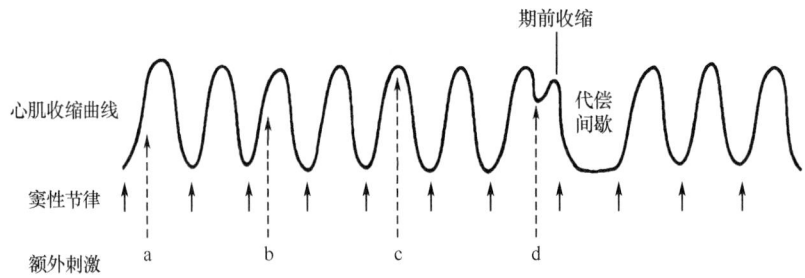

图 4-10　期前收缩与代偿间歇

刺激 a、b、c 落在收缩期,未引起反应;刺激 d 落在舒张中晚期,引起期前收缩和代偿间歇

【注意事项】

（1）破坏蟾蜍的脑和脊髓要完全。

（2）记录曲线时应做好刺激标记。

【思考题】

（1）解释期前收缩和代偿间歇产生的原因。

（2）心率过快或过慢时,对期前收缩及代偿间歇有何影响？为什么？

（3）心肌的不应期较长有何生理意义？

（4）叙述心肌的生理特性与兴奋性周期变化的关系,并与神经、骨骼肌进行比较。

（汪志群）

实验七　蟾蜍心脏起搏点的观察

【实验目的】

（1）熟悉两栖类动物心脏的结构。

（2）利用结扎法观察蟾蜍心脏起搏点及心脏不同部位自律性的高低。

【实验原理】

两栖类动物的心肌细胞具有自律性活动,但各部分的自律性高低不同。两栖类动物心脏结构的特点是两个心房和一个心室,其背面还有一个自律性的最高静脉窦,由它发出的兴奋依次传给心房和心室,引起心肌收缩,故两栖类动物的心脏正常起搏点为静脉窦。

【实验对象】

蟾蜍或蛙。

【实验器材】

蛙类手术器械一套,蛙心夹,滴管,任氏液。

【实验步骤】

（1）破坏蟾蜍脑和脊髓后,使其仰卧固定于蛙板上。用镊子提起胸骨表面皮肤,用粗剪刀剪一小口,由切口处向上呈"V"形剪开胸骨表面皮肤,提起剑突,将粗剪刀伸入胸腔内,紧贴胸壁(避免损伤心脏和血管)沿中线剪开胸骨,剪断左右鸟喙骨和锁骨,将两前肢向外拉开用蛙钉固定,尽量打开胸腔。用眼科镊提起心包膜,并用眼科剪刀仔细剪开心包膜,暴露出心脏。

(2) 识别心脏结构(图4-11),从心脏腹面可见蟾蜍的心脏有一个心室,上方有两个心房,心室与左右主动脉相连,房室之间有一房室沟。然后用玻璃分针将心尖轻轻翻向头端,暴露心脏背面,再从背面辨认,就可见与心房相连的静脉窦,心房与静脉窦之间有一半月形白线,即窦房沟。仔细观察静脉窦、心房和心室的活动顺序。用眼科镊子在主动脉干下穿线备用。

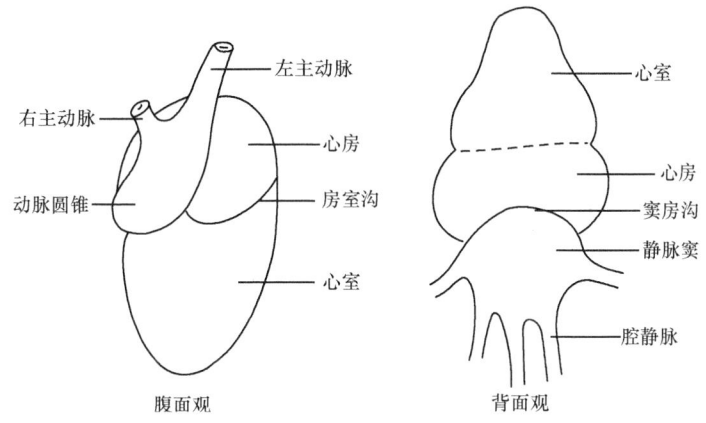

图4-11 蟾蜍心脏结构示意图

(3) 观察项目

1) 分别记录静脉窦、心房、心室跳动频率。

2) 在心房、心室的交界处(房室沟)做斯氏第二结扎,观察静脉窦、心房、心室活动变化情况。如心室恢复跳动则分别计数静脉窦、心房、心室跳动的频率将结果填入表4-3,并分析现象。

3) 用玻璃分针将心尖翻向头端,在静脉窦和心房之间(窦房沟)结扎(斯氏第一结扎),观察心房、心室、静脉窦活动情况。如心房恢复跳动则分别计数静脉窦、心房、心室跳动的频率将结果填入表4-3,并分析现象。

表4-3 心脏各部分活动频率的观察

实验条件	静脉窦(次/min)	心房(次/min)	心室(次/min)
结扎前状态			
斯氏第一结扎			
斯氏第二结扎			

【注意事项】

(1) 手术过程要小心,避免出血。

(2) 结扎应迅速、准确,扎紧。

(3) 实验中经常滴加任氏液,使心脏保持湿润。

【思考题】

(1) 能否设计另外的方法证明心脏各部具有高低不等的自律性?

(2) 正常情况下,两栖类动物(或哺乳类动物)的心脏起搏点是心脏的哪一部分？为什么能控制潜在起搏点的活动？

(汪志群)

实验八　心音听诊

【实验目的】

学习心音听诊方法,掌握心音听诊部位,了解正常心音的特点及产生原因,为临床心音听诊奠定基础。

【实验原理】

心音是由于心动周期中心肌收缩、瓣膜启闭、血液流速的改变等因素引起的机械振动产生的声音,可以通过周围组织传到胸壁,用听诊器在胸壁能直接听取心音。一般可以听到2个心音,即第一心音和第二心音,在某些健康儿童和青少年也可以听到第三心音。第一心音音调较低(音频为 25~40 Hz),持续时间较长(0.12 s),声音较响,由房室瓣关闭和心室肌收缩振动所产生。因房室瓣的关闭与心室收缩开始几乎同时发生,第一心音是心室收缩的标志,其响度和性质变化,常可反映心室肌收缩强、弱和房室瓣膜的机能状态。第二心音音调较高(音频为 50 Hz),持续时间较短(0.08 s),较清脆,主要由半月瓣关闭产生振动形成。由于半月瓣关闭与心室舒张开始几乎同时发生。因此第二心音是心室舒张的标志,其响度常可反映动脉压的高低。

【实验对象】

人。

【实验器材】

听诊器。

【实验步骤】

1. 确定听诊部位

(1) 受试者面朝亮处端坐,解开上衣,检查者坐在其对面。

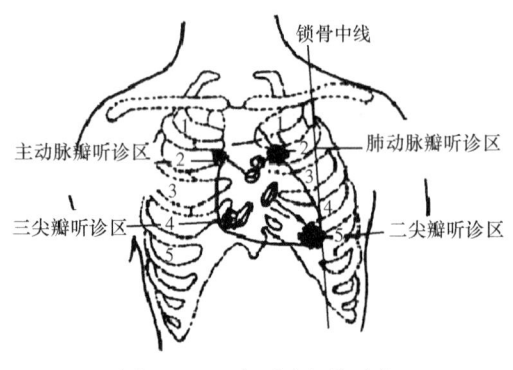

图 4-12　心音听诊部位示意

(2) 肉眼观察(或用手触诊)受试者心尖搏动位置与范围是否正常。

(3) 参照图 4-12,认清心音听诊的各部位。

二尖瓣听诊区:位于左锁骨中线与第五肋间隙交界处,即心尖搏动处。

三尖瓣听诊区:位于胸骨右缘第四肋间隙或剑突下。

主动脉瓣听诊区:胸骨右缘第二肋间隙。胸骨左缘第三肋间为主动脉瓣第二听诊区(又称第五点)。主动脉瓣关闭不全时可在该处听到杂音。

肺动脉瓣听诊区:胸骨左缘第二肋间隙。

2. 心音听诊

(1)测试者带好听诊器,以右手拇指,食指和中指轻持听诊器胸件紧贴于受试者的胸前壁皮肤,用力适度,依次(二尖瓣听诊区→主动脉瓣听诊区→肺动脉瓣听诊区→三尖瓣听诊区)仔细听诊,注意区分两种心音。

(2)在二尖瓣听诊区听取心音,并开始数心率,注意同时扪及受试者左上肢桡动脉脉搏或看受试者颈动脉搏动。观察心音,脉搏搏动是否一致,心律是否整齐。

(3)如难以区分两个心音,可用手指触诊心尖搏动或颈动脉脉搏,与搏动同时出现的心音即为第一心音。然后再以心音音调高低,持续时间的长短鉴别两心音。

【注意事项】

(1)受试者和室内环境应保持安静。

(2)听诊器耳端应与外耳道方向一致,橡皮管不得交叉,扭结。橡皮管切勿与它物摩擦,以免发生摩擦音影响听诊。

【思考题】

(1)试述两个心音的产生机制以及两个心音分别标志心动周期中的哪个期?

(2)心音听诊有何临床意义?

(魏莎莉)

实验九　人体动脉血压的测定及轻微运动对血压的影响

【实验目的】

(1)学习并掌握人体间接测定动脉血压法的原理和方法。

(2)熟悉人体动脉血压的正常值及其书写方法。

【实验原理】

测定人体动脉血压最常用的方法是间接测压法,测量部位通常为上臂肱动脉。通常应用血压计的袖带在动脉外加压,根据血管音的变化来测量动脉血压。血液在血管内顺畅流动时没有声音,但如果给血管以压力而使血管变窄,血液经过狭窄处形成涡流时则可发出声音(血管音)。通过橡皮气球将空气打入缚于上臂的袖带给肱动脉加压,当外加压力超过动脉的收缩压时,动脉血流完全被阻断,此时用听诊器在肱动脉处听不到任何声音,在桡动脉处也摸不到搏动。缓慢放气,使袖带内的压力逐步下降,在此过程中,当袖带内的压力介于动脉"收缩压"与"舒张压"之间时,血液将随着心脏的搏动断续地流过受压的血管,形成血液涡流,从而产生血管音,此时,在被压的肱动脉远端可听到声音,也可触及桡动脉脉搏。继续放气,当袖带内压低于"舒张压"时,血流又恢复为连续的流动,则血管音突然变弱或消失(图4-13)。据此便可测出肱动脉的收缩压和舒张压。动脉内血液刚能发出声音时的最大外加压力(即发生第一次声音时)相当于收缩压,而动脉内血液声音突然变弱时的外加压力相当于舒张压。

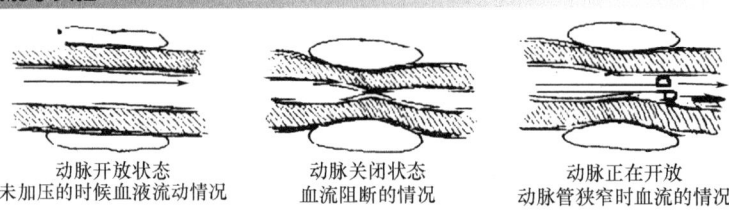

图 4-13 测定血压时动脉中的血流情况

【实验对象】

人。

【实验器材】

血压计,听诊器。

【实验步骤】

1. 测量动脉血压的方法

(1) 受试者脱去一臂衣袖(常取右上臂),静坐 5min。

(2) 松开打气球上的螺丝帽,将袖带内的空气完全放出,再将螺丝扭紧。

(3) 将袖带裹于右上臂,其下缘应在肘关节上约 2cm 处,松紧应适宜。受试者手掌向上平放于台上,袖带应与心脏同一水平。

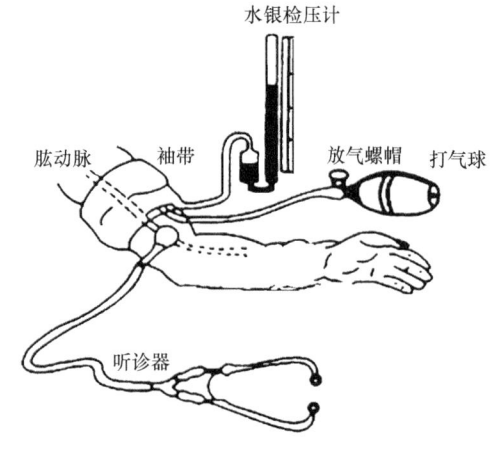

图 4-14 人体动脉血压测定

(4) 将听诊器两耳器塞入外耳道,务必使耳器的弯曲方向与外耳道一致。

(5) 在肘窝部内侧找到肱动脉搏动处,左手持听诊器的胸件置于其上。注意:不可用力下压(图 4-14)。

2. 观察项目

(1) 测量收缩压:右手持打气球,向袖带打气加压至 150mmHg 左右,然后松开打气球之螺丝帽,缓慢放气(切勿过快),以降低袖带内压力。在水银柱缓慢下降的同时仔细听诊,当突然出现"砰"样的第一声时,此时水银柱刻度数即代表收缩压的高低。

(2) 测量舒张压:继续缓慢放气,此时可听到血管音的一系列变化,声音由低而高,而后突然变低,最后完全消失。在声音变调或消失的一瞬间,此时水银柱刻度数即代表舒张压的高低。

血压记录常以收缩压/舒张压 mmHg(或 kPa)来表示(例如 120/80mmHg,120mmHg 代表收缩压值,80mmHg 代表舒张压值)。

(3) 观察轻微运动对血压的影响:测定安静坐位状态下的心率、血压。然后做下蹲运动 10 次。测定运动后即刻及 5 分钟后的心率和血压。

【注意事项】

(1) 室内须保持安静,以利听诊。

(2) 无论测量坐、卧、立位的血压,测量部位(缚袖带处)都应与心脏、检压计处于同一平面。

(3) 发现血压超出正常范围时,应让被检者休息 10min 后再测,以减少误差。

(4) 重复测压时,须将袖带内空气放尽,使压力降至零位,而后再加压测量。

【思考题】

(1) 体位和呼吸改变后,血压有何变化?为什么?

(2) 正常男女成人的血压是多少?你组男女同学测得的血压值是否正常?有无差别?

(3) 自行设计实验,观察体位对血压的影响。

(魏莎莉)

实验十　人体体表心电图的记录

【实验目的】

(1) 学习人体体表心电图的记录方法。

(2) 辨认正常心电图的波形并了解及其生理意义。

(3) 学习心电图波形的测量方法。

【实验原理】

心脏收缩之前先产生兴奋,正常时心脏兴奋由窦房结开始,经传导系统最后到达心室肌,并引起心肌的收缩。发生在心脏组织的这些电位变化可以通过体内组织和组织液传导到体表。在体表,按一定引导方法,把这些电位变化记录下来,就成为心电图。心电图可以反映心脏内综合性电位变化的发生、传导和消失过程。正常人心电图包括 P、QRS 和 T 三个波形。P 波表示心房去极化,QRS 波群表示心室去极化,T 波表示心室复极化。心电图在起搏点的分析、传导功能的判断以及心律失常、房室肥大、心肌损伤等的诊断上有重要的价值。

【实验对象】

人。

【实验器材】

计算机、BL-420S 生物机能实验系统、(或心电图机)、检查床、导电膏、酒精棉球。

【实验步骤】

1. 心电图记录的操作步骤

(1) 接好计算机的电源线、地线和导联线。

(2) 受试者静卧检查床上,放松肌肉,在手腕、足踝及胸前安放好引导电极,接上导联线。为了保证导电良好,可在放置引导电极部位涂少许导电糊。导联线的联接方法是红色——右手,黄色——左手,绿色——左足,黑色——右足(接地),白色——胸前导联(图 4-15)。

(3) 打开 BL-420S 生物机能实验系统→选"信号输入"→1,2,3,4 通道均选心电,在屏幕右侧"控制参数调节区"中,点击 1 通道"导联关",选为Ⅰ导联,2 通道选为Ⅱ导联,3 通道选为Ⅲ导联,4 通道选为 aVR,点击开始实验,记录心电波形。点击工具栏中 图标,进行心功能参数测量,选取一段心电波形,(譬如从一个 P 波到后几个心动周期后的 P 波),单击右键进行多参数测量。另外通过工具栏中"Excel"命令打开 Excel 电子表格,则测量的数据将直接进入到 Excel 电子表格中。然后再改变各通道的导联,同理记录测量其他导联的心电图。然后进行多通道图形剪接,可以进行心电图形打印。

也可以用心电图机进行心电图记录:调整心电图机放大倍数,纵坐标 10mm 代表 1 mV 标准电压,走纸速度 25mm/s,然后依次记录Ⅰ、Ⅱ、Ⅲ、aVR、aVL、aVF、V_1、V_3、V_5 导联的心电图。各导联的选择仅需扭动心电图机上的相应旋钮即能完成,不需变动已安置在人体上的电极。

(4) 结合心电图形及 Excel 中的数据,进行分析。

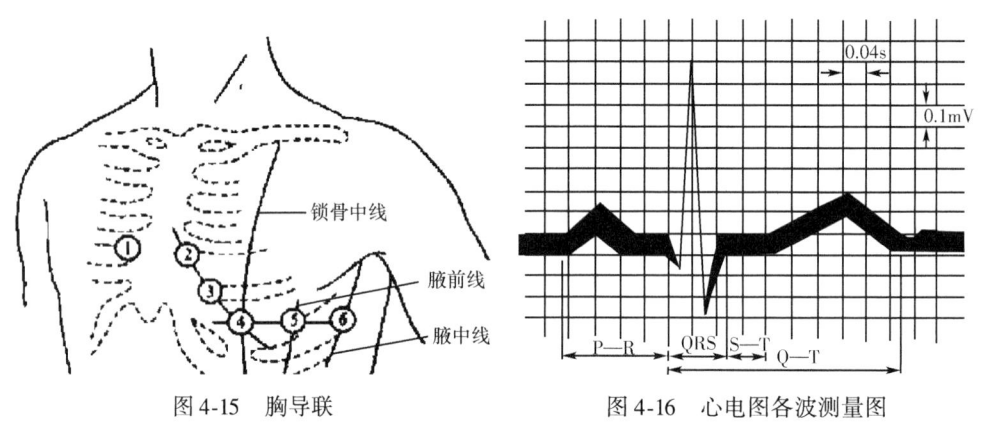

图 4-15 胸导联　　　　图 4-16 心电图各波测量图

2. 心电图分析

(1) 辨认心电图各波段:P 波,QRS 波群,T 波,P—Q 段,P—R 间期,ST 段,Q—T 间期,P—P 间期/R—R 间期(图 4-16,表 4-4)。

表 4-4 心电图各波段正常值及其特征

名称	时间	电压	形态
P 波	≤0.11s	Ⅰ、Ⅱ、Ⅲ、aVL、aVF <0.25mV V_1、V_2<0.15mV V_1、V_2 双向时其总电压<0.2mV	Ⅰ、Ⅱ、aVF、V_4~V_6 直立,aVR 倒置,Ⅲ、aVL、V_1~V_3 直立、平坦、双向或倒置
P—R 间期	0.12~0.20s*		
QRS 波	Q<0.04s 总时间为 0.06~0.10s	Q< R/4(R 波为主的导联) R_{aVR}<0.5mV;R_{aVL}<1.2mV;R_{aVF}<2.0mV R_{V_1}<1.0mV;V_1 r/s<1 R_{V_5}<2.5mV;V_5 r/s>1 R_{V_1}+S_{V_5}<1.2mV R_{V_5}+S_{V_1}<4.0mV(男)或 <3.5mV(女)	aVR 呈 Qr、rS 或 rSr′ V_1 呈 rS 型 V_5 呈 Rs、qRs、qR 或 R 型
ST 段		Ⅰ、Ⅱ、aVL、aVF、V_4~V_6 抬高不超过 0.1mV,压低不超过 0.05mV,V_1~V_3 抬高不超过 0.3mV	
T 波		>R/10(R 波为主的导联)	Ⅰ、Ⅱ、V_4~V_6 直立,aVR 倒置,Ⅲ、aVL、aVF、V_1~V_3 直立、平坦或倒置

续表

名称	时间	电压	形态
Q—T 间期	<0.40s*		
U 波	0.1~0.3s	肢导联<0.05mV 心前导联<0.03mV	其方向应与 T 波一致

* P—R 间期、Q—T 间期的正常值与心率有关

（2）波幅和时间的测量：Excel 电子表格中心电波形上的各种参数，包括：心率、R 波幅度、ST 时段等 13 个参数都显示了出来。对照表 4-4 分析心电图。

用心电图机进行心电图分析如下：

波幅和时间的测量

1）波幅：当 1 mV 的标准电压使基线上移 10mm 时，纵坐标每一小格（1mm）代表 0.1 mV。测量波幅时，凡向上的波形，其波幅应从基线上缘测量到波峰的峰顶；凡向下的波形，其波幅应从基线下缘测量至波谷的底点。

2）时间：当走纸速度选用 25mm/s 时，心电图纸上横坐标的每一小格（1mm）代表 0.04s（图 4-16）。

3）心率的测定：测量相邻两个 P 波间隔时间或 R 波的间隔时间，按下列公式进行计算，求出心率。如心动周期之间的时间间距显著不等时，可将五个心动周期的 P—P 间隔时间或 R—R 间隔时间加以平均，取得平均值，代入公式。

$$心律 = \frac{60}{P-P 或 R-R 间隔时间(s)} 次/min$$

窦性心律的心电图表现是：P 波在Ⅱ导联中直立，aVR 导联中倒置，P—R 间期在 0.12~0.20s，如果心电图中最大的 P—P 间隔和最小的 P—P 间隔相差 0.12 s 以上，称为窦性心律不齐。成年人正常窦性心律的心率为 60~100 次/min。

【注意事项】

（1）肌肉放松以消除肌电干扰，电极要紧贴皮肤。

（2）计算机要良好接地。

【思考题】

（1）正常心电图有哪三个波和哪两个间期？它们各表示什么生理意义？

（2）为什么不同导联引导出来的心电图波形有所不同？

（余华荣）

实验十一 心血管活动的调节

【实验目的】

观察和验证心血管活动的神经体液调节机制；了解和掌握哺乳动物急性实验技术以及动脉血压的直接测量方法。

【实验原理】

动脉血压受心输出量、外周阻力、大动脉管壁弹性及循环血量等因素的影响,其中尤以前两个因素最为重要。体内外许多因素通过神经和体液途径调节心输出量和外周阻力,致使血压发生改变。

【实验对象】

家兔,体重 2~4kg 左右,雌雄兼用。

【实验器材】

20% 氨基甲酸乙酯(或 1% 戊巴比妥钠),0.9% NaCl,肝素(500U/L),1/10 000 去甲肾上腺素,1/10 000 肾上腺素,1/100 000 乙酰胆碱;哺乳类动物手术器械,BL-420 生物信息记录处理系统,压力换能器。

【实验步骤】

1. 手术

(1) 麻醉:20% 氨基甲酸乙酯按 5ml/kg 体重静脉注射,实验观察中按需可追加 0.5~2ml/次。

(2) 气管插管:颈部剪毛,切开皮肤及皮下组织,分离肌肉,暴露气管,分离气管,穿线,在甲状软骨下 2~3 气管环间切开气管,并快速插入气管插管。结扎、固定,剪去多余的线头。

(3) 分离右侧颈总动脉和迷走神经、颈交感神经和减压神经:用左手拇指和食指捏住一侧切口的皮肤和肌肉,其余三指从皮肤外面略向上顶,使颈部气管旁软组织外翻,暴露出与气管平行的动脉鞘,鞘内包括有靠前的颈总动脉和紧贴在后的迷走神经、交感神经和减压神经。用玻璃分针轻轻的纵行分离开鞘膜,并将颈总动脉稍移向一旁,就可见到三条平行排列的神经:迷走神经最粗、规整、明亮;交感神经较细,光泽较暗;减压神经最细,在颈中部水平多位于前两者之间并紧挨交感神经并行。于各条神经和颈总动脉下各穿一线,在远离血管处将线打一活结备用。

(4) 左侧颈总动脉插管:分离左侧颈总动脉(尽量分离长一些,注意勿伤及颈总动脉的甲状腺分支),其下穿两条丝线,在尽量靠近头端处作两次结扎,保留结扎线残端。用动脉夹夹住近心端,阻断血流。于靠近结扎处作一斜行剪口,将已充满抗凝剂的塑料管向心脏方向插入动脉,用丝线固定插管。所有手术全部完成后,移去动脉夹,此时可见血液注入塑料管前端,并有搏动。

2. BL-420 的操作 打开 BL-420→实验项目→循环实验→动脉血压调节,记录动脉血压。

3. 实验项目

(1) 记录正常血压曲线,观察血压波形。血压的波形包括一级波和二级波。一级波是由于心脏的搏动引起的,心脏收缩时血压升高,心脏舒张时血压下降,波峰和波谷之间的差值为脉压。二级波与呼吸有关,是由于呼吸时胸内压的变化对血压的影响造成(图 4-17)。

图4-17 家兔正常血压曲线

曲线的疏密:反映心率。
曲线的规律:反映心律。
曲线的幅度:反应心室收缩的强弱。
曲线的顶点水平:反应收缩压的高低。
曲线的基线:反映舒张压的高低。
(2) 牵拉左侧颈总动脉残端。
(3) 夹闭右侧颈总动脉。
(4) 耳缘静脉依次注射:1/10 000 去甲肾上腺素,1/10 000 肾上腺素,1/100 000 乙酰胆碱各0.3~0.5ml,观察血压变化。不同药物注射间隔时间以血压恢复至正常水平为宜。
(5) 结扎剪断减压神经,分别刺激减压神经的外周端和中枢端(刺激参数:连续单刺激,波宽0.1ms,强度3~5V)。
(6) 结扎剪断颈迷走神经,刺激迷走神经的外周端(刺激参数同上)。

【注意事项】
(1) 注射麻醉剂要缓慢,以防造成动物死亡。
(2) 尽量减少手术出血。
(3) 注意三通接口之开闭方向。
(4) 在每项处理前,均要有正常的对照曲线,并做好每项处理的标记。

【思考题】
刺激减压神经中枢端和迷走神经外周端引起血压下降的机制有何不同?

(涂 柳)

实验十二 视力测定

【实验目的】
掌握测定视力(视敏度)的方法,了解其测定原理。

【实验原理】
视力是指眼分辨物体微细结构的最大能力,即分辨物体上两点间最小距离的能力。通常以视角的大小作为衡量标准。视角与视敏度的关系为:视敏度=1/视角。视角以分角为单位进行计算。以国际标准视力表为例,视力表上1.0行的E字符号每一笔画的宽度和每两笔画的间距均为1.5mm。在视力表距眼5 m处时,相距1.5mm的两个光点发出的光线入眼后,在节点交叉所形成的夹角(视角)为1分角(1/60度)(图4-18)。此时物像如能被眼辨认,认为具有正常视力,视力为1.0;若按对数视力表表示则为5.0。若某人只能辨认此行上面的,则视力<1,为视敏度低;若某人能辨认此行下面的,则视力>1,为视敏度高。表上每行左边的数字表示在5米距离处能辨认该行E字的视力。不同的视力可用下式计算:

V(受试者视力)=d(受试者辨认某字的距离)/D(正常视力辨认该字的最远距离)

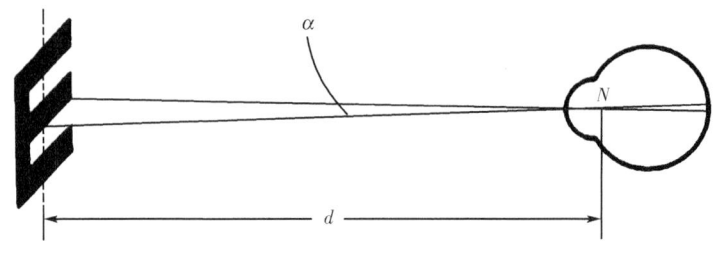

图4-18 视力表测定原理说明

【实验对象】

人。

【实验器材】

标准对数视力表(5m距离两用式)、遮光板、指示棒及米尺。

【实验步骤】

(1) 将视力表挂在光度适当、照明均匀的墙上。受试者的眼睛与视力表上的1.0行字母在同一高度。

(2) 受检者站立或坐在距视力表5 m处,用遮光板遮住一眼,按下述方法分别测试两眼视力。

(3) 检查者用指示棒自上而下逐行指示视力表上字母。每指一字母,令受试者说出或以手指表示该字母缺口的朝向,一直到看不清为止(偶有错误不算)。受试者能看清的最后一行字母首端的数字即为其视力值。

(4) 视力表中最上一行字是正常眼(视力为1.0)在5 m距离处能够辨认的。若受试者对最上一行字也不能辨认清楚,则令受试者向前移动,直到能辨认清楚最上一行字为止。测量受试者与视力表的距离,再按上述公式推算出受试者视力。

【注意事项】

(1) 光线要充足,光源应从受试者后方射来。
(2) 测试时不宜用手遮眼,以免压迫眼球或受试者从指缝中偷看。
(3) 视力表的第1.0行字高度与受试者的眼在同一水平。

【思考题】

(1) 分析视角与视敏度的关系。
(2) 讨论造成近视的原因,讨论保护视力的措施有哪些?

(王新渝)

实验十三 视野测定

【实验目的】

掌握测定视野的方法,了解测定视野的意义。

【实验原理】

单眼固定注视正前方某一点不动,所感受到的空间范围称为视野。视野的大小随视分析器的构造(如视网膜上圆柱细胞与圆锥细胞的分布情况)和功能状况,以及所用的视标颜色、实验环境条件(如光亮程度)、人体面部骨骼结构而不同。

【实验对象】

人。

【实验器材】

视野计、各色视标、视野图表、铅笔。

【实验步骤】

(1) 将视野计(图4-19)放置于光线充足的地方,受试者背向光源。

(2) 受试者下颌靠在视野计的托颌架上,调节高低,使眼眶下缘靠在眼眶托上,眼与托颌架中心点的小镜子处在同一水平面。用手或遮眼小板遮蔽一眼,另一眼固定注视弧架中心点。

(3) 旋转弧架到水平位置,主试者手持白色视标在弧架内侧面从外向中心慢慢移动,并随时询问受试者,直至受试者看见视标为止。再将试标由内向外移动,然后再由外向内移动,重复数次,得出一致结果。然后将受试者刚能看到视标所在位置上的数值标记在印好的视野图表上的相应经纬度上。

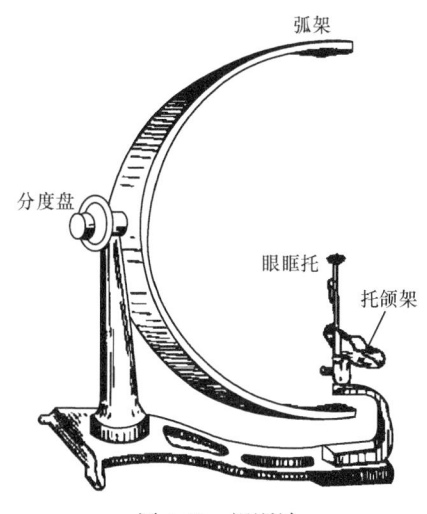

图4-19 视野计

(4) 转动弧架至不同经纬度,用同样方法测定450°、90°、135°、180°、225°、275°、315°、360°等不同方向的视野,并分别将测得的数值记在视野图表上,然后用曲线连接,得出视野图,即该眼的白色视野(图4-20)。

(5) 同样用红、黄、绿、蓝等颜色视标,按照上述方法,测定各色觉的视野(用颜色视标时必须看清颜色)。

(6) 依同样的方法测定另一眼的白色视野和其他颜色视野。

【注意事项】

(1) 在实验过程中受试者可略休息,避免由于眼睛疲劳而影响实验结果。

(2) 测试时不宜用手遮眼,以免压迫眼球或受试者从指逢中偷看。

(3) 测试过程中,受试者被测的一侧眼睛,一定要始终注视弧架上的小镜子,眼球不得转动,而是用余光观察视标。

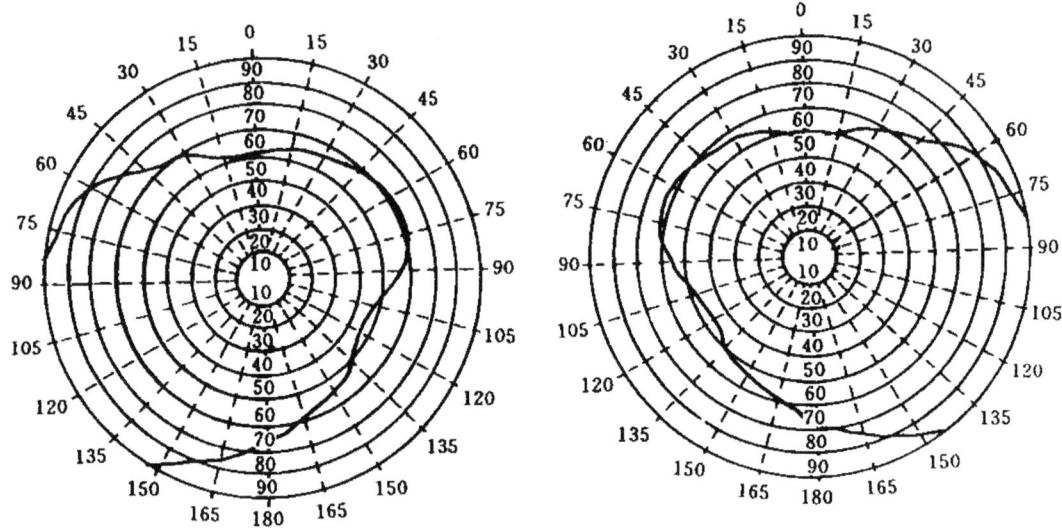

图 4-20 视野测定图纸

【思考题】

（1）比较何种颜色视野最大。
（2）举例说明视野的应用。

（王新渝）

实验十四　盲点的测定

【实验目的】

证明盲点的存在，并计算盲点所在的位置和范围。

【实验原理】

视网膜上在视神经离开视网膜的部位（即视神经乳头所在的部位）没有视觉感受细胞，外来光线成像于此不能引起视觉，故称该部位为生理性盲点（图 4-21）。由于生理性盲点的存在，所以视野中也存在生理性盲点的投射区。根据物体成像原理，利用简化眼提供的数据，可计算出盲点的范围。

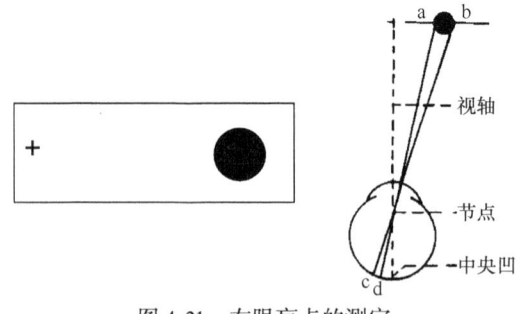

图 4-21　右眼盲点的测定
左：盲点测试卡；右：盲点直径计算原理

【实验对象】

人。

【实验器材】

白纸，铅笔，黑色视标，尺子，遮眼板。

【实验步骤】

（1）将白纸贴在墙上，受试者立于纸前50cm处，用遮眼板遮住一眼，在白纸上与另一眼相平的地方用铅笔划一"+"字记号。令受试者注视"+"字。实验者将视标由"+"字中心向被测眼颞侧缓缓移动。此时，受试者被测眼直视前方，不能随视标的移动而移动。当受试者恰好看不见视标时，在白纸上标记视标位置。然后将视标继续向颞侧缓缓移动，直至又看见视标时记下其位置。由所记两点连线之中心点起，沿着各个方向向外移动视标，找出并记录各方向视标刚能被看到的各点，将其依次相连，即得一个椭圆形的盲点投射区。

（2）根据相似三角形各对应边成正比定理，可计算出盲点与中央凹的距离及盲点直径。

$$\frac{盲点的直径}{盲点投射区域直径} = \frac{节点到视网膜的距离(15mm)}{节点到白纸的距离(500mm)}$$

【注意事项】

（1）测定盲点大小时，该眼正视白纸片上的"+"字，眼球不能随意转动。
（2）眼与白纸必须保持一定的距离（50cm）。

【思考题】

（1）试述测定盲点与中央凹的距离和盲点直径的原理。
（2）在我们日常注视物体时，为什么没有感觉到生理性盲点存在？

（王新渝）

实验十五　视觉调节反射和瞳孔对光反射

【实验目的】

观察视觉调节反射与瞳孔对光反射。掌握视觉调节反射与瞳孔对光反射的概念及原理。

【实验原理】

人眼由远视近或由近视远时会发生调节反射。当视近物时，晶状体凸度增加，尤其是前表面的曲率明显增加，折光能力增强，即晶状体调节；同时瞳孔缩小，即瞳孔近反射；两眼视轴向鼻侧会聚，即辐辏反射；最终使近处物体能在视网膜上清晰成像。视远物时，即发生相反的变化。

环境光线的强弱也会影响瞳孔的大小，环境光线较亮时，瞳孔缩小，环境光线变暗时瞳孔散大，称为瞳孔对光反射。对光反射的效应是双侧性的，称为互感性对光反射。

【实验对象】

人。

【实验器材】

蜡烛、火柴、电筒。

【实验步骤】

1. 瞳孔近反射　检查者竖一手指靠近受试者鼻梁，先让受试者视远物，再令其突然注视检查者手指,观察瞳孔是否同时缩小。

2. 辐辏反射 令受试者突然注视鼻梁前手指,观察双眼是否向鼻侧会聚。

3. 晶状体调节

(1) 进入暗室,点燃蜡烛放于受试者眼的前外方,让受试者注视数米外的某一目标。实验者可以观察到蜡烛在受试者眼内的三个映像(图4-22A)。其中最亮的中等大小的正像是由角膜前表面反射形成;通过瞳孔可见到一个较暗而大的正立像,系由晶状体前表面反射而成;另一个较亮而最小的倒立像,则是晶状体后表面反射形成。由于角膜和晶状体前表面均向前凸,起凸面镜的作用,故形成正立像;晶状体后表面起凹面镜的作用,故其像为倒立像。像的大小取决于凸面镜的曲率,曲率愈大则像愈小,晶状体前表面曲率小于角膜前表面曲率,故其像较大且暗,晶状体后表面曲率最大,故其像最小。

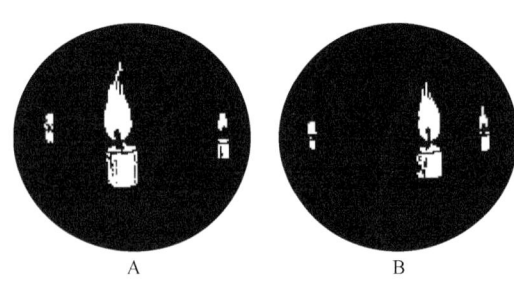

图4-22 视觉调节反射进行时,眼球各反光面映像的变化

A. 安静时;B. 调节时

(2) 让受试者转而注视15cm处的近物(可由实验者竖一手指作目标),此时可见(图4-22B)最大的正立像向最亮的正立像靠近且变小。这说明视近物时晶状体前表面凸度增加靠近角膜,曲率变大,而角膜前表面和晶状体后表面的曲率均未明显改变。

4. 瞳孔对光反射 在暗室中用手电筒照射受试者双眼,观察双眼瞳孔的变化。在鼻梁上用手隔离光线,照射一侧眼球,观察双侧瞳孔的变化。

【注意事项】

(1) 瞳孔调节反射时,受试者眼睛要紧紧盯住物体。

(2) 瞳孔对光反射时,受试者两眼需要直视远处,不可注视手电光。

【思考题】

(1) 分析视远物时眼内三个烛像形成的原理及视近物时烛像变化的原理。

(2) 视近物时两眼瞳孔及视轴有何变化?其生理意义是什么?

(3) 瞳孔对光反射的反射弧是什么?有何临床意义?

(艾 青)

实验十六　声音传导途径

【实验目的】

熟悉听力检查方法,比较气传导和骨传导的听觉效果,了解鉴别传导性耳聋与神经性耳聋的实验方法与原理。

【实验原理】

声波传入内耳有两条途径:①气传导:声音经外耳、鼓膜、听小骨链和卵圆窗传入内耳。

②骨传导：声音直接作用于颅骨、耳蜗耳壁传入内耳。

正常人气传导远远大于骨传导。当鼓膜或听小骨发生病变引起传导性耳聋时，气传导效应减弱或消失，骨传导效应则相对增强；当耳蜗或听神经病变引起感音性或神经性耳聋时，则气传导和骨传导效应均减弱或消失。因此临床上可根据两种传导受损的情况帮助判断听觉障碍产生的部位及原因。

【实验对象】

人。

【实验器材】

音叉（频率256Hz或512Hz）、橡皮锤、棉球。

【实验步骤】

1. 任内（Rinne）试验（同侧耳气传导和骨传导比较试验）

（1）室内保持安静，受试者静坐，检查者用橡皮锤叩击音叉后，立即将振动的音叉柄置于受试者一侧颞骨乳突部，在刚刚听不到声响时，立即将音叉移至同侧外耳道口附近，正常人在一段时间内还能听到音叉音，说明正常时气传导大于骨传导；反之，先将振动音叉置于受试者外耳道口附近，当刚听不到声响时，将音叉柄置于颞骨乳突部，正常情况下也听不到声音。如气传导>骨传导为任内试验阳性，气传导>骨传导（弱）为弱阳性，气传导<骨传导为阴性。

（2）用棉球塞住受试者一侧外耳道（模拟气传导障碍），重复上述试验，观察结果。

2. 韦伯（Weber）试验（比较两耳骨传导试验）

（1）用橡皮锤叩击音叉后，将正在振动的音叉柄置于受试者前额正中发际处，问受试者两耳听到的声响有无差别（正常人两耳听到的音叉音相等）。

（2）用棉球塞住一侧外耳道（模拟气传导障碍），重复上述实验，询问受试者所听到的声响偏向哪一侧（若传导性耳聋则声响偏向患侧，神经性耳聋偏向健侧）。

【注意事项】

（1）敲击音叉用力不要过猛，音叉不能在桌上或其他硬物体上敲打，以免损坏。

（2）音叉应放在距耳廓2~3cm处，勿触及耳廓或头发。

【思考题】

（1）将实验结果填入表4-5，并对听力做出判断。

表4-5 听力检查实验结果

实验项目	任内试验		韦伯试验	听力判定
	右耳	左耳		
测试两耳听觉效果	气导（ ）骨导	气导（ ）骨导	右侧骨导（ ）左侧骨导	
用棉球塞住右耳	气导（ ）骨导	气导（ ）骨导	右侧骨导（ ）左侧骨导	

（2）为什么任内试验阳性属正常？阴性则为传导性耳聋？

（3）根据任内试验和魏伯试验，如何鉴别传导性耳聋和神经性耳聋？

（艾 青）

实验十七　反射弧的分析

【实验目的】

分析反射弧的组成部分,探讨反射弧的完整性与反射活动的关系。

【实验原理】

在中枢神经系统参与下,机体对内、外环境变化所产生的具有适应意义的规律性应答称为反射。反射活动的结构基础是反射弧,包括感受器、传入神经、神经中枢、传出神经和效应器五部分。反射弧各部分同时保持结构和功能完整是完成反射活动的必要条件。反射弧的任一部分受到破坏,反射活动均不出现。

【实验对象】

蟾蜍。

【实验材料】

蛙类手术器械一套、铁支架、铁夹、小烧杯、搪瓷杯、纱布、1%硫酸溶液。

【实验步骤】

1. 制备脊蟾蜍　取蟾蜍一只,用粗剪刀横向伸入口腔,从口角后缘处剪去颅脑部,保留脊髓和下颌部分。这种去除脑组织只保留脊髓的蟾蜍称为脊蟾蜍。以棉球压迫创口止血。

2. 固定脊蟾蜍　用铁夹夹住蟾蜍下颌,将其悬挂在铁支架上(图4-23)。

【观察项目】

(1) 观察双侧后肢屈曲反射:用小烧杯盛1%硫酸溶液,分别将蟾蜍后肢趾尖浸入硫酸溶液,可见双侧后肢均有屈曲反射出现。然后用搪瓷杯盛清水洗去脚趾皮肤上残留的硫酸,再用纱布轻轻揩干。

(2) 将蟾蜍左侧后肢趾尖浸入硫酸溶液中,观察屈曲反射。然后用搪瓷杯内清水洗去皮肤上的硫酸溶液,并用纱布擦干。

(3) 将左后肢的皮肤沿趾关节剪一环形切口,并将切口以下的皮肤全部剥去(趾尖皮肤应剥净),再用1%硫酸溶液浸泡该侧趾尖,观察该侧后肢是否再出现与剥皮前相同的反应。若深浸该侧小腿至环形切口以上的皮肤,观察此小腿是否出现屈曲反射。

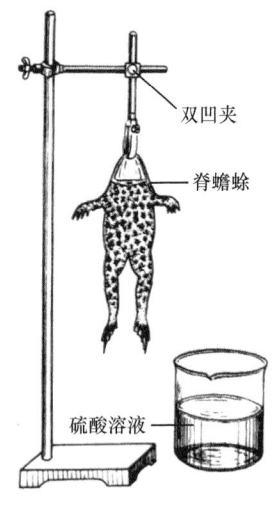

图4-23　反射弧分析实验装置

(4) 在右侧大腿背侧纵行剪开皮肤,用玻璃分针在股二头肌和半膜肌之间分离,找出坐骨神经,在神经干下穿一细线备用。用1%硫酸溶液分别深浸两侧后肢,观察刺激侧及对侧后肢发生屈曲反射情况。

(5) 剪断右侧坐骨神经,再将该侧后肢深浸入硫酸液,观察双侧后肢屈曲反射变化。

(6) 深浸左侧后肢于硫酸液,观察两侧后肢屈曲反射情况。

(7) 用探针破坏蟾蜍脊髓,深浸左侧后肢于硫酸液,观察左侧屈曲反射情况。

【注意事项】

(1) 每用硫酸液刺激后,均应立即用清水洗净趾尖硫酸,擦干,以保持皮肤感受器的敏感性,并应防止冲淡硫酸溶液浓度。

(2) 每次浸入硫酸的趾尖范围应恒定。但浸入硫酸的后肢部位可根据情况深浸。

【思考题】

(1) 反射的基本过程是怎样进行的?

(2) 分析切断右侧坐骨神经后屈曲反射变化的原因。

(陆 杰)

实验十八　反射时的测定和脊髓反射

【实验目的】

学习测定反射时的方法,了解脊髓反射的特征。

【实验原理】

脊髓是中枢神经系统的低级部位,以脊髓为反射中枢的反射称为脊髓反射。从刺激感受器开始,到反射出现所需的时间称为反射时。反射时的长短决定于反射中枢参与的突触数量的多少,参与反射的中枢神经元越多,反射时越长。脊髓反射还有总和、后放、扩散和抑制等特征。

【实验对象】

蟾蜍。

【实验器材和药品】

蛙类手术器械、刺激电极两个、铁支架、双凹夹、小烧杯、滤纸、纱布一块、搪瓷杯、秒表、1% H_2SO_4。

【实验步骤】

1. 制备脊蟾蜍　取蟾蜍一只,用粗剪刀横向伸入口腔,从口角后缘处剪去颅脑部,保留脊髓和下颌部分。这种去掉了脑组织只保留了脊髓的蟾蜍,称为脊蟾蜍。以棉球压迫创口止血。

2. 固定脊蟾蜍　用铁夹夹住蟾蜍下颌,将其悬挂在铁支架上(参考反射弧分析实验)。

【观察项目】

1. 测定反射时　用小烧杯盛少量的 1% H_2SO_4,将蛙的任一后肢的脚趾尖浸入 H_2SO_4,立即按下秒表,记录从脚趾浸入 H_2SO_4 到下肢屈曲所需的时间,此即反射时。出现下肢屈曲后立即用搪瓷杯盛清水洗去 H_2SO_4。连续重复三次,取平均值为反射时。

2. 总和效应的观察

(1) 时间总和:打开多媒体生物信号记录分析系统。调整刺激器,设置成单个刺激,波宽 1ms,强度待调。将刺激强度逐渐增大,用刺激电极刺激后肢皮肤,使之出现肢体屈曲,即找到阈刺激。然后稍下调刺激强度,即用阈下刺激刺激蛙皮肤,下肢不再发生屈曲。若此时将刺激器设置成20Hz的连续刺激,观察是否出现肢体屈曲。

(2) 空间总和:将刺激方式设置为单刺激,利用上面找到的阈下刺激,将两个刺激并联使用,同时刺激相邻的皮肤,观察肢体有无屈曲?

3. 后放效应的观察　用适当的连续刺激(阈上刺激)刺激后肢皮肤,使后肢出现屈曲,然后停止刺激,观察反射活动是否也立即停止?如不停止,用秒表记录刺激停止时到屈曲反射停止时的时间(后放),若后放不出现,加大刺激强度,直到出现后放,继续加大刺激强度,比较不同的刺激强度对后放的影响。

4. 扩散效应的观察

(1) 以弱的电刺激连续刺激前肢皮肤,观察其出现运动的肢体范围。逐渐增大刺激强度,观察肢体参加运动的范围有否扩大。

(2) 搔爬反射　用浸有1% H_2SO_4 的滤纸片贴在蛙腹部皮肤上,观察蛙肢向此处搔爬,直到除掉滤纸片为止。

5. 抑制效应的观察　测定一次反射时,然后用血管钳夹住一侧前肢,使动物安静后,重复测试反射时,比较夹住前肢后,反射时的变化。

【注意事项】

测定反射时,每次浸入 H_2SO_4 的足趾范围应该相同,测定完应及时洗去 H_2SO_4,并用纱布擦干。

【思考题】

试分析以上影响脊髓反射的因素的发生原理。

(陆　杰)

实验十九　脊髓背根和腹根机能的观察

【实验目的】

学习暴露脊髓和分离脊神经背根和腹根的方法,了解背根和腹根的不同机能。

【实验原理】

脊神经的背根是由传入神经纤维组成,具有传入机能;腹根由传出神经纤维组成,具有传出机能。若切断背根,则相应部位的刺激不能传入中枢;若切断腹根,不能传出冲动,则其所支配的效应器也不再发生反应。

【实验对象】

蟾蜍。

【实验器材和药品】

蟾蜍或蛙蛙类手术器械,眼科剪1把,小型保护电极,蛙板,滴管,棉花,黑色和白色细丝线,任氏液。

【实验步骤】

1. 制备脊蟾蜍 取蟾蜍一只,用粗剪刀横向伸入口腔,从口角后缘处剪去颅脑部,保留脊髓和下颌部分。将脊蟾蜍俯卧位固定于蛙板上。从尾端向前,沿背部中线剪开皮肤,向前开口至耳后腺水平将皮肤向两侧剥离并各剪去约1cm宽。用剪刀小心剪去脊椎两侧的纵行肌肉及椎间肌肉,暴露椎骨(图4-24)。

2. 暴露脊髓膜 从尾杆骨上端开始,用小骨剪向两侧剪去椎弓。用镊子除去骨块(注意不要损伤灰黑色的脑脊膜),如此,自上向下剪去六节脊柱椎弓,清楚暴露全部脊髓膜(勿损伤脊髓)。

3. 分离脊神经 用眼科镊轻轻挑开脊髓表面的银灰色或黑色脊膜,即可清楚地暴露出银白色的脊髓和脊神经前后根,用吸管吸任氏液冲洗马尾部可使前后根分开(注意不可改变脊神经根的自然位置),从马尾向上追溯到脊髓的侧面,即可清楚看出脊髓后根入脊髓处,在其腹面的就是相应的前根,左右前根以终膜为界。小心识别第7~10对脊神经背根和腹根(图4-25、图4-26)。用玻璃分针分离一侧第9对脊神经的背、腹根(背根近椎间孔处有淡黄色、半个小米粒大小的脊神经节),将背根穿两条白色丝线,腹根穿两条黑色丝线备用。放松两后肢即可进行实验观察。

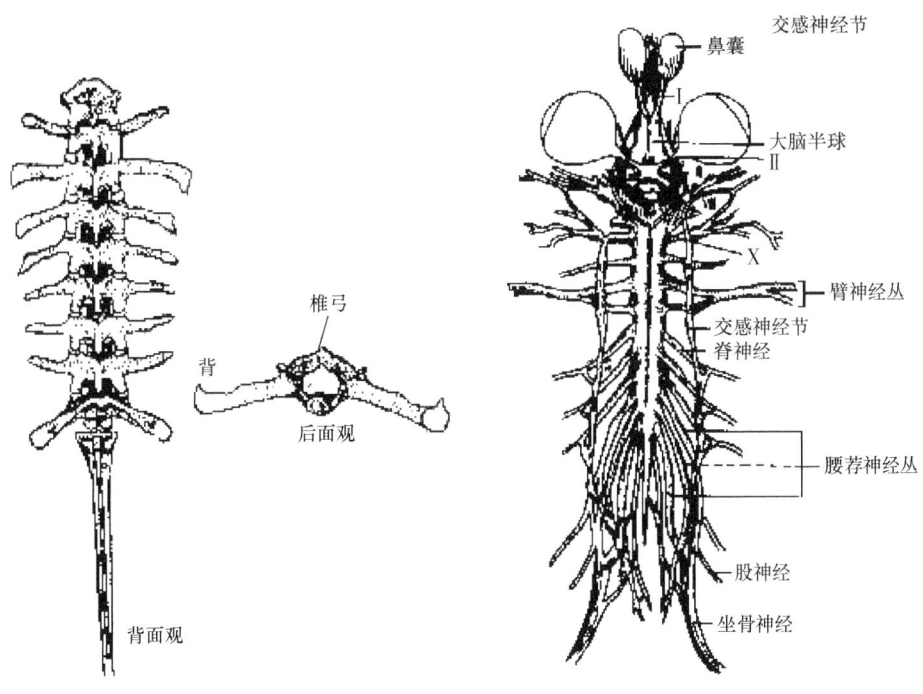

图4-24 蟾蜍的椎骨　　图4-25 蟾蜍脊神经及植物性神经系

4. 实验观察

(1)提起白丝线,轻轻用刺激电极钩起背根,打开刺激器,用较弱的单脉冲刺激背根(只引起同侧后肢抖动),记录结果。

(2)用同样方法刺激腹根,记录结果。

(3)将两条白色线双结扎背根后从中间剪断神经,分别刺激其中枢端和外周端(刺激强度不变),记录结果。

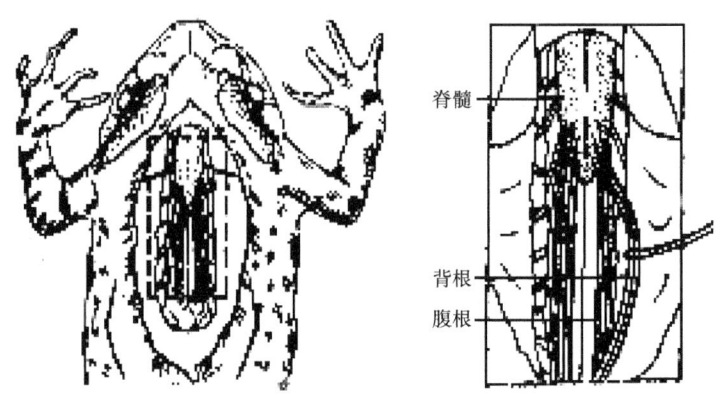

图 4-26 蟾蜍脊髓的背腹根

(4) 用同样方法结扎并剪断腹根,重复刺激背根中枢端,记录结果。
(5) 分别刺激腹根中枢端和外周端,记录结果。

【注意事项】

(1) 脊髓的前后根都很纤细,极易损伤或拉断,在分离、穿线结扎和刺激的时候都必须十分小心,且要注意防止神经干燥。
(2) 选用的前后根必须是属于同一脊髓节段的一对神经根,否则不能比较其作用。
(3) 刺激神经时,组织周围不应过分潮湿,以免电流扩散,影响结果。

【思考题】

分析实验结果,做出结论。

(陆 杰)

实验二十　兔大脑皮层运动区功能定位

【实验目的】

观察电刺激家兔大脑皮层运动区的效应;了解家兔大脑皮层主要运动区的机能定位。

【实验原理】

大脑皮层运动区是调节躯体运动的高级中枢。刺激运动区的不同部位能引起特定肌肉或肌群的收缩。

【实验动物】

家兔。

【实验器材】

哺乳动物常用手术器械一套,骨钻,小咬骨钳,刺激电极,生物信号记录分析系统,注射器,纱布,20%氨基甲酸乙酯溶液,生理盐水,止血海绵或骨蜡,液状石蜡等。

【实验步骤】

(1) 麻醉与固定:取家兔1只,称重后用20%氨基甲酸乙酯溶液(1g/kg体重)耳缘静脉半量麻醉(注意麻醉不宜过深)。麻醉后仰卧固定于手术台上。

(2) 按常规安置气管插管。

(3) 开颅:将家兔改为俯卧固定,并将兔头部固定于头架上,剪去颅顶部的毛,由两眉间至枕部将头皮纵行切开,再自中线切开骨膜,用刀柄剥离骨膜与颞肌,暴露出颅骨。用骨钻钻开颅骨,并用咬骨钳逐渐将孔扩大,术中随时用骨蜡或止血海绵止血。

(4) 用小镊子夹起脑膜并小心剪开,暴露出大脑皮层。注意用温热液状石蜡或生理盐水棉花保护脑组织,以防干燥。

(5) 松解实验兔的头部和四肢,打开 BL-420 生物信号记录分析系统,连接好刺激电极,将无关电极固定于头皮下,用单极刺激电极以适宜的电刺激(6~16V,20ms,10Hz),间隔均匀,相等时间,按图 4-27,逐一刺激兔大脑半球不同部位,观察并记录其躯体运动反应。

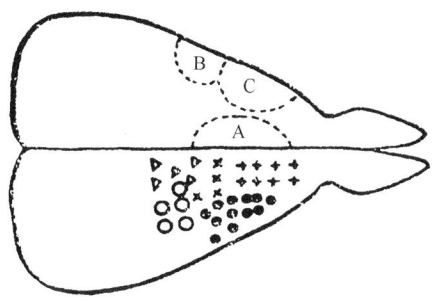

图 4-27 兔大脑半球运动区
A. 中央后区;B. 脑岛区;C. 下颌运动区
+ 颜面肌和下颌;· 下颌动;○ 头动;× 前肢和后肢;△ 前肢动

在另一侧大脑皮层上重复上述实验。

【注意事项】

(1) 开颅和暴露兔的大脑半球时,要注意止血,以防失血过多。

(2) 刺激强度不宜过强,刺激后暂不出现运动反应时,要耐心调整刺激参数。

(3) 从刺激皮层到引起骨骼肌收缩,常有较长的潜伏期,故每次刺激应持续 5~10s 才能确定有反应。

(4) 实验前画好一张兔大脑半球背面观的轮廓图(如图 4-27),将观察结果标记在图上。

【思考题】

通过实验结果讨论大脑皮层主要运动区的定位及功能特征。

(刘小川)

实验二十一 兔去大脑僵直

【实验目的】

观察去大脑僵直现象;了解高位中枢对肌紧张调节原理。

【实验原理】

脑干网状结构是调节肌紧张的重要部位。它通过脊髓对伸肌肌紧张发挥抑制作用和易化作用(其中以后者为主)。正常时两种作用相互拮抗,取得平衡,从而维持正常的肌紧张。如果在动物中脑上、下丘之间横断脑干,则使抑制伸肌肌紧张的作用减弱而易化伸肌肌紧张的作用相对增强,动物将表现出四肢伸直,头尾昂起、脊柱挺硬的伸肌肌紧张过强的去大脑僵直现象。

【实验对象】

家兔。

【实验用品】

哺乳动物手术器械一套,颅骨钻,咬骨钳,20%氨基甲酸乙酯溶液,骨蜡。

【实验步骤】

(1) 麻醉与固定:将 20% 氨基甲酸乙酯溶液按 1g/kg 体重剂量从耳缘静脉缓慢注入(半量麻醉)。麻醉后将动物仰卧位固定在兔解剖台上。

(2) 按常规安置气管插管。

(3) 开颅:将兔改为俯卧固定,剪去头顶部的毛,由两眉间至枕部将头皮纵行切开,再由中线切开骨膜。以刀柄剥离肌肉和骨膜,用骨钻钻开颅骨,并用骨钳扩大骨创口,直至暴露双侧大脑皮层后缘。

(4) 横断脑干:左手固定兔头,右手用手术刀柄从大脑皮层后缘轻轻翻开皮层,暴露四叠体(上丘较粗大,下丘较小)。用手术刀柄在上、下丘之间略向前倾斜45°(图4-28)切至颅底,同时向两边划动,将脑干完全切断。

(5) 观察:将兔侧卧,数分钟后,可见动物的躯体和四肢慢慢变硬伸直(前肢比后肢更明显),头后仰,尾上翘,呈角弓反张状态(图4-29)。

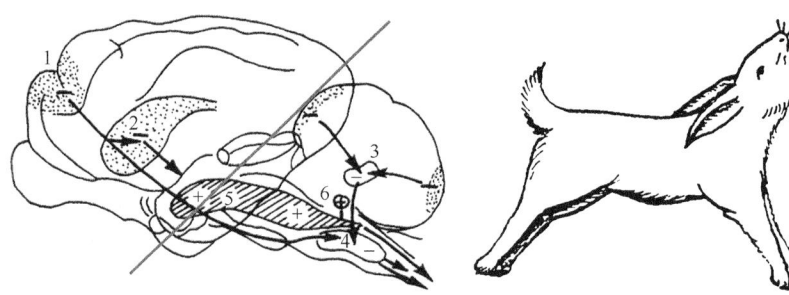

图 4-28 肌紧张调节有关脑区　　图 4-29 去大脑僵直

【注意事项】

(1) 麻醉宜浅,否则不易出现去大脑僵直。

(2) 切断脑干的部位不能偏低,以免伤及延髓呼吸中枢,使呼吸停止。

(3) 如果切断部位过高,则不会出现去大脑僵直,此时可将刀柄稍向尾侧倾斜再横切一刀,观察反应。

【思考题】

(1) 分析横断脑干上、下丘的动物去大脑僵直的原因。

(2) 通过实验结果,讨论高位中枢对肌紧张的调节作用。

(刘小川)

实验二十二　大鼠大脑皮层诱发电位

【实验目的】

学习引导和记录大脑皮层诱发电位的方法；了解大脑皮层诱发电位产生的机制；观察皮层诱发电位的波形及某些因素对皮层诱发电位的影响。

【实验原理】

当外加刺激作用于感觉传入系统的任何部位或脑的某一部位，在大脑皮层的某一相应区域所引出的局部电位变化称皮层诱发电位。躯体的各种特异性感觉，经丘脑的特异性投射系统传入大脑，导致大脑感觉区域内的特定锥体细胞群兴奋而引起感觉。特异性感觉信息传入大脑皮层时，锥体细胞的突起和胞体兴奋，其兴奋向皮质浅层顶树突传导的过程中，可在皮层投射区表面记录到特异性突触后综合电位的变化，即为皮层诱发电位。临床上常见的皮层诱发电位有躯体感觉诱发电位、听觉诱发电位和视觉诱发电位等。各种诱发电位有其一定的反应形式，躯体感觉诱发电位一般可分为主反应、次反应和后发放三个成分。由于大脑皮层随时都存在自发电活动，诱发电位经常出现在自发电活动的背景上。为了降低自发电活动，使诱发电位清晰的引导出来，实验时常将动物深度麻醉。

利用刺激引出皮层诱发电位有助于皮层感觉机能的定位。皮层诱发电位的大小、有无与感觉信息的传入和脑细胞的活动状态有关，也受到缺氧或脑干网状结构上行激动系统的机能改变等因素的影响。因此，以大脑皮质感觉区诱发电位为指标，可观察不同因素对肢体感觉传入及皮层机能活动的影响。

【实验对象】

大鼠，体重300g左右，雌雄兼用。

【实验药品和器材】

20%氨基甲酸乙酯溶液，液状石蜡，0.9% NaCl 溶液，哺乳类动物手术器械，小颅骨钻，大鼠气管插管，脑立体定位系统，简易三维推进器，皮层引导电极（直径1mm银丝，顶端呈球形），双极保护刺激电极，BL-420生物信息记录处理系统。

【实验步骤】

1. 手术

（1）麻醉：20%氨基甲酸乙酯溶液按1g/kg体重腹腔注射，实验观察中追加0.5ml/次。

（2）气管插管：颈部剪毛，切开皮肤及皮下组织，分离肌肉，暴露并游离气管，气管下穿线备用。在2～3气管环切开气管，并快速插入气管插管并固定之。

（3）暴露：动物俯卧，剪去颅顶毛发，在前囟部沿中线切开皮肤，用刀柄或纱布钝性剥离额、顶骨骨膜，充分暴露颅骨。用颅骨钻在矢状缝左约0.5cm和冠状缝后0.5cm交点处缓缓钻开颅骨（图4-30）。再用

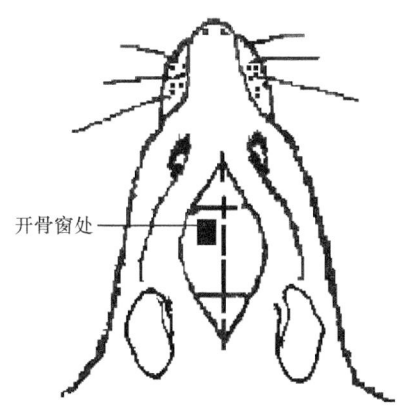

图4-30　大鼠颅骨开骨窗部位示意

止血钳在左侧颅骨上开约 4mm×5mm 的骨窗(冠状缝后 5mm,矢状缝旁 4mm),暴露硬脑膜,表面置液状石蜡棉球防止干燥。

(4) 分离右后肢腓总神经:剪去右腿膝关节下、小腿前外侧毛,做纵向皮肤及皮下组织切口,暴露肌肉。将后肢屈曲轻抬,见近膝关节处有一横向凹陷,在凹陷处分开肌肉,从肌肉深层肌腱中找出由后向前下方行走的腓总神经,分离神经。

2. 固定与记录 用大鼠头固定器及耳杆将头固定在脑定位仪上,调节头部及躯体高度,使皮层前后近水平;以冠状缝和矢状缝的交点作为零点,标记该位置。用定位仪电位夹持器夹住球形弹簧状银丝电极,以零点作为基准点,安放引导电极在矢状缝旁约 3mm 处的硬脑膜上。接地电极置于头皮切口边缘处。用止血钳牵开皮肤、肌肉,将刺激保护电极钩住右腓总神经。

3. BL-420 操作 实验项目→中枢神经实验→皮层诱发电位实验→实验参数设置(0.01s,1K)

刺激参数:单刺激,波宽:0.5ms,强度 5~10V。

4. 实验项目

(1) 观察皮层自发脑电活动,即皮层电图。

(2) 观察正常对照条件下的皮层诱发电位:用适当强度的单脉冲刺激右腓总神经,观察皮层诱发电位的幅度、波形和潜伏期(图 4-31)。在皮层体感区(矢状缝旁开 2~3mm,冠状缝后 2~4mm 区内),依次前后或左右移动引导电极,每次 1mm,探测腓总神经-皮层诱发电位的分布区域及最大诱发电位的部位。也可用平均叠加的方法记录大脑皮层诱发电位,但因后发放电位不规律,叠加后几乎被消除。

(3) 观察缺氧对皮层诱发电位的影响:夹闭气管插管 1~5min,观察诱发电位的变化。松开气管插管后,观察诱发电位的恢复情况。

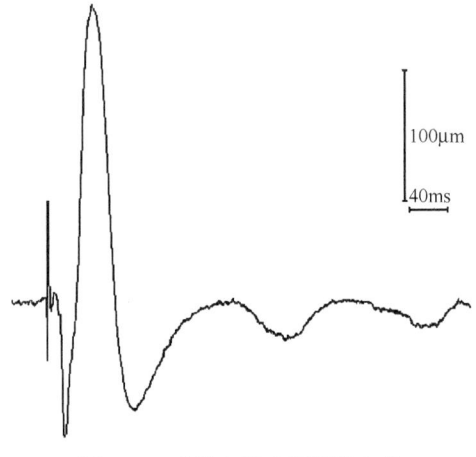

图 4-31 大鼠大脑皮层诱发电位

(4) 观察药物对皮层诱发电位的影响:用 2mm×2mm 的滤纸(中心剪一小孔,以便引导电极插入)依次浸以 1% 普鲁卡因、3% γ-氨基丁酸溶液和 1% 士的宁溶液,置于最大反应区的皮层表面,观察它们对皮层诱发电位的影响。普鲁卡因主要是对负波起抑制作用,γ-氨基丁酸可使负波倒相,士的宁可使负波明显增大而出现"士的宁峰"。

【注意事项】

(1) 尽量减少出血,手术及记录时勿损伤硬脑膜。如有出血,用止血海绵止血。

(2) 引导电极以轻轻接触硬脑膜为佳。在更换引导部位时,须先提起电极,然后才移动电极的位置,以免损伤大脑皮质。

(3) 引导电极的定位应准确,尤其是零点的定位。

(4) 动物接地要良好。如有条件,实验最好在电屏蔽室内进行,或用铜丝网遮蔽动物,以防 50Hz 交流电干扰。

(5) 每次追加氨基甲酸乙酯的量不宜过大,间隔时间要长。

【思考题】

（1）在引导出皮层诱发电位之前,屏幕上出现的不规则电位波动是什么电位？它是怎样形成的？

（2）皮层诱发电位包括哪些波形成分？

（3）试说明躯体感觉传入引起大脑皮层特定区域诱发电位的基本过程。

（4）记录诱发电位有何生理意义和临床意义？

（陈　笛）

实验二十三　蟾蜍交感神经传出放电

【实验目的】

了解交感神经传出放电活动的特征,以及不同因素对它的影响,并通过记录交感神经传出放电以了解交感中枢的活动水平。

【实验原理】

交感神经中枢保持着自发节律性电活动,这种电活动可反映交感中枢的活动水平。

【实验对象】

蟾蜍或蛙。

【实验器材】

刺激器,计算机,蛙类手术器械,引导电极,双极保护电极,20%氨基甲酸乙酯溶液,1/10 000肾上腺素,1/10 000乙酰胆碱,任氏液。

【实验步骤】

1. 手术

（1）20%氨基甲酸乙酯溶液5ml/kg后淋巴心麻醉(即从尾骨旁皮肤的凹陷处行皮下注射麻醉)。

（2）在腹正中线由耻骨联合端之下颌端剪开皮肤,自腹中央白线旁剖开胸腹腔,分离紧贴于腹壁内层的腹静脉,远端结扎、留线,备以后注射药物用。

（3）用小镊子轻轻提起后腹膜并剪开,将一部分肺叶及内脏由剪开的腹膜包裹,推向一侧,暴露出脊柱两旁的数对白色脊神经和一束白色半透明的内脏神经。为了防止交感传入冲动的影响,夹伤内脏神经的外周端(图4-32)。

（4）分离一侧腓神经,安置双极保护电极备刺激用。

（5）将内脏神经轻轻挂在双极引导电极上。蟾蜍后肢接地。

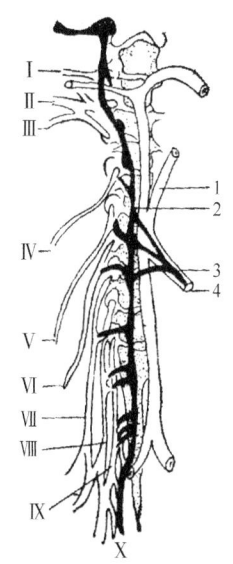

图4-32　蛙右侧脊神经(Ⅰ-Ⅹ)与
交感神经(腹面观)
1. 体动脉弓;2. 交感干;3. 内脏神经;
4. 腹腔系膜动脉

2. BL-420操作　打开BL-420→输入信号→1通道→神经放电→点击开始键→记录出

交感神经放电。

3. 实验观察

(1) 交感神经自发传出放电特征的观察:交感神经传出放电呈阵发成群性、节律不规则。每群有8~34个峰波,持续0.3~1.5 ms左右,波幅大小不一,一般在100μV左右,最大可达300μV,在群放电间插有长短不一的静息期。

(2) 不同刺激引起的交感神经反射性传出放电:机械钳夹蟾蜍皮肤或用单一方波(3~5 V,0.1~0.2ms)刺激腓神经,观察交感传出放电的变化。

(3) 腹静脉注射1/10 000肾上腺素0.4ml,观察交感传出放电的变化。

(4) 腹静脉注射1/10 000乙酰胆碱0.2ml,观察交感传出放电的变化。

(5) 切脑实验:去掉蟾蜍大脑半球,观察交感传出放电的变化。重复实验观察步骤(2)、(3)和(4)。

(6) 破坏脑干和脊髓:将探针插入椎管,破坏脑干和脊髓,观察交感传出放电的变化。

【注意事项】

(1) 麻醉不宜太浅,以免动物挣扎,产生干扰和拉伤神经。

(2) 分离神经时动作要轻柔,不要牵拉。

(3) 保持神经与引导电极接触良好,引导电极不能接触周围组织,以免带来干扰。

【思考题】

试分析各项实验观察项目对交感神经放电影响的机制。

(王莎莉)

实验二十四 实验性酸中毒

【实验目的】

复制代谢性酸中毒的动物模型;观察酸中毒对机体的影响以及血液指标的变化;观察机体对酸中毒的代偿能力。

【实验原理】

机体通过血液缓冲作用、肺和肾的调节作用,以及细胞内外的离子交换等,使人体血液pH维持在7.35~7.45正常范围之内。许多致病因素可以导致体内酸性或碱性物质过多,或损伤机体调节酸碱平衡的能力,从而造成酸碱平衡紊乱。各种原因引起原发性HCO_3^-减少而导致pH下降,称为代谢性酸中毒。本实验通过注入外源性物质,增加细胞外液中的H^+,使HCO_3^-缓冲消耗而导致代谢性酸中毒。注入3%乳酸复制轻度代谢性酸中毒,注入25% NaH_2PO_4复制重度代谢性酸中毒。

【实验对象】

健康家兔,体重大于2kg。

【实验药品和器材】

婴儿磅秤,手术器械,兔手术台,动脉插管,动脉夹,1ml、2ml、10ml注射器,5号和7号针头,BL-420 生物机能实验系统。1% 盐酸普鲁卡因溶液,1% 肝素溶液,生理盐水,3% 乳酸溶液,25% NaH_2PO_4 溶液。

【实验步骤】

(1) 取健康家兔一只称重,仰卧固定。颈部剪毛,用1% 盐酸普鲁卡因溶液皮下局部浸润麻醉。沿颈正中线剪开皮肤,止血钳逐层钝性分离皮下组织,暴露出气管,翻开气管两侧肌肉层,找到包裹在血管神经鞘里的颈总动脉。小心分离出颈总动脉(尽可能游离长一些,家兔一般可达 3~4cm),在其下穿双线备用。

(2) 股三角区动脉搏动明显部位剪毛,同上皮下局部浸润麻醉。用手术刀沿血管走行方向切开皮肤,钝性分离皮下组织。找到由外而内的股神经、股动脉和股静脉,用止血钳小心把股动脉同股神经、股静脉分离开,尽量游离得长一些,在其下穿两根线备用。

(3) 耳缘静脉注射 1% 肝素溶液 1ml/kg。用生理盐水将血压换能器及其连接的动脉插管排尽空气,打开 BL-420 生物机能实验系统,在"设置"菜单中将血压描记基线调至零位。

(4) 结扎颈总动脉远心端,近心端用动脉夹夹住。在靠近结扎点处用眼科剪一小口,将连接在换能器上的动脉插管向心脏方向插入,用线结扎固定,记录血压和心率。

(5) 结扎股动脉远心端,近心端用动脉夹夹住。将细塑料管向心脏方向插入股动脉,末端用止血钳夹住,以备放血用。

(6) 剑突处剪毛,用张力换能器上的小钩钩住剑突处皮肤,连接 BL-420 生物机能实验系统,描记呼吸。

(7) 观察正常时的各项指标。从股动脉取血液样本 1ml。

(8) 从耳缘静脉快速注入 3% 乳酸溶液 1.5ml/kg,观察上述指标的变化,10min 后从股动脉取血液样本 1ml。

(9) 待动物呼吸和血压稳定后,从耳缘静脉快速注入 25% NaH_2PO_4 6~8ml,观察上述指标的变化,10min 后从股动脉取血液样本 1ml。

(10) 利用血气分析仪测定各血液样本的 pH、$PaCO_2$、PaO_2、BB、BE。

【实验结果】

按表4-6记录各项指标的变化。

表 4-6 实验性酸中毒时相关指标变化

	正常	3% 乳酸	25% NaH_2PO_4
血压(kPa)			
呼吸(次/min)			
心率(次/min)			
pH			
$PaCO_2$			
PaO_2			
BB			
BE			

【思考题】

(1) 实验过程中各项指标变化的产生机制和意义是什么?

(2) 代谢性酸中毒时对机体机能代谢有什么影响?

(3) 本实验中,注射3%乳酸和注射25% NaH_2PO_4 后,机体分别处于酸中毒的哪一个阶段? 为什么?

(唐　俐)

实验二十五　实验性缺氧和影响缺氧耐受性的因素

一、低张性缺氧及影响缺氧耐受性的因素

【实验目的】

复制低张性缺氧的动物模型,观察缺氧过程中实验动物一般状况、呼吸、皮肤黏膜颜色等机体机能变化。

观察不同年龄、中枢兴奋状态、温度、CO_2 含量、不同种属生物对机体缺氧耐受性的影响,理解条件因素在缺氧发病中的重要性。

【实验原理】

导致低张性缺氧最常见的原因包括吸入气氧分压过低和外呼吸功能障碍。本实验将小鼠放置于加入钠石灰的密闭广口瓶内,随着小鼠的呼吸消耗,广口瓶中氧气含量逐渐降低,模拟外环境氧分压过低引起的低张性缺氧。

影响机体对缺氧耐受性的因素很多,除缺氧时间、速度、类型和程度外,还与缺氧时中枢功能状态、年龄、机体温度、缺氧动物种属、吸入气体中 CO_2 含量等因素有关。本实验通过应用药物改变动物的中枢兴奋状态、控制缺氧过程的环境温度、CO_2 含量、选择年龄或不同种属生物,观察不同条件下缺氧动物的一般状况、代谢耗氧量、存活时间并计算代谢耗氧率。

【实验对象】

成年小鼠(性别、年龄、体重近似)、新生小鼠、蟾蜍、蚯蚓。

【实验药品和器材】

1% 咖啡因注射液、0.25% 盐酸氯丙嗪注射液、生理盐水、钠石灰、食盐、碎冰块。

小鼠缺氧瓶、耗氧量测定装置、减压装置、减压抽气机、直径 10～12cm 搪瓷盅、1ml 注射器、温度计、粗天平。

(一) 低张性缺氧

【实验步骤】

(1) 取体重接近的小鼠2只,分别放入盛有钠石灰(大约 4~5g,以双层纱布包裹)的 A 和 B 2个广口瓶中,A 瓶暴露于空气中,B 瓶以胶塞塞紧瓶口(图 4-33,图 4-34)。

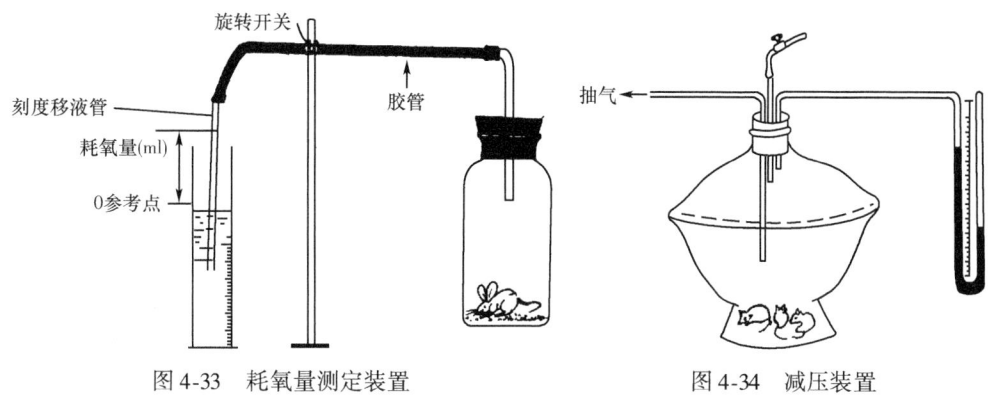

图 4-33 耗氧量测定装置　　　　图 4-34 减压装置

（2）对比观察 2 只动物的一般状况、口唇黏膜及耳、尾、足皮肤颜色、呼吸频率（次/10s）及深度。

（3）每 5min 重复观察上述指标，直至 B 瓶中小鼠死亡。

（4）将 A 瓶中小鼠断颈处死后，剖开 2 只小鼠腹腔，分别取出 2 只小鼠的肝脏组织，置于分区标记的白色滤纸上，观察比较肝脏及血液颜色。

【实验结果】

将实验结果填入表 4-7 中。

表 4-7 低张性缺氧指标记录

缺氧类型	一般状况	口唇黏膜及耳尾足皮肤颜色	呼吸深度及频率	抽搐出现时间	肝脏颜色
正常对照（A）					
低张性缺氧（B）					
5min					
10min					
15min					
20min					
……					

【注意事项】

（1）复制低张性缺氧时，要求缺氧瓶必须密闭，必要时可在瓶口涂上凡士林达到密闭效果。

（2）各组小鼠体重要求接近，体重差不得超过 4g。

（二）不同年龄对缺氧耐受性的影响

【实验步骤】

（1）取成年小鼠 1 只，另取新生幼鼠一只，将上述 2 只小鼠分别放入 2 个小鼠缺氧瓶内（每瓶均放置纱布包裹的钠石灰 5g）。

（2）观察动物一般表现（呼吸、唇色、活动）后，用连有软管的瓶塞密闭瓶口并连通两瓶

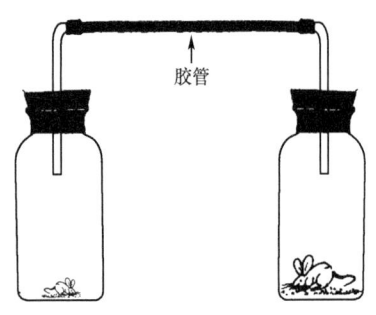

图 4-35　不同年龄小鼠缺氧

(图4-35),开始计时,每10分钟观察一次,准确记录各鼠死亡时间。

【实验结果】

将实验结果填入表4-8。

表 4-8　不同年龄小鼠对低张性缺氧耐受性的差异

	存活时间
成年小鼠(A)	
新生幼鼠(B)	

(三) 不同中枢状态对缺氧耐受性的影响

【实验步骤】

(1) 取成年小鼠3只,称重并标记编号后分别作如下处理:A鼠腹腔注射1%咖啡因溶液10ml/kg;B鼠腹腔注射0.25%盐酸氯丙嗪溶液10ml/kg;C鼠腹腔注射生理盐水10ml/kg。

(2) 观察动物一般表现(呼吸、唇色、活动)后,用连有软管的瓶塞密闭瓶口并连通各瓶(图4-36),开始计时,每10分钟观察一次,准确记录各鼠死亡时间。

(3) 通过耗氧量测定装置分别测量3只成年小鼠耗氧量。

(4) 计算耗氧率(计算方法见本实验后附)。

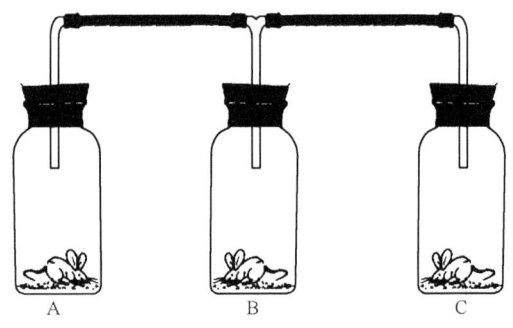

图 4-36　不同中枢状态小鼠缺氧

【实验结果】

将实验结果填入表4-9。

表 4-9　不同中枢状态对低张性缺氧耐受性的影响

	缺氧前一般状况(呼吸、唇色、活动)	缺氧时一般状况	喘息出现时间	存活时间	耗氧率
中枢兴奋(A)		10min			
		20min			
		30min			
		……			
中枢抑制(B)		10min			
		20min			
		30min			
		……			

续表

	缺氧前一般状况 （呼吸、唇色、活动）	缺氧时一般状况	喘息出现时间	存活时间	耗氧率
正常对照(C)		10min			
		20min			
		30min			
		……			

【注意事项】

各组实验小鼠的性别、体重、年龄应尽量相近。

（四）不同环境温度对缺氧耐受性的影响

【实验步骤】

（1）取体重相近的小鼠3只，称重标记编号后分别放入盛有钠石灰的缺氧瓶内（剂量和处理同1）。

（2）取直径10～12cm的搪瓷盅2个，一个加入碎冰块及适量食盐并加冷水，将温度调至0～4℃，另一个加入热水并调节温度至40～42℃。

（3）观察动物一般表现（同1）后，密闭瓶塞，将A鼠缺氧瓶置盛有冰水的搪瓷盅内；B鼠缺氧瓶置盛热水的搪瓷盅内；C鼠置常温环境，开始计时。

（4）每10min观察动物指标并予记录直至动物死亡，准确记录存活时间。

（5）取出缺氧瓶放置室温15min，待温度与室温平衡后，分别应用耗氧量测定装置测定各鼠耗氧量。

【实验结果】

将实验结果填入表4-10。

表4-10 不同环境温度对低张性缺氧耐受性的影响

	缺氧前一般状况 （呼吸、唇色、活动）	缺氧时一般状况	喘息出现时间	存活时间	耗氧率
冷环境(A)		10min			
		20min			
		30min			
		……			
热环境(B)		10min			
		20min			
		30min			
		……			
室温对照(C)		10min			
		20min			
		30min			
		……			

【注意事项】

(1) 对冷热环境的两个缺氧瓶进行耗氧量测定前必须先置室温平衡 15min 左右。

(2) 各组实验小鼠的性别、体重、年龄应尽量相近。

(五) 吸入气 CO_2 含量对缺氧耐受性的影响

【实验步骤】

(1) 取体重近似小鼠 2 只,称重后分别放入有钠石灰和无钠石灰的 2 个缺氧瓶内。

(2) 密闭瓶塞开始计时。指标观察及实验步骤同 1。

【实验结果】

将实验结果填入表 4-11。

表 4-11　吸入气 CO_2 含量对低张性缺氧耐受性的影响

	缺氧前一般状况 (呼吸、唇色、活动)	缺氧时一般状况		喘息出现时间	存活时间	耗氧率
$CO_2\downarrow$ (A)		10min				
		20min				
		30min				
		...				
$CO_2\uparrow$ (B)		10min				
		20min				
		30min				
		...				

【注意事项】

各组实验小鼠的性别、体重、年龄应尽量相近。

(六) 不同种属生物对相同缺氧条件的反应

【实验步骤】

(1) 取小鼠一只,蟾蜍一只,蚯蚓一条(放于避光小纸盒内)置减压器内。

(2) 观察实验对象活动及小鼠呼吸状况后,密闭减压器盖。

(3) 连通抽气机后抽气减压,以 2000 m/min 速度"上升"至 9000~10 000 m 模拟高度。在抽气过程中观察实验动物的一般表现,直至小鼠死亡。停止抽气。

(4) 打开进气阀,待减压器内压力与大气压平衡后,取出蟾蜍和蚯蚓观察是否存活。比较不同种属生物对缺氧的反应。

【实验结果】

将实验结果填入表 4-12。

【注意事项】

开启减压器前必须先扭开进气阀待减压器内压力与大气压平衡后方能可打开。

【思考题】

（1）结合实验结果思考不同中枢功能状态对缺氧耐受性影响的机制。

（2）相同缺氧条件为什么对机体处于不同温度环境的影响不一致？

（3）单纯缺氧与缺氧伴 CO_2 增高对机体的影响是否相同？为什么？

（4）不同种属动物对缺氧的耐受能力存在很大差异，这一结果对我们有什么启示？

表 4-12　不同种属对低张性缺氧耐受性的差异

种属	存活时间
哺乳动物：小鼠（A）	
两栖动物：蟾蜍（B）	
节肢动物：蚯蚓（C）	

二、血液性缺氧及其解救

【实验目的】

复制常见血液性缺氧的动物模型，观察缺氧过程中实验动物一般状况、呼吸、皮肤黏膜颜色等机能变化，尝试氧化剂中毒引起血液性中毒的解救措施。

【实验原理】

血液性缺氧是由于血红蛋白的数量减少或性质改变从而降低血液携氧能力或血红蛋白结合的氧不易释出所引起的缺氧。本实验将复制两种常见血液性缺氧模型：一氧化碳中毒和亚硝酸盐中毒引起的血液性缺氧。一氧化碳可与血红蛋白结合，形成碳氧血红蛋白而失去结合氧的能力，从而导致血液携氧能力降低而引起机体缺氧。亚硝酸钠是强氧化剂，可使血红蛋白分子内二价 Fe^{2+} 氧化成为三价 Fe^{3+} 而形成高铁血红蛋白，高铁血红蛋白同样失去携氧能力而引起血液性缺氧。

【实验对象】

小鼠，体重 18～22g，雌雄不限。

【实验药品和器材】

5% 亚硝酸钠、1% 亚甲蓝、钠石灰、浓硫酸、甲酸、5% 氢氧化钠。小鼠缺氧瓶（125ml 带塞广口瓶）、CO 发生装置（图 4-37）、广口瓶、1ml 注射器、酒精灯、镊子、组织剪、白色滤纸。

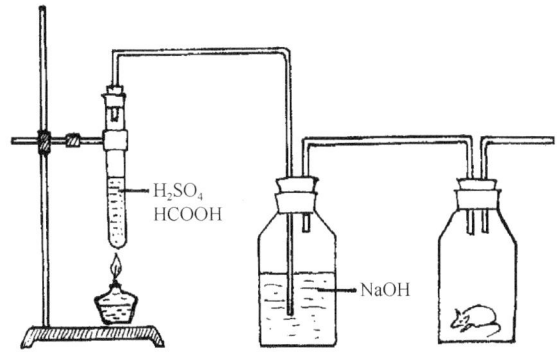

图 4-37　CO 发生装置

【实验步骤】

1. CO 中毒性缺氧

（1）取小鼠 1 只按低张性缺氧指标观察记录后将小鼠放入 CO 发生装置广口瓶中，盖紧瓶塞。

（2）取甲酸 3ml 加入 CO 发生装置试管内，再加入浓硫酸 2~3ml，塞紧试管。点燃酒精灯置试管下缓慢加热可见试管内有气泡产生即可，切忌不要加热过度使管内液体沸腾，使 CO 产生过多过快而致小鼠迅速死亡，影响结果的观察。

（3）随时观察上述指标变化，当小鼠出现抽搐时熄灭酒精灯。立即取出动物置通风处，观察动物指标是否恢复。若动物恢复，继续上述实验直至死亡。

2. 亚硝酸钠中毒性缺氧

（1）取年龄、体重相近的小鼠两只，称重并作 A、B 标记。

（2）对动物进行与低张性缺氧相同指标观察后，分别腹腔注射 5% 亚硝酸钠溶液 10ml/kg(0.3ml)，A 鼠立即腹腔注射 1% 亚甲蓝 10ml/kg(0.3ml)；B 鼠同时注射生理盐水 0.3ml。

（3）观察两鼠指标变化，记录存活时间。

待完成上述各组实验后，对不同缺氧类型死亡小鼠进行尸体解剖，取出肝脏置于分区标记的白色滤纸上，观察比较肝脏及血液颜色。

表 4-13 不同类型血液性缺氧肝脏颜色的差异

	肝脏颜色
CO 中毒	
亚硝酸钠中毒	

【实验结果】

将实验结果填入表 4-13。

【注意事项】

（1）给小鼠作腹腔注射时应从左下腹斜向上进针，以免导致肝损伤。同时也可避免将药液注入肠管、膀胱和血管内。

（2）复制 CO 中毒性缺氧时 CO 的产生不宜过多过快，以免动物迅速死亡而致血液颜色变化不明显，影响结果观察。

（3）给动物注射亚甲蓝的剂量要求适当，剂量过少达不到抢救 $NaNO_2$ 中毒的目的；剂量过大反而会加重 $NaNO_2$ 的中毒作用。

（4）CO 是毒性较强的气体，实验过程中要注意防护。建议将出气口接长胶管放于窗外。

【思考题】

（1）不同类型缺氧对呼吸功能的影响有何异同？

（2）各种类型缺氧口唇、皮肤、血液颜色有何变化？产生这些变化的机制是什么？

（3）CO 是通过什么机制降低血红蛋白的携氧能力的？

【附】

1. CO 产生原理 实验中应用 CO 发生装置产生 CO 是向甲酸中加入一定比例的硫酸后，经适当加热而产生的。其反应原理如下：

$$HCOOH \xrightarrow[\triangle]{H_2SO_4} CO + H_2O$$

2. 钠石灰的作用 缺氧瓶内加入钠石灰的目的是吸收小鼠呼出的 CO_2，使瓶内环境为单纯性低张性缺氧。试剂型钠石灰为粉红色颗粒状物质，其吸收 CO_2 的反应式如下：

$$NaOH \cdot CaO + CO_2 \rightarrow Na_2CO_3 + H_2O$$

3. 亚甲蓝的作用机制 亚甲蓝(mgthyene blue)又称美蓝或甲烯蓝,是一种碱性染料。其氧化型呈蓝色,还原型为无色。适当剂量亚甲蓝可作为亚硝酸盐中毒时的抢救药物。机制是当氧化型亚甲蓝进入机体后可接受还原性辅酶Ⅱ传递的氢离子而转变成为还原型无色亚甲蓝,而无色亚甲蓝能够迅速使高铁血红蛋白转化为正常血红蛋白,在此过程中,无色亚甲蓝又被氧化成为亚甲蓝,如此反复循环,达到解毒作用。但必须指出,亚甲蓝本身是一种氧化剂,因此它也是高铁血红蛋白形成剂,如果应用剂量过大,还原性辅酶Ⅱ不能很快将其全部还原为无色亚甲蓝,那么氧化型亚甲蓝会促进更多高铁血红蛋白的形成而加重病情。因此,应用亚甲蓝治疗抢救高铁血红蛋白血症时,使用剂量一定要适当,切忌大剂量应用。

4. 小鼠耗氧率的测定

(1) 测定原理:在密闭缺氧瓶有限的空间内,小鼠不断消耗氧气和呼出CO_2,后者被钠石灰吸收,随着氧分压的逐渐下降,使缺氧瓶内形成负压,当把缺氧瓶橡胶管与测氧装置的刻度移液管连通并打开螺旋夹后,移液管内液面因为瓶内负压吸引而上升,其液面从"0"参考点上升的毫升数即该小鼠消耗的氧量(见图4-37)。

(2) 方法与步骤

1) 量筒内加入约2/3高度的水,插入刻度移液管,移液管一端与缺氧瓶连接胶管连通。

2) 当移液管中液体达到平衡位置时记下"0"参考点。

3) 测定时将缺氧瓶与移液管连通后,开启螺旋夹待移液管液面上升稳定后,从"0"参考点读出液面上升的毫升数,即为小鼠的总耗氧量,或称耗氧体积(v)。

(3) 耗氧率计算:根据小鼠体重(m)和存活时间(t),按下式计算小鼠耗氧率(R):

$$R = v/m \times t^{-1}$$

(张 力)

实验二十六 家兔失血性休克

【实验目的】

复制失血性休克的家兔模型;观察失血性休克的发生发展过程以及输血输液救治过程中机体的变化,探讨其发生机制及抢救方法。

【实验原理】

休克是各种致病因素作用于机体,使循环功能急剧减退,全身组织微循环灌流严重不足,导致重要生命器官机能、代谢发生严重障碍的全身性病理过程。失血导致血容量减少是休克常见的原因。本实验通过股动脉放血的方法使家兔组织血液灌流量急剧减少,发生微循环障碍,复制失血性休克动物模型。通过输血输液的方法,及时补充血容量,改善微循环,抢救休克。

【实验对象】

健康家兔,体重大于2kg。

【实验药品和器材】

1%普鲁卡因溶液,1%肝素溶液,生理盐水。婴儿磅秤,手术器械,兔手术台,动脉插管,输尿管插管,动脉夹,血球比积管,1ml、2ml、50ml注射器,5号和7号针头,离心机、药物天平,BL-420生物机能实验系统。

【实验步骤】

(1)取健康家兔一只称重,固定。颈部剪毛,1%普鲁卡因溶液皮下局部浸润麻醉。沿颈正中线剪开皮肤,用止血钳逐层钝性分离皮下组织,暴露出气管,翻开气管两侧肌肉层,找到包裹在血管神经鞘里的颈总动脉。将颈总动脉小心分离出来,尽可能游离长一些,家兔一般可达3~4cm,在其下穿双线备用。

(2)股三角区动脉搏动明显部位剪毛,皮下局部浸润麻醉。用手术刀沿血管走行方向切开皮肤,钝性分离皮下组织。找到由外而内的股神经、股动脉和股静脉,用止血钳小心把股动脉同股神经、股静脉分离开,尽量游离得长一些,在其下穿两根线备用。

(3)耳缘静脉注射1%肝素溶液1ml/kg。用生理盐水将血压换能器及其上连接的动脉插管排尽空气,打开BL-420生物机能实验系统,在"设置"菜单中将血压描记基线调至零位。

(4)颈总动脉插管:结扎颈总动脉远心端,近心端用动脉夹夹住。在靠近结扎点处用眼科剪剪一小口,将连接在换能器上的动脉插管向心脏方向插入,用线结扎固定,记录血压和心率。

(5)结扎股动脉远心端,近心端用动脉夹夹住。将细塑料管向心脏方向插入股动脉,末端用止血钳夹住,以备放血用。

(6)剑突处剪毛,用张力换能器上的小钩钩住剑突处皮肤,连接BL-420生物机能实验系统,描记呼吸。

(7)腹部正中剪毛,自耻骨联合上缘向上6cm区域局部麻醉,沿腹白线剪开腹壁及腹膜(注意勿伤及脏器),用生理盐水纱布将肠管推向头端。翻出膀胱,在膀胱底部两侧找到输尿管。将一侧输尿管游离1.5cm左右,引过两根丝线,以其中一根结扎远心端,于结扎线前方输尿管上剪一小口,向肾脏方向插入塑料管(管内须充满生理盐水),见到尿液自管口流出后,将另一根丝线打结固定。

(8)观察正常时的各项指标。将股动脉插管伸入比积管底部,打开止血钳。缓缓取出塑料管,使血液逐渐灌注至刻度处,避免血液中形成气泡,作为正常红细胞压积测定。

(9)从股动脉大量放血,直至血压下降至6kPa(45mmHg),观察各项指标的变化。15min后再次从股动脉取血做红细胞压积测定。

(10)将放出的血液从股动脉加压快速回输入机体,分别于即刻及10min后观察各项指标。也可根据动物情况,自行设计抢救方案(如补液和应用血管活性药物等),观察并记录其结果。

(11)测定红细胞压积。

1)将比积管置于天平上平衡。

2)4000r/min,离心5min,读数;再次离心5min,读数。若两次读数相同,其结果才可靠。

3）读数方法：从刻度管两侧读取。若血细胞成斜面时，应将斜面的最高点和斜面的最低点读数相加除以二取平均值。血浆与红细胞之间的灰白色层是白细胞和血小板，应除去不计。

4）表示方法：单位为 ml% 。例如读数结果为 42，则为 42ml% 。若所用比积管的最上面刻度为 50，则应将该读数结果乘以二。

【实验结果】

将实验结果记入表 4-14。

表 4-14 家兔失血性休克结果

		正常	大量失血	回输血液	
				即刻	10min
一般情况	角膜反射				
	球结膜血管充盈度				
	血压（kPa）				
心跳	频率（次/min）				
	强度				
呼吸	频率（次/min）				
	幅度				
	尿量（滴/min）				
	红细胞压积（ml%）				

【注意事项】

（1）手术过程中分离组织时应尽量做钝性分离，尽量减少出血。

（2）颈总动脉插管时，血压换能器及其上连接的动脉插管要排尽空气。

（3）从股动脉取血做第二次红细胞压积测定时，先将塑料管中上次存留的血液放掉后再取血。

【思考题】

（1）实验过程中各项指标变化的产生机制和意义。

（2）本实验中，大量失血后机体处于休克的哪一期？为什么？

（唐 俐）

实验二十七　急性实验性右心衰竭

【实验目的】

（1）学习急性右心衰竭动物模型的复制方法。通过急骤过度增加动物右心室前/后负荷，导致家兔急性右心衰的发生。

(2)观察急性右心衰竭发生时机体血流动力学的异常变化情况,加深对心力衰竭发病机制和机体病理生理变化机制的理解。

【实验原理】

通过耳缘静脉缓慢推注预热的液状石蜡,导致家兔急性肺小血管栓塞,明显增加右心室后负荷,在此基础上又静脉快速输入大量生理盐水,增加心脏的前负荷,使右心室因负荷过重而发生衰竭。

【实验对象】

健康家兔(体重等于或大于2.5kg)。

【实验药品和器材】

3%戊巴比妥钠溶液,1%盐酸普鲁卡因溶液,1%肝素溶液,生理盐水,液状石蜡。婴儿秤,兔台,手术灯,常用动物手术器械一套,1ml、5ml、50ml注射器各一具,各种型号针头,搪瓷方盘,听诊器,恒温水浴箱,静脉输液装置一套,BL-410生物机能实验系统,中心静脉压测量装置一套。

【实验步骤】

(1)将家兔称重,3%戊巴比妥钠溶液耳缘静脉缓慢注射以基础麻醉,家兔被仰卧固定于兔台,颈部手术区剪毛。

(2)颈部正中皮下注射1%盐酸普鲁卡因溶液做局部浸麻醉。

(3)在甲状软骨下方,沿颈部正中线向下切开皮肤5~6cm,逐层分离颈部组织,剪刀剪开气管前筋膜,止血钳纵向分离肌肉暴露气管,止血钳游离出气管左侧颈总动脉并在其下穿双线备用;分离颈部右侧皮下颈外静脉并穿双线备用。

(4)耳缘静脉缓慢注射1%肝素1ml/kg。

(5)将连接在换能器上的动脉插管充满生理盐水排净空气。结扎左颈总动脉远心端,用动脉夹夹闭动脉近心端,在结扎点下方0.3cm处用眼科剪将动脉壁剪一约占周径1/3的斜口,将动脉插管向心脏方向插入,用线结扎固定,打开动脉夹。打开电脑,进入BL-420生物机能实验系统,选择"输入信号"菜单中的相应通道,选择"压力"信号;用鼠标单击工具条上的"开始"命令按钮,可在信号窗口中显示血压波形。

(6)将颈外静脉插管中充满生理盐水排净空气,通过三通开关调节方向,关闭其插管而向中心静脉压测定玻璃管中注入一定生理盐水。结扎右颈外静脉远心端,在结扎线下方0.3cm处静脉壁剪一斜口,将静脉插管(插入端为钝形)插入至右心房入口处(约5cm),用线结扎固定,供输液或测量中心静脉压(通过三通开关调节方向,使颈外静脉插管与刻度玻璃管连通)。可从颈外静脉插管以5~10滴/分钟速度滴注生理盐水维持通路。

(7)调整好各项记录装置,观察并记录心率、心音强度、呼吸频率和弧度(可以直接观察兔子腹式呼吸运动状况)、呼吸音、动脉血压、中心静脉压、肝-颈静脉回流实验(右肋弓下压迫兔肝脏,观察中心静脉压水柱变化的cmH_2O数)等各项指标。

(8)复制急性右心衰竭模型:用1ml注射器抽取1ml预热液状石蜡(加热至38℃),从耳缘静脉缓慢推注(每分钟0.1ml),同时密切观察兔子血压、心音强度、呼吸、中心静脉压,如其中一项指标出现明显变化,应立即停止推注。观察记录此时上述各项指标,并在5min

后再观察记录1次上述各项指标。

（9）快速输入生理盐水（50～60滴/min），或用50ml注射器抽取生理盐水从颈外静脉输液导管推注。输液过程中密切观察各项指标变化，输液量每增加25ml/kg时，分别观察记录一次上述各项指标。继续输液，直至动物死亡。

（10）尸检观察：打开家兔腹腔观察有无腹水及其量与颜色，肠系膜血管淤血、肠壁水肿情况，肝脏体积与外观。胸腔有无胸水及其量与颜色，心脏各腔体积，肺的颜色外观及切面的变化。

【实验结果】

将实验结果填入表4-15。

表4-15 急性右心衰竭实验结果

	实验前	注入液状石蜡		快速输入生理盐水	
		刚注射完	5min后	100ml	200ml
心音强度					
心率（次·min^{-1}）					
呼吸（次·min^{-1}）					
左颈总动脉血压（kPa）					
CVP（cmH$_2$O）					
肝-中心静脉压实验					
尸解情况		胸腔		腹腔	
		胸水		腹水	
		心脏		肠壁	
		肺		肝脏	

【注意事项】

（1）分离颈部血管时，要用止血钳钝性分离，勿伤及血管分支及伴行神经，尤其是颈外静脉分离时，要特别小心，谨防撕裂静脉壁。

（2）液状石蜡注入的速度要缓慢，同时密切观察兔子血压、呼吸的情况。否则造成动物肺梗死过重而迅速死亡。

（3）学会正确使用三通开关连接的中心静脉压测定管、颈外静脉插管、输液器的方法。实验过程中，应防止空气进入颈外静脉，以免发生空气栓塞。

（4）若输液量超过200ml，而动物各项指标仍无明显变化，可再重新补充注入液状石蜡，重复前述实验过程。

【思考题】

（1）本实验中颈外静脉注射液状石蜡的原理是什么？有哪些注意事项？

（2）急性右心衰时，动物主要发生了哪些血流动力学变化？其机制是什么？

（沈　宜）

实验二十八 氨在肝性脑病发病中的作用

【实验目的】

复制氨中毒引起的急性肝功能不全动物模型;观察氨中毒时动物脑功能障碍的表现,检测不同状态下的血氨水平;了解肝脏对氨的清除作用。

【实验原理】

肝性脑病是继发于严重肝脏疾病的神经精神综合征,血氨升高与脑功能障碍密切相关,氨中毒学说是肝性脑病发病机制的经典理论。正常情况下,来自肠道的蛋白质分解产氨,吸收入血后,在肝脏通过鸟氨酸循环转化为尿素从肾脏排出。严重肝病时,体内氨生成过多和/或清除不足,或氨经侧支循环直接进入体循环,致使血氨水平升高。高浓度的血氨通过血脑屏障进入脑组织,引起脑功能障碍。

通过结扎动物门脉血管,阻断绝大部分肝叶血流,使氨在肝脏合成尿素减少,致氨清除不足;再从十二指肠注入复方氯化铵溶液,大量氨从肠道吸收入血,故肠道产氨增加。通过以上实验方法复制氨中毒动物模型,以验证血氨升高在肝性脑病发病中的作用。

【实验对象】

健康成年家兔,体重 2.0kg~2.5kg,雌雄不拘。

【实验药品和器材】

1% 盐酸普鲁卡因溶液,1% 肝素溶液,2.5% 复方氯化铵溶液,2.5% 氯化钠溶液,酚试剂,次氯酸钠试剂,蒸馏水;婴儿磅秤,手术器械,分光光度计,离心机,水浴箱,注射器,注射针头,微量移液器,试管,巴氏吸管,粗棉线。

【实验步骤】

1. 实验分组

(1) 甲组:实验组模拟既有氨的清除减少,也有肠道产氨增加。手术操作,结扎门脉血管,十二指肠注入复方氯化铵溶液。

(2) 乙组:氨清除减少模型对照组。手术操作,结扎门脉血管,十二指肠注入氯化钠溶液。

(3) 丙组:肠道产氨增加模型对照组。手术操作,不结扎门脉血管,十二指肠注入复方氯化铵溶液。

(4) 丁组:手术操作对照组。手术操作,不结扎门脉血管,十二指肠注入氯化钠溶液。

2. 动物实验操作步骤

(1) 甲组:手术操作,结扎门脉血管,十二指肠注入复方氯化铵溶液。

1) 称重、固定、股三角区剪毛、1% 盐酸普鲁卡因溶液局部麻醉。切开股三角区,逐层钝性分离股动脉,动脉下穿两根线备用。

2) 腹部正中剪毛,自剑突往下 6cm 区域局部麻醉,行上腹部正中切口,打开腹腔。

3) 耳缘静脉注射 1% 肝素溶液(1ml/kg),结扎股动脉远端,近端夹动脉夹,股动脉插管、固定。待家兔状态较平稳后,观察其一般情况以及呼吸、角膜反射、肌张力等指标,然后从股动脉插管采集血液样本 2ml,离心(2000 r/min×5min)取血浆做血氨测定。

4) 轻轻按压肝脏膈面,剪断肝脏与横膈之间的镰状韧带;再将肝叶上翻,剥离肝胃韧带,使肝叶完全游离,以右手食、中指夹持粗棉线沿肝左外叶、右中叶、方叶之根部环绕一周备用(右外叶及尾状叶门脉血管为独立分支,不会同时被结扎而得以保留)。

5) 从十二指肠注入复方氯化铵溶液 8~10ml,10min 和 20min 后观察各项指标变化,并分别从股动脉插管采集血液样本 2ml,离心取血浆做血氨测定。

6) 结扎门脉血管,从十二指肠注入复方氯化铵溶液 8~10ml,10min 和 20min 后观察各项指标变化,并分别从股动脉插管采集血样 2ml,离心取血浆做血氨测定。(若家兔未及 10min 或 20min 便开始抽搐,应立即从股动脉插管采血样。)。必要时,追加注射复方氯化铵溶液 8~10ml,直至家兔死亡,记录抽搐发生时间。

(2) 乙组:手术操作及采血同甲组,唯用 2.5% 氯化钠溶液代替 2.5% 复方氯化铵溶液注入十二指肠。

(3) 丙组:手术操作及采血同甲组,不扎门脉血管,十二指肠注入 2.5% 复方氯化铵溶液。

(4) 丁组:手术操作及采血同甲组。唯肝门脉血管绕棉线后不结扎,用 2.5% 氯化钠溶液代替 2.5% 复方氯化铵溶液注入十二指肠。

3. 血浆氨的测定

(1) 原理:血浆中氨在亚硝基铁氰化钠及碱性条件下与苯酚、次氯酸钠作用,生成蓝色解离型靛酚,颜色深浅与血氨含量成正比,可通过分光光度计检测氨水平的变化。

(2) 步骤:依次按表 4-16 在试管中加入离心后的血浆 0.25ml,蒸馏水 2.75ml,酚试剂 1ml,次氯酸钠 1ml,充分混匀,置试管于 37℃水浴箱 15~30min,取出后冷却,用 635 nm 波长比色,读取各管光密度值。

表 4-16 血氨检测操作表

加入物/ml	测定管	标准管	空白管
血浆	0.25	—	—
标准混合液	—	0.25	—
蒸馏水	2.75	2.75	3.0
酚试剂(边加边摇匀)	1	1	1
次氯酸钠(边加边摇匀)	1	1	1

【实验结果】

将实验结果填入表 4-17。

表 4-17 实验分组及观察指标

	甲组					乙组					丙组					丁组				
	正常	A	B	C	D	正常	A	B	C	D	正常	A	B	C	D	正常	A	B	C	D
呼吸																				
角膜反射																				

续表

	甲组				乙组				丙组				丁组			
	正常	A	B	C	D	正常	A	B	C	D	正常	A	B	C	D	正常	A	B	C	D
血氨(OD值)																				
产生抽搐时间																				

注：甲组 A：未扎肝，注射氯化铵 10min；甲组 B：未扎肝，注射氯化铵 20min；甲组 C：扎肝，注射氯化铵 10min；甲组 D：扎肝，注射氯化铵 20min。

乙组 A：未扎肝，注射氯化钠 10min；乙组 B：未扎肝，注射氯化钠 20min；乙组 C：扎肝，注射氯化钠 10min；乙组 D：扎肝，注射氯化钠 20min。

丙组 A：未扎肝，注射氯化铵 10min；丙组 B：未扎肝，注射氯化铵 20min；丙组 C：未扎肝，与甲组相应时间点注射氯化铵 10min；丙组 D：未扎肝，与甲组相应时间点注射氯化铵 20min。

丁组 A：未扎肝，注射氯化钠 10min；丁组 B：未扎肝，注射氯化钠 20min；丁组 C：未扎肝，与甲组相应时间点注射氯化钠 10min；丁组 D：未扎肝，与甲组相应时间点注射氯化钠 20min。

【注意事项】

（1）动物体重相差不能太大。

（2）剪断镰状韧带时注意不要损伤膈肌和肝脏。

（3）棉线要绕在肝脏根部，结扎要紧。

（4）检测血氨时不能溶血。

【思考题】

血氨升高如何引起肝性脑病？

（李龙江）

实验二十九　急性中毒性肾功能衰竭

【实验目的】

复制急性中毒性肾功能衰竭的动物模型；观察 $HgCl_2$ 中毒家兔尿成分、尿蛋白以及血浆尿素氮和肾脏形态结构的改变。

【实验原理】

急性肾功能衰竭是各种病因引起的肾脏泌尿功能短期内急剧下降，以致出现代谢性酸中毒、高钾血症、氮质血症等内环境严重紊乱的病理过程。临床上最常见的是由肾缺血、肾中毒所致的急性肾小管坏死型（ATN）急性肾功能衰竭。当家兔注射重金属肾毒物 $HgCl_2$ 后，汞离子被肾脏近曲小管上皮细胞吸收，与细胞内巯基结合，可抑制含巯基酶的活性，引起小管上皮细胞代谢障碍，导致急性肾小管坏死，从而复制急性中毒性肾功能衰竭动物模型。

【实验对象】

健康成年家兔，体重 2.0~2.5kg，雌雄不拘。

【实验药品与器材】

1% $HgCl_2$ 溶液，1% 盐酸普鲁卡因溶液，1% 肝素溶液，生理盐水，血清尿素测定试剂（尿素标准应用液、二乙酰-肟溶液、酸性试剂);手术器械,1ml 和 5ml 注射器,试管,试管夹,滴管,吸管,酒精灯,试管架,分光光度计,离心机,水浴锅。

【实验步骤】

1. 实验分组　家兔称重后,随机分为实验组和正常对照组。

(1) 实验组:家兔在实验前 48h 按 1.25ml/kg 剂量在背部皮下注射 1% $HgCl_2$,复制急性中毒性肾功能衰竭模型。

(2) 对照组:家兔在相同部位注射等量的生理盐水。

2. 实验操作步骤

(1) 称重、固定、下腹部剪毛、1% 盐酸普鲁卡因溶液局部麻醉。在耻骨联合上 2.0cm 处做长约 5.0cm 的正中切口,分离皮下组织,沿腹白线切开腹膜,暴露膀胱,注射器吸取全部尿液(若膀胱内无尿液,可注射 1ml 生理盐水冲洗膀胱,吸取冲洗液)供尿蛋白定性和尿沉渣镜检。

(2) 采用注射器心脏穿刺取血 2ml,待凝固后离心(2000 r/min×5min),分离血清以备检测尿素。

3. 血清尿素、尿蛋白及尿沉渣检测

(1) 血清尿素测定

1) 原理:二乙酰-肟与强酸作用产生二乙酰。在酸性环境中加热,尿素与二乙酰缩合生成红色的二嗪衍生物,颜色深浅与尿素含量成正比,与标准液比较即可求得其含量。

2) 操作程序见表 4-18。

表 4-18　血清尿素氮测定程序

加入物 /ml	实验组测定管	对照组测定管	标准管	空白管
血清	0.02	0.02	—	—
5mmol/L 尿素标准应用液	—	—	0.02	—
蒸馏水	—	—	—	0.02
二乙酰-肟溶液	0.5	0.5	0.5	0.5
酸性试剂	5.0	5.0	5.0	5.0

混匀,置沸水浴加热 12min,取出置水中冷却 5min(也可流水冷却),以空白管调零,在 540nm 处读取各管吸光度。

3) 血清尿素含量的计算

$$BUN(mmol/L) = 测定管光密度/标准管光密度 \times 5mmol/L$$

(2) 尿蛋白定性检查:尿液离心(1500 r/min×5min)后,分别吸取实验组和对照组家兔尿液上清各 2ml 于试管,加入磺基水杨酸乙醇液 2~3 滴,3~5min 后观察反应,按其混浊程度以 –、+、++、+++、++++ 表示之。

结果判断:

"–"表示尿液清晰无混浊

"+"表示尿液出现轻度白色混浊(含蛋白 0.1~0.5g/L)

"++"表示尿液稀薄乳样混浊(含蛋白质 0.5~2.0g/L)

"+++"表示尿液乳浊或有少量絮片存在(含蛋白2.0~5.0g/L)

"++++"表示尿液出现絮状混浊(含蛋白质>5.0g/L)

(3) 尿沉渣镜检:可取一定量的尿液分别置于两支离心管中,离心1500 r/min×5min,取尿沉渣涂片,光学显微镜观察,先低倍后高倍镜观察,计数10个不同视野的管型和细胞的近似平均值,其中管型以低倍视野计数。

4. 形态学观察

(1) 肾脏的形态学观察(肉眼):空气栓塞法处死家兔,取出肾脏,对比观察实验组和对照组家兔肾脏的体积大小、表面色泽、质地,并称取肾脏重量。然后将肾脏在矢状面纵形剖开,对比观察肾皮质条纹及色泽和髓质的颜色,皮髓质分界等。

(2) 组织切片观察(光镜):光学显微镜下对比观察急性中毒性肾功能衰竭家兔肾脏和正常家兔肾脏的各种结构变化。

【实验结果】

将实验结果填入表4-19。

表4-19 家兔各项观察指标

组别	尿常规检查		血液检测	形态观察	
	尿蛋白检查	尿液镜检	血尿素氮(mmol/L)	肉眼	光镜
对照组					
实验组					

【注意事项】

(1) 血清、标准液等试剂取量应尽量准确。

(2) 煮沸及冷却时间应准确,否则颜色反应消退。

【思考题】

根据实验结果,分析$HgCl_2$所致急性中毒性肾功能衰竭时的机能代谢变化。

(李龙江)

实验三十 呼吸衰竭及复苏

【实验目的】

(1) 复制窒息所致的呼吸衰竭模型。

(2) 观察呼吸衰竭时血气、呼吸及血压的变化。

(3) 观察心肺复苏方法对呼吸衰竭动物的影响。

【实验原理】

呼吸功能不全(Respiratory insufficiency)是指外呼吸功能的严重障碍,导致动脉血氧分压降低,伴有或不伴有动脉血二氧化碳分压增高的病理过程。呼吸衰竭(Respiratory failure)是呼吸功能不全的最严重的阶段。当各种原因引起外呼吸功能严重障碍,导致机体在静息状态吸入空气时,动脉血氧分压低于60mmHg,伴有或不伴有动脉血二氧化碳分压高于50mmHg,出现一系列临床表现时,称为呼吸衰竭。呼吸衰竭依据$PaCO_2$是否升高可分为低氧血症型(Ⅰ型)和高碳酸血症型(Ⅱ型);依据发病的缓急可分为急性、慢性;根据发病机制的不同可分为换气功能障碍和通气功能障碍;根据原发病变的部位不同可分为中枢性和外周性。

呼吸衰竭时最早出现的就是呼吸系统的变化,主要表现为呼吸频率和节律的改变。动脉血氧分压降低作用于颈动脉体和主动脉体外周化学感受器,反射性引起呼吸加深加快,而这一反应要在动脉血氧分压低于60mmHg时才明显;而当动脉血氧分压低于30mmHg时,则直接抑制呼吸中枢,这种作用大于反射性兴奋从而导致呼吸抑制。

在呼吸衰竭早期,一定程度的缺氧和二氧化碳潴留,可兴奋交感神经和心血管运动中枢,促使心率加快,心肌收缩力加强,外周血管收缩以致血压升高,加上呼吸运动增强使静脉回流增加,导致心输出量的增加。同时,通过体内血流重新分配,保证了心脑血液供应,这对急性呼吸衰竭有一定的代偿意义。但严重的缺氧和二氧化碳潴留,可直接抑制和损害心血管运动中枢,使心率减慢,心肌收缩力下降,并直接损害心肌;同时,由于二氧化碳浓度升高直接扩张血管,可导致血压下降。

患者呼吸心跳骤然停止时所采取的一切急救措施称为复苏术。心肺复苏(CPR)是针对呼吸心跳停止的急症危重病人所采取的抢救关键措施,即胸外按压形成暂时的人工循环并恢复的自主搏动,采用人工呼吸代替自主呼吸,快速电除颤转复心室颤动,以及尽早使用血管活性药物来重新恢复自主循环的急救技术。心肺复苏的目的是开放气道、重建呼吸和循环。鉴于复苏的最终目的是恢复病人神志和工作能力,不少学者主张把心肺复苏改为心肺脑复苏。心肺复苏的主要措施包括开放气道、人工呼吸和人工胸外按压。

【实验对象】

健康家兔,体重2.5kg左右。

【实验药品与器材】

20%乌拉坦溶液,1%盐酸普鲁卡因注射液,1%肝素生理盐水溶液,1%盐酸肾上腺素注射液;家兔手术器械,兔手术台,动脉插管,气管插管,BL-420生物信号采集与处理系统,听诊器,注射器(2ml、5ml、10ml),简易人工呼吸气囊。

【实验步骤】

1. 准备BL-420系统。

2. 手术及插管

(1)取家兔称重后,经耳缘静脉注射20%乌拉坦溶液(3ml/kg)麻醉后,将其仰卧固定于兔手术台,颈部剪毛。

(2)颈部正中皮下注入1%盐酸普鲁卡因局部浸润麻醉,自颌下至胸骨上缘切口,钝性分离颈部肌肉、气管及一侧颈总动脉。在股三角处摸到股动脉搏动后,沿股动脉走向做一3公分左右切口,皮下见股动脉鞘里面并行股动脉、股静脉及股神经。用眼科剪在动脉鞘上剪一小口,钝性打开动脉鞘后,分离出股动脉。

(3)经耳缘静脉注射1%肝素溶液(1ml/kg)后,行气管插管。结扎颈总动脉远心端,用动脉夹夹闭近心端,靠近动脉远心端用眼科剪剪一约占1/3~1/2周径的斜口,插入已充满肝素生理盐水的动脉插管并与压力换能器相连描记血压曲线,观察正常血压、心率及呼吸频率、幅度。行股动脉插管,然后用经肝素化处理的注射器取血0.4~0.5ml,迅速套上带有软木塞的针头做血气分析。

3. 复制窒息模型及复苏

(1) 用止血钳夹闭套在"Y"形气管插管上端两侧的橡皮管,造成窒息约1~2min,排净导管死腔后立即再次股动脉取血0.4~0.5ml做血气分析,同时观察记录呼吸运动及血压、心率的变化。松开一侧止血钳,连接简易人工呼吸气囊,做人工呼吸,待呼吸、心率等恢复正常后再记录上述指标。

(2) 动物恢复正常5min后进行第二次夹闭,窒息约5min时血压开始升高后下降,在血压接近10mmHg左右,进行复苏。立即松开一侧止血钳,用简易人工气囊进行人工呼吸,同时快速心内注射1%盐酸肾上腺素溶液0.5ml并做胸外心脏按压,争取使心跳、呼吸恢复。如果复苏成功,再记录各项指标。

【实验结果】

将实验结果填入表4-20。

表4-20 实验结果

	血气			呼吸运动		血压	心率
	pH	$PaCO_2$	PaO_2	频率	幅度		
基础状态							
窒息							

【注意事项】

取血时要迅速,切忌与空气接触,如针管内有小气泡要即时排除。

【思考题】

(1) 窒息引起的呼吸衰竭应为哪种类型的呼吸衰竭?其血气变化特点是什么?

(2) 呼吸衰竭时对机体的影响主要有哪些?

(赵 敬)

实验三十一 急性高钾血症及抢救

【实验目的】

复制急性高钾血症动物模型,观察高钾血症时实验动物的表现,重点观察急性高钾血症的心电变化特征,掌握不同血钾浓度对心肌的毒性作用。通过对实验动物的抢救,了解高钾血症的抢救治疗措施。

【实验原理】

机体组织细胞功能的正常发挥需要稳定的内环境状态,其中动态平衡的电解质含量是构成内环境稳态的重要因素之一。在多种电解质中,钾离子既为细胞代谢所必须,又可因其代谢紊乱导致机体重要器官的细胞功能障碍,甚至危及生命。钾代谢障碍而出现的高钾血症是临床常见电解质紊乱,其危害主要表现在对心肌细胞正常功能的影响。高钾血症可增加心肌细胞膜的钾电导,加速钾离子外流,抑制钙离子内流,从而引起 3 期复极时间缩短。随着高钾血症病情进展,心肌细胞的兴奋性和传导性呈双相变化。轻度高钾血症时心肌细胞的兴奋性和传导性都会增强,而急性重度高钾血症则可出现严重传导阻滞和兴奋性消失。同时,心肌自律性和收缩性均下降。高钾血症的心电图特征在早期出现 T 波高耸,P 波和 QRS 波振幅降低,间期增宽,S 波增深。严重高钾血症则会出现正旋波及多种心律失常并随即发生心室纤维性颤动以及心脏停搏。

对急性高钾血症的抢救措施是及时输入钙剂和葡萄糖胰岛素溶液。其原理是促进钾向细胞内转移和增加钙的内流,以提高心肌收缩能力。

【实验对象】

家兔,体重 2kg 左右,雌雄不限。

【实验药品和器材】

3% 戊巴比妥钠溶液,125U/ml 肝素钠生理盐水溶液,2%、4%、5%、10% 氯化钾生理盐水溶液,10% 氯化钙溶液,4% 碳酸氢钠溶液,0.25U/ml 50% 葡萄糖胰岛素溶液,10mmol/L 钾标准贮存液,0.04mmol/L 钾标准应用液。

BL-420 生物信息采集与处理系统,离心机,火焰光度计,静脉输液装置,常规手术器械,兔台及兔头固定器,5ml、10ml、20ml 注射器,试管。

【实验步骤】

1. 动物麻醉及手术 家兔称重后按 1.0ml/kg 剂量耳缘静脉缓慢推注 3% 戊巴比妥钠溶液麻醉。将动物仰卧固定于兔手术台上,颈部剪毛后颈正中切口,分离颈总动脉。颈总动脉插管,同时取血 2ml 用作实验前血钾浓度测定。注入少量肝素钠生理盐水溶液于动脉插管防止凝血(以后每次取血后重复该操作)。

2. 心电描记 开启 BL-420 生物信号采集系统,调节系统至心电描记项。将心电针形电极分别插入四肢踝部皮下,导联线按照右前肢(红)、左前肢(黄)、右后肢(黑)、左后肢(蓝)顺序连接。选择 Ⅱ 或 aVF 导联(也可应用循环实验全导联)记录正常心电图波形。

3. 高钾血症复制(3 种方法任选一种)

(1)腹腔注射法:腹腔注射 5% 氯化钾生理盐水溶液 1ml/kg,观察心电图波形变化,以后每 5min 注射 5% 氯化钾生理盐水溶液 0.5ml/kg,直至心电图波形改变。

(2)静脉推注法:先缓慢推注 2% 氯化钾生理盐水溶液 1ml/kg,注射速度 0.5ml/min,间隔 5min 重复注射,3 次后改用 5% 氯化钾生理盐水溶液,仍按 1ml/kg 缓慢推注,反复 3 次后按同样方法推注 10% 氯化钾生理盐水溶液。

(3)静脉滴入法:以 4% 氯化钾生理盐水溶液耳缘静脉滴注,滴注速度 15 滴/2min。

4. 心电图记录 无论采用上述何种方法,均应连续记录心电图波形变化,当血钾浓度达到一定高度时,可见 P 波低平增宽、QRS 波群压低和 T 波高耸。此时,应记录存盘。同时取动物血 2ml 测定血钾浓度。

5. 高钾血症抢救 在心电图出现高钾血症变化后,通过耳缘静脉按 3ml/kg 剂量快速推注10%氯化钾生理盐水溶液,观察心电图出现正旋波、心室扑动或颤动波形时迅速按7ml/kg剂量推注0.25U/ml 50%葡萄糖胰岛素溶液。待心电图基本恢复后再次颈总动脉取血2ml测定抢救后血钾浓度。

6. 心室纤颤的观察 在完成上述实验操作后,注入致死剂量(8ml/kg)的10%氯化钾生理盐水溶液,快速开胸观察心室纤颤及心脏停搏状态,用手触摸心肌颤动和停搏的感觉。

7. 应用火焰光度法测定采集样品血钾浓度

(1) 血清稀释:准确吸取被测血清0.1ml置150mm×15mm试管内,加入重蒸馏水9.9ml,充分混匀。

(2) 钾标准应用液测定:选取钾滤色片置于光路中,将样品吸入管放入钾标准液试管内,开启可燃气阀并点火,待火焰呈稳定黄色后,打开仪器快门,移动光栅,读取钾标准读数,然后关闭快门。

(3) 用重蒸馏水洗涤至火焰恢复蓝紫色。

(4) 将样品吸入管放入1/100稀释管中,当火焰呈稳定黄色后,开启快门并读取样品读数,关闭快门。

(5) 数据计算:按下式计算样品钾浓度:

$$\frac{样品测定读数}{钾标准液读数}\times 0.04\times 100 = \frac{样品测定读数}{钾标准液读数}\times 4 = mmol/L$$

【注意事项】

(1) 注意动物麻醉深度,若麻醉过深,容易引起呼吸中枢抑制;过浅又可因疼痛而致肌肉震颤,干扰心电记录。因此,注射麻醉药物时要随时观察动物角膜反射、呼吸频率和肌张力变化。

(2) 由于动物对氯化钾的耐受性存在个体差异,不同动物的注射剂量不完全一致,需要对心电图变化仔细密切观察。有时动物正常心电图T波可融合于ST段而不出现正向T波,此时应更换实验动物。

(3) 如果心电图出现干扰现象,应首先将动物放置离心电记录仪稍远处,同时应检查是否存在交流电或肌电干扰、各导联线是否脱落、电极接触情况等。实验台上的液体应及时清除,导联线避免纵横交错。

(4) 采集的样品血液应防止溶血。因为一旦溶血,红细胞内钾离子释出会影响测定结果。

(5) 实验中给钾应缓慢注射,以防给钾过快导致动物死亡。

【思考题】

(1) 结合实验结果,说明高钾血症的特征心电图变化并解释其形成机制。

(2) 急性高钾血症对心肌的兴奋性、自律性、传导性和收缩性有什么影响?

(3) 严重急性高钾血症可引起心脏停搏,在实验中你观察到停搏在何种状态?为什么?

(4) 实验中,抢救急性高钾血症的措施是尽快输入葡萄糖胰岛素溶液。请分析其机制。

> 【附】
>
> ## 血钾浓度测定(火焰光度法)
>
> **1. 测定原理** 火焰光度法是测定多种元素含量的常用方法。其原理是不同元素在高温火焰激发后可发射出特征性光谱。将被测元素与可燃气体混合并燃烧形成火焰,通过对不同元素的特征发射光谱强弱的检测并与标准液比较而求得被测元素的含量。钾特征光谱呈红色,波长为765 nm。当被测溶液钾含量愈高,所发射的光谱越强,在限定激发条件下,火焰光度计检流读数也愈大。
>
> **2. 标准试剂制备**
>
> (1) 10mmol/L钾标准贮存液配制:取KCl(GR或AR)数克置称量瓶放于烤箱120℃恒重后,取出置干燥器冷至室温。精密天平准确称取0.746g放入500ml烧杯,立即用重蒸馏水100~200ml溶解。然后移入1000ml容量瓶,以重蒸馏水稀释至刻度,用塑料瓶贮存置冰箱4℃保存。
>
> (2) 0.04mmol/L钾标准应用液配制:取标准贮存液4ml于1000ml容量瓶,加重蒸馏水稀释至刻度,塑料瓶贮存备用。

(张效良)

实验三十二　家兔实验性肺水肿

【实验目的】

学习复制家兔实验性肺水肿模型的方法;观察家兔肺水肿的表现及血气指标的变化,分析其发病机制,并探讨肺水肿的治疗方法。

【实验原理】

外呼吸包括肺通气和肺换气。当上呼吸道发生不同程度的狭窄或阻塞时,将发生肺通气不足。当肺间质或肺泡内液体增多时将导致肺泡-毛细血管膜厚度增加及弥散面积减少而引起气体弥散障碍。本实验主要通过静脉大量滴注生理盐水和静脉注射肾上腺素导致急性心源性肺水肿。大量滴注生理盐水增加血容量从而使回心血量增多,中毒剂量的肾上腺素可引起心动过速,以致左室泵血不充分,舒张末期压力递增,引起左房压增高,从而使肺静脉淤血,肺毛细血管流体静压升高,组织间液形成增多,超过肺淋巴回流能力,即可形成肺水肿。

【实验对象】

健康成年家兔,体重2.0~2.5kg,雌雄不拘。

【实验药品和器材】

25%氨基甲酸乙酯溶液,0.9%生理盐水,0.1%盐酸肾上腺素溶液,1%呋塞米溶液,0.7%肝素溶液;婴儿秤,兔固定台,1ml、2ml注射器各2支,常规手术器械一套,气管插管,静脉导管和静脉输液装置,生物信号采集系统,血压换能器和张力换能器或呼吸描记装置(二道生理记录仪),血气分析仪;缝皮针,天平,听诊器,丝线,粗棉线,纱布,烧杯等。

【实验步骤】

取健康成年家兔,呼吸平稳,无喘息、气促等症状,肺部听诊无啰音。分实验组和对照组进行实验。

1. 实验组

(1) 家兔准确称重后,耳缘静脉注射25% 氨基甲酸乙酯溶液4ml/kg,将麻醉后家兔前肢背位交叉仰卧固定于兔台。去除颈前区手术野被毛,即可进行手术。

1) 气管插管:以气管甲状软骨为标识,在颈前正中做一长约5cm的纵向切口,切开皮肤及皮下组织,纵向钝性分开肌肉,纵行切开气管前筋膜,暴露气管,将气管与周围组织钝性分离,游离气管并穿线备用。在甲状软骨下约1.5cm处做一倒"T"形切口,插入气管插管,并用线将气管与插管双重结扎固定,将尾线在气管插管的分叉处再次结扎固定,以防插管滑脱。

2) 颈动脉插管:将上述切口边缘的皮肤及其下方的肌肉组织向外侧拉开,可见到气管两侧纵行的左、右颈总动脉鞘,分开动脉鞘可见颈总动脉、颈迷走神经、交感神经和减压神经等。沿血管走行方向分离颈总动脉,游离出长3~4cm的颈总动脉,尽可能向远心端游离,在动脉下穿两根线,其中一线尽量靠远心端结扎以阻断血流,保留尾线,动脉夹夹住近心端,结扎处与动脉夹之间的颈总动脉长度约3cm。左手拇指和中指提起远心端尾线,食指(也可用眼科镊柄)垫在颈总动脉下方,用眼科剪在靠远心端结扎处约0.5cm的动脉壁剪一斜口(切口不超过管周径的一半),然后将已充满肝素溶液的动脉导管(连血压换能器)由切口向心脏方向插入约2cm(轻轻松开动脉夹见血液冲入动脉导管内即可证明插管在血管内),用另一线将血管与动脉导管双重结扎固定。确保插管固定稳妥后,剪掉多余尾线,将动脉插管与动脉走行方向保持一致,并将动脉导管作适当固定。调节三通开关连接压力换能器,松开动脉夹,打开电脑描记血压波动曲线。

3) 颈静脉插管:方法基本与动脉插管相同。将静脉导管与输液装置连接,让液体充满整个输液管道,排尽气泡,关闭输液开关。分离动脉插管对侧的颈总静脉长约2cm,穿2根线备用。一线结扎远心端,动脉夹夹住近心端后,眼科剪靠近远心端结扎处剪一斜口,然后向心插入连接输液装置的塑料静脉导管约1.5cm,并用另一备用线结扎固定。松开动脉夹和输液调节器,调整输液速度,缓慢输入0.9% 的生理盐水(10~15滴/min)以保持输液管道通畅。

4) 家兔呼吸描记:观察家兔呼吸状况,在胸腹部呼吸动度最大处用缝皮针缝一长丝线,打结固定后将丝线尾端与张力换能器相连,打结固定后调整张力,描记呼吸曲线。

(2) 正常指标观察:观察家兔皮肤、黏膜颜色并记录家兔血压、心率、呼吸频率、深度等指标,用听诊器听肺部呼吸音。

用已肝素化的1ml注射器经颈总动脉三通处采血0.5ml,并立即将针头插入橡皮塞隔绝空气。将血液用血气分析仪测定pH、$PaCO_2$、PaO_2、BB、BE、$[HCO_3^-]$等指标,作为实验前对照。

(3) 家兔肺水肿模型制备:静脉输入37℃ 生理盐水80ml/kg(体重),速度为160滴/min。当生理盐水即将输完时经耳缘静脉缓慢推注0.1% 肾上腺素(1ml/kg),然后继续以

10~15滴/min 的速度输入生理盐水维持静脉输液通道,以利于必要时再次给药。

(4)输液过程中密切观察并记录各项指标,尤其家兔呼吸情况和呼吸曲线变化,肺部听诊是否出现啰音。如果上述情况变化不明显可重复使用肾上腺素,用法及剂量同上。当动物出现明显呼吸急促、两肺出现湿性罗音等肺水肿表现时,再次经颈总动脉三通处采血0.5ml 作血气分析,并与实验前指标和对照组指标对比。

(5)制模后30min 内死亡动物记录死亡时间,存活动物在制模后30min 时夹住气管,处死动物。用血管钳夹住插管下方气管,沿胸骨侧缘切开皮肤,剪断肋骨后打开胸腔,暴露心脏和肺。在气管分叉上方用粗棉线结扎(防止水肿液流出),在结扎处上方剪断气管,仔细分离心脏及血管,将肺完整取出。用滤纸吸干肺表面的水分后,用天平准确称取肺重量,以计算肺系数。

肺系数=肺重量(g)/家兔体重(kg)。

正常家兔肺系数约为4~5g/kg,平均4.2g/kg。

然后与对照组对比观察肺大体形态变化(颜色、体积大小、肺叶边缘等),切开肺,注意观察气管内及肺切面是否有粉红色泡沫液流出。还可将肺组织用10% 福尔马林液固定后制成切片在显微镜下与对照组对比观察。

2. 对照组 对照组家兔与实验组家兔一样,称重、麻醉、固定后,作气管插管,颈总动脉插管记录血压、心率,记录呼吸曲线,颈总动脉插管三通处取血作血气分析,但颈静脉插管只缓慢输入生理盐水80ml/kg(体重),以10~15 滴/min 速度维持通道,不给肾上腺素。待所有液体全部输完后,再次经颈总动脉插管三通处取血做血气分析,然后夹闭气管处死动物,开胸取肺称重后计算肺系数和切开观察肺切面的情况,并与对照组对比。

【实验结果】

将实验结果分别填入表4-21 和表4-22。

表4-21 各组家兔实验前各项指标观察

组别	血压(mmHg)	心率(次/min)	呼吸(次/min)	肺部听诊	血气指标
对照组					
实验组					

表4-22 各组家兔实验后各项指标观察

组别	血压(mmHg)	心率(次/min)	呼吸(次/min)	肺部听诊	血气指标	肺大体形态	肺系数(g/kg)
对照组							
实验组							

【注意事项】

(1)气管插管时斜面向上,插进气管后旋转180°将斜面向下,以免斜面与气管壁紧贴而致阻塞。

(2)实验组输液速度控制在160滴/min 左右,不能太快;对照组输液速度则宜慢,10~15 滴/min 即可。

(3) 取血做血气分析时,应隔绝空气,以免影响某些血气指标。

(4) 开胸取肺时,防止损伤和挤压肺组织,以免引起水肿液外流而影响肺系数的准确性。

(5) 如一次使用肾上腺素后肺水肿征象不明显者,可重复使用一次,时间间隔10~15min。

【思考题】

(1) 实验家兔出现肺水肿的机制有哪些?

(2) 实验可出现哪些类型的缺氧?分析其发生机制。

(3) 实验动物可能出现哪些类型的酸碱平衡紊乱?分析其发生机制。

(陈晓燕)

实验三十三　组胺对血管壁通透性的影响

【实验目的】

(1) 学习蟾蜍灌流标本制备和复制蟾蜍水肿模型的方法。

(2) 观察微血管壁通透性增加在水肿发生中的作用。

【实验原理】

采用静脉滴注磷酸组织胺(增加毛细血管壁通透性)的方法,以体循环灌注量和流出量的差值为指标,判定血管内外液体交换平衡与组织液生成情况。

【实验对象】

蟾蜍。

【实验药品和器材】

1% 肝素林格液,1% 磷酸组织胺林格液和林格液;输液架,输液器,动脉插管,组织剪,眼科剪,眼科镊,蛙板,蛙心夹,毁髓针,丝线,图钉,干棉球,1ml 和 5ml 注射器,5 号和 9 号针头,10ml 量杯,排液管,肾形盘等。

【实验步骤】

1. 安装蟾蜍动、静脉灌流装置　将两套 20ml 输液器挂在输液架上,灌流杯底部距蟾蜍约 30cm 高度。向输液器中分别加入 10ml 的 1% 磷酸组织胺林格液和林格液,依次打开调节器排空输液管,并旋紧调节器备用。

2. 蟾蜍体循环灌流系统的制备

(1) 用毁髓针刺入蟾蜍枕骨颈椎关节,捣毁脑、脊髓,使上下肢呈软瘫状态。

(2) 将蟾蜍仰卧固定于蛙板上,沿正中线剪开胸腔、剪断胸锁关节,使心脏充分暴露,再用眼科剪剪开心包,辨认心脏各部分和进出心脏的主要血管。

(3) 分离左侧主动脉,在其下方穿两根线,用 1ml 注射器向心脏内注射 1% 肝素林格液 0.2ml,1min 后抽出注射器。结扎近心端的备用线,在紧靠结扎处用眼科剪剪一小口,将动脉插管向远心端插入(图 4-38),结扎固定后,让林格液缓慢滴注(<10 滴/min)。

(4) 在心脏上横向放一备用丝线,心脏收缩时,用蛙心夹夹住心尖部,上翻心脏后丝线被置于心脏下方,分辨心室、心房、静脉窦等结构。在房室交界处的心房壁上剪一小口,将排液管插入至静脉窦。用心脏下方的丝线结扎排液导管。打开输液调节器的情况下,排液管内液体连续流出(若无液体流出时,可用5ml注射器抽吸)。

此时,心室搏动停止。打开林格液调节器,使灌注速度为25~30滴/min,待流出量等于或接近流入量,开始灌流实验(图4-39)。

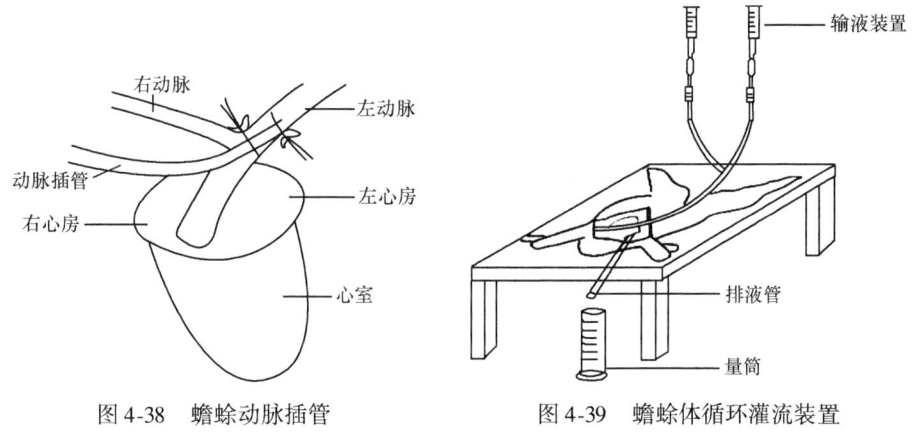

图4-38 蟾蜍动脉插管　　图4-39 蟾蜍体循环灌流装置

3. 灌流 打开0.1%组胺管道的调节器并在液面下降2ml时关闭。打开林格液,同时收集排出液,液面下降8ml时,记录流出量。

【实验结果】

将实验结果填入表4-23。

表4-23 组织胺对血管通透性的影响(单位:ml)

	灌入量	排出量	差值
灌注林格液			
输入组胺后灌注林格液			

【注意事项】

(1) 安装灌流装置时,要使麦菲滴管以下全部充满林格液,不能留有气体。
(2) 手术切口,以能充分暴露心脏为宜。
(3) 导管头部不要剪得过于锐利,以避免对血管的损伤;插入主动脉和心房的导管也不能过深否则极易穿破血管。
(4) 要始终保持进出管道通畅。当滴速过慢或不滴时,可调整动脉插管的位置,将其用胶布固定在滴速最快的状态,然后调节输液夹。

【思考题】

哪些因素可引起微血管壁通透性增高?微血管壁通透性增高导致水肿的发生机制是什么?

(邹　平)

实验三十四　家兔内毒素性发热

【实验目的】
复制内毒素致发热的动物模型,观察内毒素性发热时体温变化规律。

【实验原理】
内毒素是革兰阴性细菌生长时释放或死亡时裂解出来的细胞壁脂多糖成分,是临床上引起发热最常见的致热原之一。内毒素进入体内后,主要作用于单核-巨噬细胞系统,使之产生大量的肿瘤坏死因子、白细胞介素-1、白细胞介素-6等内生致热原。这些内生致热原作用于体温调节中枢,引起体温调定点上移,体温调节中枢发出神经冲动,通过收缩皮肤血管来减少机体散热,同时通过引起寒战和物质代谢加强而增加机体产热,结果使产热大于散热,体温因而升高。最终体温升高到与上移的体温调定点相适应的新水平。

【实验对象】
家兔3只,2.0~2.5kg。

【实验药品和器材】
液状石蜡,0.01 μg/ml无内毒素生理盐水,1 μg/ml内毒素生理盐水溶液;婴儿秤,兔台,数字体温计,注射器3支。

【实验步骤】
(1) 选取体重相近的家兔3只,称重后固定于兔台上。
(2) 将数字体温计插入家兔肛门测量肛温,每10min测量1次,共3次。
(3) 3只家兔经耳缘静脉分别注入生理盐水、0.01μg/ml内毒素生理盐水溶液和1μg/ml内毒素生理盐水溶液(均为1ml/kg),记录注射时间。
(4) 注射后,每隔10min测量1次体温,每只家兔测量9~12次。

【实验结果】
将实验结果填入表4-24。

表4-24　内毒素对家兔体温的影响

	体温(℃)													
	注射前				注射后									
	1	2	3	平均值	1	2	3	4	5	6	7	8	9	发热潜伏期(min) 发热高峰
生理盐水														
低内毒素生理盐水溶液														
高内毒素生理盐水溶液														

发热潜伏期为注射致热原后到体温开始升高时的时间间隔,发热高峰为体温上升的最高值与体温基线值之差。

【注意事项】
(1) 体温计插入深度应一致。

(2) 体温计插入前应在其头部涂以少量液状石蜡。

【思考题】

(1) 内毒素引起发热的机制是什么？
(2) 内毒素引起发热的潜伏期、发热高峰与内毒素剂量有何关系？

（张 力）

实验三十五　弥散性血管内凝血(DIC)

【实验目的】

复制急性实验性 DIC 动物模型，观察急性 DIC 病理过程中机体部分机能变化和凝血、抗凝血障碍的发生发展变化，分析和理解这些变化的产生机制及其病理生理学意义。了解 DIC 的诊断标准和相关实验室检查指标。

【实验原理】

机体凝血与抗凝血之间动态平衡的调节和维持是保证正常血液循环有效进行的前提和基础。然而，弥散性血管内凝血是在某些致病因素的作用下，例如各种致病微生物的严重感染、大量促凝物质的入血、自身血液成分的破坏等因素导致的凝血因子和血小板被异常激活，从而引起以凝血功能障碍为特征并同时或继发纤溶亢进的病理生理过程。DIC 可致机体出现出血、栓塞、溶血甚至休克、多器官功能障碍等临床表现。本实验以大量促凝物质注入动物血管复制 DIC 动物模型，通过对动物出现全身 DIC 后血压、呼吸以及心电变化的观察和相关血液学指标的测定，加深对 DIC 的病因及发病机制的理解。

【实验对象】

家兔，2kg 以上，雌雄不限。

【实验药品和器材】

3% 戊巴比妥钠溶液，4% 兔脑生理盐水浸液，3.8% 柠檬酸钠溶液，0.025mol/L 氯化钙溶液，0.85mmol/L(5%) 乙酸，血小板稀释液，凝血酶悬液，饱和氯化钠液，P 试液，K 试液，1% 硫酸鱼精蛋白液。

兔实验台，动物实验手术器械，0.5ml 和 1.0ml 吸管，5ml 试管，5ml 和 10ml 注射器，动脉夹，三通旋钮开关，血细胞计数板，载玻片，木制牙签，血红蛋白吸管，秒表，肠系膜微循环观察盒，台式离心机及配套离心管，生物显微镜，721 分光光度计，恒温电热锅。

【实验步骤】

(1) 取兔、称重、按 1.0ml/kg 剂量耳缘静脉缓慢注射 3% 戊巴比妥钠溶液全身麻醉后，将兔仰卧固定于兔台，兔头夹固定头部，颈部剪毛备皮。

(2) 常规颈正中纵向切口，分离一侧颈总动脉并穿双线备用。结扎动脉远心端，夹闭近心端后，眼科剪 45°角剪一小口，插入已注入 1% 肝素溶液的硅胶管，用细线固定。将插入管与三通旋钮开关连接后再接通生物信息采集处理系统。松开动脉夹，旋转三通旋钮开关接通压力传感器，描计一段正常血压。同时记录呼吸、心搏频率和强弱。

(3) 按右前(红)、左前(黄)、右后(黑)、左后(蓝)顺序连接心电导联电极并描记心电图。

(4) 腹部耻骨联合上方剪毛后沿腹白线切口,长度约4~5cm,剪开腹膜暴露膀胱,将膀胱轻轻提出体外并于膀胱底部分离输尿管。用眼科剪剪一小口,向肾脏方向插入细塑料管并结扎固定。收集尿液同时记录尿量(滴/min)。

(5) 右侧腹部剪毛并开腹,切口长度2~3cm,找出游离度较大的一段肠袢,固定于肠系膜微循环观察盒中,其余肠袢用温生理盐水浸湿纱布覆盖。将观察盒置生物显微镜下观察血流速度、血细胞离散程度、有无白细胞贴壁现象等毛细血管血流形态。

(6) 取试管1支,加入3.8%柠檬酸钠溶液0.8ml。用干燥10ml注射器从颈总动脉取血8ml,立即注入柠檬酸钠试管7.2ml,离心(3000 r/min)15min,留作血液学指标测定。

(7) 取玻片一张,取血一滴,立即进行凝血时间测定。另取血1~2滴做血小板计数。

(8) 按2.0ml/kg剂量取4%兔脑生理盐水浸液,用生理盐水稀释至30ml,通过耳缘静脉缓慢注入,15min注射完成。要求最初5min以1.0ml/min速度注射,第二个5min以2.0ml/min速度注射,最后5min按3.0ml/min速度注射。注射过程连续观察动物呼吸、心搏、心电反应和血压变化情况,若出现血压急剧下降或出血时停止注射。

(9) 完成第8步骤后,按步骤6取血备用。自注射开始45min后再次按步骤6取血备用。连续对动物呼吸、心搏、心电反应和血压变化情况进行观察。

(10) 动物死亡后解剖观察腹腔内肠道有无出血、是否存在腹腔、胸腔和心包积水、心脏血管、肺血管及其他内脏组织的肉眼形态变化。

(11) 在上述实验开始的同时另取家兔一只,以等量生理盐水注射代替兔脑生理盐水浸液作为对照。注入途径、速度、及血液样本抽取时间均应与实验兔相同。

(12) 实验指标测定(表4-25)

1) 尿蛋白定性

A. 吸取尿液3ml加入10ml试管,用试管夹夹住在酒精灯上加热至沸腾(试管口不要对着人),加入0.85mmol/L乙酸3~5滴,再加热煮沸。

B. 根据尿液混浊情况按以下标准判断:

尿液清晰不混浊	记作(-)	表示无蛋白
尿液轻度混浊	记作(+)	表示含蛋白约0.5~1.0g/L
尿液乳样混浊	记作(++)	表示含蛋白约1.0~2.0g/L
尿液混浊并出现少量絮片	记作(+++)	表示含蛋白约2.0~5.0g/L
尿液出现絮状混浊	记作(++++)	表示含蛋白约5.0g/L以上

2) 血小板计数

A. 取干燥试管一支,加入0.38ml血小板稀释液。

B. 用血红蛋白吸管吸取全血至20 μl处,试纸擦去管尖以外附着的血液,立即放入血小板稀释液试管中,充分混匀。

C. 取混匀血小板悬液一滴加入血细胞计数板,静置10min待血小板下沉。

D. 高倍镜下计数5个方格血小板数目,乘以1000即为立方毫米血小板数。兔血小板正常值为3×10^5~6×10^5/mm^3。

表 4-25 家兔实验性 DIC 指标观察及检测结果

观察检测项目	实验组(耳缘静脉注射兔脑粉悬液)			对照组(耳缘静脉注射生理盐水)		
	注射前	注射后 15min	注射后 45min	注射前	注射后 15min	注射后 45min
心率						
血压						
心电图						
尿量						
尿蛋白定性						
血小板计数						
凝血时间						
PT						
KPTT						
TT						
3P 试验						
RBC 形态						
微循环状态						
尸解所见						

3) 凝血时间测定(玻片法):以清洁干燥载玻片接取一大滴新采集血液,2min 后以细牙签每 30s 挑血一次,直至挑起细纤维状血丝为止。记录血液取出至挑起纤维血丝的时间即为凝血时间。兔凝血时间正常值约为 2~8min。

4) 凝血酶原时间(PT)测定

A. 取待测血浆 0.1ml 加入试管并置 37℃ 水浴。

B. 加入 P 试液 0.2ml,开启秒表,轻轻侧动直至液体流动停止或出现颗粒,按停秒表,记录凝固耗时,即为凝血酶原时间。

C. 重复 3 次,取平均值。兔 PT 正常值:6~8 s

5) 凝血活酶时间(KPTT)测定

A. 取待测血浆 0.2ml 加入试管并置 37℃ 水浴,加入 K 试液 0.2ml,摇匀后继续温浴 3min。

B. 加入 0.025mol/L 氯化钙溶液 0.2ml,同时开启秒表记时,10 s 后取出试管轻轻侧动至液体流动停止或出现颗粒时为凝固终点,停止记时,读取凝固耗时即为 KPTT。

C. 重复 3 次,取平均值。兔 KPTT 正常值:28~32 s

6) 凝血酶时间(TT)测定

A. 取待测血浆 0.2ml 加入试管,置 37℃ 水浴。

B. 加入适宜浓度凝血酶悬液 0.2ml,开启秒表记时,5 s 后取出试管轻轻侧动直至液体流动停止或出现颗粒,按停秒表,记录凝固耗时,即为凝血酶时间。

C. 重复 3 次,取平均值。

由于 TT 值随凝血酶单位高低而改变,只宜作为同时测定的不同样本间比较。

7）血浆鱼精蛋白副凝固实验（3P实验）

A. 吸取0.9ml被测血浆于试管。

B. 加入1%硫酸鱼精蛋白液0.1ml，摇匀后置室温30min，轻摇试管观察出现白色纤维或凝块记作阳性，均匀混浊而无白色纤维则记作阴性。

8）红细胞形态观察

A. 取血一滴滴注于干燥载玻片一端1cm处，另取载玻片一张与血滴片呈45°角轻推制备血涂片，摇晃涂片待其干燥。

B. 将血涂片进行瑞特染色后，冲洗干净，置室温自然干燥。

C. 滴加香柏油一滴后，油镜下观察红细胞形态。重点观察是否存在芒刺、盔甲、不规则等形态的裂体细胞。

【注意事项】

（1）实验动物重量必须保证在2kg以上，健康状况良好。否则易致实验未完成前死亡。

（2）每次取血前应放血0.5ml采集；每次取血后用1%肝素生理盐水冲洗动脉插管，防止血栓阻塞。

（3）兔脑生理盐水浸液注射应按照实验步骤要求剂量缓慢推注，密切观察动物呼吸、血压情况，必要时调整注射速度，以防动物死亡。

（4）凝血时间和血小板计数应在采血后立即进行，否则会影响实验结果。镜下血小板为圆形或椭圆形折光小点，外形完整，应注意与杂质相区别。若血小板凝集成团应另采血复查。

（5）每次肠祥毛细血管形态观察后应将肠送回腹腔，下次观察再提出，以免长时间置体外而致水分蒸发。

【思考题】

（1）在实验过程中，你观察到动物心搏、心电图、呼吸、尿量及尿液成分有什么变化？请结合所学知识解释出现这些变化的机制。

（2）在DIC的发生发展过程中，各种血液学指标理论上应该具有什么变化规律，实验中的实际检测结果是否与理论规律符合？如果存在差异请分析原因。

（3）在红细胞形态观察中是否见到裂体细胞？请思考是什么原因通过什么机制导致裂体细胞的产生。

【附】

1. 兔脑粉制备　取新鲜兔脑，去除软脑膜及血管网，生理盐水清洗后置乳钵研碎，清除不能研碎的杂质。加入3倍量丙酮，再次轻轻研磨20s，静置5min，仔细倒去上清液，再加适量丙酮，反复该操作5次，使脑组织脱水成为灰白色粉末状，滤纸过滤。摊开脑粉待其自然干燥成为无黏着性的颗粒状粉末。也可置于37℃温箱1h干燥。分装密封，普通冰箱4℃保存。

2. 4% 兔脑生理盐水浸液制备 称取兔脑粉 400mg,加入生理盐水 10ml,充分搅匀后置 37℃ 水浴箱温浴 60min,每 15min 搅拌一次。取出离心(1000 r/min)5min,吸取上清液滤纸过滤备用。实验前应检测活力,方法是以浸液作凝血酶原时间(PT)测定,PT 值不超过 12 s 可做实验应用。

3. 凝血酶悬液制备 取抗凝血浆 1000ml,加入冷蒸馏水 1000ml,混匀。于 0~5℃ 环境边搅拌边加入 2% 醋酸,调节 pH 至 7.3。冰箱静置过夜。离心(1500r/min)15min,去除上清液,沉淀物加入 25ml 生理盐水溶解,用 2% Na_2CO_3 调节 pH 至 7.0,再加入 0.25mol/L $CaCl_2$ 3ml,立即用玻璃棒搅拌并去除不断生成的纤维蛋白丝,静置 2h。加入等量丙酮,搅拌均匀后离心弃上清液,所得沉淀用 25ml 生理盐水溶解,再次离心后收集上清液即为凝血酶悬液。分装,-20℃ 保存。

应用前以适当量生理盐水稀释,以稀释液 0.1ml 能将正常血浆 0.1ml 在 16~18s 内凝固为宜。

4. P 试液制备 取 4% 兔脑浸液 1 份,加入等量 0.025mol/L 氯化钙溶液,应用前摇匀。用作 PT 实验。

5. K 试液制备 取 2% 白陶土生理盐水悬液 1 份与等量兔脑浸液混合即得,应用前配制。

6. 血小板稀释液配制 称取 EDTA(乙二胺四乙酸钠)130mg,草酸钠 10g,10% 甲醛溶液 1.0ml 加蒸馏水 500ml 搅拌溶解后再加入蒸馏水至 1000ml 即可。

(张效良)

实验三十六　家兔肠缺血-再灌注损伤

【实验目的】

学习复制肠缺血-再灌注损伤的动物模型方法,观察小肠缺血-再灌注损伤时血液循环和小肠的形态学变化,探讨缺血-再灌注损伤的发生机制。

【实验原理】

缺血能引起缺氧、酸中毒、能量不足等一系列病理变化,从而引起组织器官的损伤。而恢复血流灌注,是治疗缺血的有效措施。但在一些情况下,缺血后再灌注反而会加重缺血组织和器官损伤。这就是缺血-再灌注损伤,即在缺血的基础上重新恢复血流灌注所引起的组织器官更严重甚至不可逆的损伤。缺血-再灌注损伤与缺血时间长短有关,时间过长或过短其发生率较低,而 40~60min 是可逆性与不可逆性再灌注损伤的临界值。

通过结扎肠系膜上动脉 SMAO(Superior Mesentery Artery Occlusion)来阻断部分小肠的血液供应,一定时间后恢复血流灌注,以复制肠缺血-再灌注损伤的动物模型。探讨小肠缺血-再灌注损伤发生的机制。

【实验对象】

健康家兔,体重≥2.5kg。

【实验药品和器材】

3%戊巴比妥钠溶液,0.1%肝素溶液,任一台氏营养液;兔手术台,婴儿秤,动物手术器,BL-420生物信号采集系统,压力换能器,兔肠系膜微循环观察装置(恒温水浴灌流盒、微循环观察显微镜),动脉导管,注射器。

【实验步骤】

实验分为两组:A组:家兔持续缺血(结扎肠系膜上动脉2小时);B组:家兔再灌注损伤(结扎肠系膜上动脉1小时,再灌注1小时)。

(1)家兔称重,3%戊巴妥钠溶液1ml/kg静脉注射麻醉,仰卧固定(背部交叉),剪毛(颈部和中上腹部)。

(2)颈部正中切口,分离左侧颈总动脉,插管(注意充满生理盐水排尽气泡并肝素化抗凝),记录家兔血压和心率。

(3)腹部正中切口,自剑突下1.5cm处腹正中线向下做5cm长切口,打开腹腔,将腹腔内脏左移,找到齐右肾门垂直方向腹主动脉分支出的肠系膜上动脉,动脉下穿双线备用(结扎时垫橡皮管)。

(4)在腹腔右下方找到回盲交界处(回肠为浅红色,结肠为灰色)肠管,将该部上段约10cm回肠袢的回肠系膜轻轻伸展,放于透明有机玻璃制成的灌流盒上(灌流盒中充满任一台氏营养液,将水温控制在38℃左右),以16倍生物示教显微镜观察微循环变化。

(5)记录家兔正常状态下的血压、呼吸(观察腹部的腹式呼吸运动)、心率及肠微循环血液流动。

(6)结扎A兔肠系膜上动脉(用带有橡皮套的动脉夹夹闭)2小时;结扎B兔肠系膜上动脉1小时,打开动脉夹,恢复血液灌流1小时。在整个实验过程中,每10分钟对A和B兔的各项监测指标(表4-26)进行观察和测定。

【实验结果】

将实验结果填入表4-26。

表4-26 家兔肠系膜缺血-再灌注损伤时相关指标变化

	正常	肠系膜上动脉夹闭						肠系膜上动脉松开					
		10'	20'	30'	40'	50'	60'	0'	5'	10'	20'	30'	60'
血压(BP)(mmHg)													
心率(次/分)													
呼吸(次/分)													
肠壁颜色													
肠壁水肿情况													
肠壁出血点													
肠腔渗出													
肠系膜微循环													
毛细血管数目													
毛细血管口径													
血液流动速度													
血液流动形态													

【注意事项】

(1) 肠系膜上动脉和静脉并行,分离动脉时,易误伤静脉和下腔静脉,造成动物因大出血死亡。因此,分离肠系膜上动脉和上静脉时动作要轻,切勿损伤血管。夹闭血管时,要用带有橡皮套的动脉夹夹闭。

(2) 拉肠袢要轻,以免引起出血和创伤性休克。

(3) 手术过程中尽量减少出血。分离组织时,要钝性分离,并注意结扎小血管,以免手术部位渗血。

(4) 在进行肠系膜微循环观察时,尤其要注意维持家兔体温恒定。因为过冷或过热都要影响实验效果。回盲部肠系膜是最好的微循环观察区,因为它具有下面优点:①区域小而局限、易找;②此段没有肠蠕动,脂肪少,取出时不易损伤;③此段肠袢宽大,拉到灌流盒中不至于回缩,使视野宽广、稳定、清晰,有利于微循环观察。在微循环观察中,可清晰地观察到前后微动脉、微静脉的血流方向及血液流态,血液流态可分为七级:线流Ⅰ(最快)、线粒流Ⅱ(较快)、粒流Ⅲ(较慢)、粒缓流Ⅳ(慢)、粒摆流Ⅴ、血流停滞Ⅵ、血流消失Ⅶ。

【思考题】

(1) 什么是缺血-再灌注损伤?

(2) 缺血-再灌注损伤发生机制主要是什么?

(3) 缺血-再灌注损伤的发生是可以预防的吗?有什么方法?

(沈 宜)

实验三十七 实验性四氯化碳肝细胞损伤性黄疸

【实验目的】

复制 CCl_4 肝细胞损伤性黄疸动物模型,观察黄疸发生后动物皮肤及皮下脂肪颜色和肝脏外观形态变化,测定血液谷丙转氨酶(ALT)活性、胆红素浓度以及定性观察尿胆色素变化情况。掌握胆红素代谢障碍的发生机制,理解肝细胞损伤导致胆红素代谢障碍的特点,了解肝细胞损伤性黄疸常见生化指标的改变。

【实验原理】

肝脏是胆红素代谢的重要器官,担负对非酯性胆红素的摄取、运载、酯化和排泄功能,从而达到对非酯性胆红素的解毒和促进胆红素通过尿液及粪便排出体外。因此,肝脏在胆红素代谢过程中发挥着关键作用。当肝脏结构和功能受到各种病因影响而出现障碍时,必然引起胆红素代谢的异常而出现黄疸。四氯化碳是选择性肝损伤毒性物质。本实验通过灌胃给予实验动物一定剂量四氯化碳,导致肝细胞的损伤,复制肝细胞损伤性黄疸动物模型,观察动物形态学变化和测定常见血液生化指标改变。

【实验对象】

大鼠,200~300g,雌雄不限。

【实验药品和器材】

四氯化碳(原液 AR),HCl(AR),无水乙醇(AR),无水甲醇(AR),氯仿(AR),乙醚,磷酸盐缓冲液(pH 7.4),0.4mol/L NaOH 溶液,谷丙转氨酶基质液,0.02% 2,4-二硝基苯肼溶液,丙酮酸钠标准液,胆红素标准应用液,重氮试剂,醛试剂,0.96mol/L $BaCl_2$ 溶液,空白试剂,0.5%亚硝酸溶液生理盐水。

血管钳,手术剪,5ml,10ml 注射器,1ml,5ml 吸管,试管,烧瓶,分光光度计,恒温水浴箱,离心机,大鼠代谢笼。

【实验步骤】

1. 动物模型复制及血、尿样本采集。

(1) 取动物 6 只,随机分成甲、乙 2 组,甲组为实验组,乙组设为对照组。

(2) 甲组动物以 0.3~0.4ml/100g 剂量的四氯化碳灌胃,乙组动物以等量生理盐水灌胃。甲乙组大鼠分别放入代谢笼内单笼饲养,标准颗粒饲料及 5% 葡萄糖溶液饲喂。

(3) 烧瓶收集尿液。24h 为 1 份。

(4) 药物灌饲后 26~30h 进行动物采血。采血时先用乙醚麻醉动物后剪开股三角区分离暴露股动脉,剪断股动脉放血至洁净试管。

(5) 采集血液静置待血液凝固后离心(4000 r/min)5min,吸取血清备用。

(6) 处死动物,剥开皮肤,与对照组比较观察皮下脂肪颜色;开腹取出肝脏,对比观察肝脏外观形态和颜色变化。有条件可切片进行镜下观察。

2. 血清和尿液生化指标测定

(1) 血清 1min 胆红素及总胆红素测定

1) 胆红素校正曲线制备:取试管 6 支按表 4-27 操作。

表 4-27 血清胆红素校正曲线制备

	空白	1	2	3	4	5
胆红素标准应用液(ml)	—	0.1	0.4	0.8	1.6	3.2
空白试剂(ml)	0.5	—	—	—	—	—
重氮试剂(ml)	—	0.5	0.5	0.5	0.5	0.5
无水乙醇(ml)	4.5	4.4	4.1	3.7	2.9	1.3
相当血清胆红素(mg/dl)	0	0.5	2.0	4.0	8.0	16

加样完毕后摇匀置室温 30min,540 nm 波长比色。空白管调 0,读取各管吸光度。以相当血清胆红素为横坐标,吸光度为纵坐标绘制校正曲线。

2) 样本测定:取试管 4 支,标记 1min 胆红素空白管、测定管和总胆红素空白管、测定管后按表 4-28 操作。

表 4-28 血清 1min 胆红素及总胆红素含量测定

	1min 胆红素		总胆红素	
	空白管	测定管	空白管	测定管
血清(ml)	0.2	0.2	0.2	0.2
空白试剂(ml)	0.5	—	0.5	—
重氮试剂(ml)	—	0.5	—	0.5
蒸馏水(ml)	4.3	4.3	1.8	1.8
甲醇(ml)			2.5	2.5

加样完毕混匀,1min 胆红素正确记录 1min,总胆红素室温静置 30min,以空白管调 0 后,540 nm 波长比色,读取测定管光吸光度值。查校正曲线求出胆红素含量。若需换算成 μmol/L 表示,可按 μmol/L=17.10×(mg/dl)计算。

(2) 血清谷丙转氨酶(ALT)活性测定

1) 血清 ALT 校正曲线制备:取试管 6 支按表 4-29 操作。

表 4-29　血清谷丙转氨酶校正曲线制备

	空白	1	2	3	4	5
丙酮酸钠标准液(ml)	—	0.05	0.1	0.15	0.2	0.25
ALT 基质液(ml)	0.5	0.45	0.4	0.35	0.3	0.25
磷酸盐缓冲液(ml)	0.1	0.1	0.1	0.1	0.1	0.1
摇匀后 50℃水浴 6min						
2,4-二硝基苯肼(ml)	0.5	0.5	0.5	0.5	0.5	0.5
摇匀,50℃水浴 6min,取出置冷水冷却至室温						
0.4mol/L NaOH(ml)	5.0	5.0	5.0	5.0	5.0	5.0
相当血清 ALT(单位/dl)		100	200	300	400	500

空白管调 0,520nm 波长比色,读取各管吸光度值。以相当血清谷丙转氨酶单位数为横坐标,吸光度为纵坐标绘制校正曲线。

2) 样本 ALT 活性测定:取试管 4 支,分别标记实验组和对照组空白管、测定管,按表 4-30 操作。

表 4-30　样本血清谷丙转氨酶活性测定

	实验组		对照组	
	空白管	测定管	空白管	测定管
被测血清(ml)	0.1	0.1	0.1	0.1
ALT 基质液(ml)(40℃预温 5min)	—	—	—	0.5
摇匀后 50℃温浴 30min				
2,4-二硝基苯肼(ml)	0.5	0.5	0.5	0.5
ALT 基质液(ml)	0.5	—	0.5	—
摇匀后 50℃再温浴 6min,取出冷水冷却至室温				
0.4mol/L NaOH(ml)	5.0	5.0	5.0	5.0

以空白管调 0 后,520 nm 波长比色,读取测定管光吸光度值。查校正曲线求出胆红素含量。

(3) 尿胆红素定性检测

1) 取尿液 2ml 于试管,加浓 HCl 1 滴。

2) 摇匀后加入 0.5% 亚硝酸溶液 1 滴,摇匀后立即观察颜色变化。

结果判定:深绿色:强阳性;绿色:阳性;淡绿色:弱阳性;黄色消退:可疑;尿色不变:阴性。

(4) 尿胆原定性检测

1) 取尿液 2ml 置试管中,加 0.96mol/L $BaCl_2$ 溶液 5 滴。

2) 摇匀后离心(3000 r/min)3min,吸取上清液 1ml,用蒸馏水 1∶10 稀释,取稀释液 5ml 再稀释为 1∶20 并依次稀释为 1∶40、1∶80、1∶160 共 5 管。

3) 分别取每管稀释液 5ml 并加入醛试剂 0.5ml,室温静置 10min 后,自管口至底部观察。

结果判定:管内液呈樱红色为尿胆原阳性,以最高阳性稀释倍数报告结果。

【注意事项】

(1) 采血应避免溶血,否则会影响胆红素测定结果。

(2) 若胆红素测定含量超过校正曲线范围,应将血清用生理盐水稀释后再测,结果乘以稀释倍数即可。

【思考题】

(1) 根据已经观察的实验结果,说明肝细胞损伤为什么可引起黄疸?

(2) 请分析肝细胞性黄疸血中增高的胆红素的性质并说明理由。

(3) 谈谈实验中各生化指标异常的意义。

【附】

1. ALT 基质液的制备 精确称取 α-酮戊二酸 29.2mg,DL-丙氨酸 1.78g,加入 1mol/L NaOH 0.6ml,加少量磷酸盐缓冲液,搅拌待完全溶解后移入 200ml 容量瓶,加磷酸盐缓冲液稀释至刻度。调 pH 至 7.4,加氯仿数滴 4℃冰箱保存。

2. 2,4-二硝基苯肼溶液配制 称取 2,4-二硝基苯肼 200mg,加入 250ml 4mol/L HCl,待溶解后加蒸馏水至 1000ml,置棕色瓶冰箱保存。

3. 丙酮酸钠标准液配制 精确称取丙酮酸钠 22.0mg,以少许磷酸盐缓冲液(pH 7.4)溶解后移入 100ml 容量瓶,加磷酸盐缓冲液稀释至刻度。临用前配制。

4. 胆红素标准应用液配制 首先制备胆红素标准贮存液:准确称取胆红素 10mg,加氯仿少许待其溶解后移入 100ml 容量瓶,再加入氯仿稀释至刻度。密封冰箱保存。

取标准贮存液 10ml,以无水乙醇稀释至 100ml 即成。临用前配制。

5. 重氮试剂的制备

(1) 甲液:称取对氨基苯磺酸 0.2g,加入浓 HCl 3ml,溶解后加入蒸馏水至 200ml 即可。冰箱保存。

(2) 乙液:称取亚硝酸钠 0.25g,加入 50ml 蒸馏水溶解即成。冰箱保存。临用前取甲液 10ml,乙液 0.3ml 混合应用。

6. 空白试剂配制 吸取浓 HCl 15ml,加入蒸馏水至 1000ml。

7. 醛试剂制备 称取对二甲氨基苯甲醛 2.0g,加入 20ml 浓 HCl 溶解后,加蒸馏水至 100ml。

(张效良)

实验三十八　肝脏功能状态对药物作用的影响

【实验目的】

观察肝脏功能和肝药酶诱导剂及抑制剂对戊巴比妥钠麻醉作用的影响。

【实验原理】

肝脏是药物代谢的重要器官,肝功能不全时主要经肝代谢的药物易受影响。四氯化碳是一种对肝细胞有严重毒性作用的化学物质,可导致肝损害,使肝脏代谢能力下降。肝药酶诱导剂能够增强细胞色素 P450 酶系的作用,而肝药酶抑制剂能够降低细胞色素 P450 酶系的作用,使经细胞色素 P450 酶系催化代谢的药物作用强度发生改变。

【实验对象】

小鼠,体重 18~22g。

【实验药品和器材】

5% 四氯化碳溶液,0.4% 苯巴比妥钠溶液,0.4% 戊巴比妥钠溶液,0.8% 氯霉素油溶液;1ml 注射器,玻璃钟罩。

【实验步骤】

取体重相近的小鼠 5 只,称重、编号。在实验前 48h,1 到 4 号鼠分别依次腹腔注射 0.1ml/10g 体重的 5% 四氯化碳溶液,0.4% 苯巴比妥钠溶液,生理盐水和油溶剂;实验前 1h,第 5 鼠腹腔注射 0.8% 氯霉素溶液 0.1ml/10g 体重。实验时,每鼠分别腹腔注射 0.4% 戊巴比妥钠溶液 0.1ml/10g 体重。记录各鼠翻正反射消失和恢复时间,由此算出麻醉诱导时间和麻醉维持时间。

【实验结果】

将实验结果填入表 4-31。

表 4-31　不同肝脏功能状态对戊巴比妥钠作用的影响

组别	麻醉诱导时间(分)	麻醉维持时间(分)
生理盐水组		
溶剂组		
四氯化碳组		
苯巴比妥钠组		
氯霉素组		

【注意事项】

(1) 四氯化碳和氯霉素溶液宜用花生油、玉米油或橄榄油配制。

(2) 处于麻醉状态下的小鼠失去对体温调节的能力,易受外界环境温度的影响,当室内温度低于 20℃ 时,小鼠体温明显下降、麻醉加深,麻醉时间延长,要注意保温。

(3) 结果分析宜用全班各组平均值。

【思考题】

(1) 各组小鼠麻醉诱导时间有无差异？为什么？
(2) 根据实验结果，分析肝药酶有什么特点？

(廖 红)

实验三十九 肾脏功能状态对药物作用的影响

【实验目的】

观察肾功能损害对硫酸卡那霉素作用的影响；学习制作肾功能不全的动物模型及筛选抗肾病药的简单方法。

【实验原理】

肾脏是最主要的排泄器官，肾功能不全时主要经肾排泄的药物易受影响。氯化高汞是一种具有细胞毒作用的化学物质，若机体吸收，可损伤肾小管上皮细胞，使肾排泄功能降低。卡那霉素是氨基苷类抗生素，主要以原形经肾排泄，有肾毒性及神经肌肉接头阻断作用。本实验采用氯化高汞制作中毒性肾病模型，观察肾功能不全对硫酸卡那霉素毒性作用的影响。

【实验对象】

小鼠，体重 18～22g。

【实验药品和器材】

0.1% 氯化高汞，2.4% 硫酸卡那霉素，生理盐水；天平，组织剪，注射器(1ml)。

【实验步骤】

取小鼠 2 只，分别称重标记。在实验前 24h，1 号鼠腹腔注射 0.1% 氯化高汞 0.1ml/10g (即 0.1mg/10g) 2 次(间隔 12h)，制作肾损害病理模型；2 号鼠腹腔注射等量生理盐水，作为肾功能正常动物对照。

观察小鼠的活动及反应，然后给两只鼠分别皮下注射 2.4% 硫酸卡那霉素溶液 0.25ml/10g (即 6mg/10g)，继续观察动物反应。

实验结束后将小鼠处死，观察比较两组动物肾脏的病理改变，包括肾外观及纵切后肾皮质、髓质的差别(如颜色，充血等)。

【实验结果】

将实验结果填入表 4-32。

表 4-32 肾功能减损对硫酸卡那霉素毒性的增强作用

鼠号	体重	氯化高汞(mg/10g)	卡那霉素(mg/10g)	动物活动情况	肾脏外观变化
1					
2					

【注意事项】

如室温在 20℃ 以下，须给小鼠保温，否则注射硫酸卡那霉素的小鼠容易死亡。

【思考题】

（1）肾脏损伤后，对注射硫酸卡那霉素药理作用有何影响？

（2）肾功能不全时，应如何用药？

（廖　红）

实验四十　给药剂量对药物作用的影响

【实验目的】

观察不同给药剂量对药物作用影响。

【实验原理】

药物剂量的大小决定药物在体内浓度的高低和作用强弱，也在一定程度上与药物作用范围有关。回苏灵和水合氯醛分别为中枢兴奋药和镇静催眠药；根据使用剂量不同，他们的作用选择性和作用强度均产生显著变化。

【实验对象】

小鼠，雌雄不限。

【实验药品和器材】

0.125%、0.25%和0.75%二甲弗林溶液；0.2%、0.4%和1.0%水合氯醛溶液；生理盐水。

天平，烧杯（1000ml），注射器（1ml）。

【实验步骤】

（1）每组小鼠7只，称重后随机分成7组，观察并记录正常活动情况。

（2）7只小鼠分别被腹腔注射0.125%、0.25%和0.75%二甲弗林溶液，0.2%、0.4%和1.0%水合氯醛溶液，以及生理盐水0.1ml/10g体重。

（3）观察给药后各用药小鼠神态，步态和活动度变化。

【实验结果】

将实验结果填入表4-33。

表4-33　不同用药剂量对药物作用的影响

	小鼠神态、步态和活动变化	
	给药前	给药后
生理盐水		
0.125%二甲弗林溶液		
0.25%二甲弗林溶液		
0.75%二甲弗林溶液		
0.2%水合氯醛溶液		
0.4%水合氯醛溶液		
1.0%水合氯醛溶液		

【注意事项】

小鼠腹腔注射时针头与腹壁约45度,针头插入不宜太深或太靠近上腹部,以免刺破内脏。

【思考题】

描述并解释不同剂量的回苏灵溶液和水合氯醛溶液的药理作用。

(陈蓉春)

实验四十一　不同给药途径对药物作用的影响

【实验目的】

观察相同剂量不同给药途径对药物作用影响。

【实验原理】

给药途径决定药物吸收量和进入血液循环的速度,因而也影响药物的血药浓度,并最终影响药物发挥作用的快慢和强度,甚至影响药理作用的性质。

【实验对象】

小鼠,雌雄不限。

【实验药品和器材】

5%尼可刹米溶液,10%硫酸镁溶液。天平,烧杯(1000ml),注射器(1ml),小鼠灌胃器。

【实验步骤】

(1) 6只小鼠,称重,编号;分别观察并记录正常神态,步态,一般活动情况,呼吸和运动协调程度等。

(2) 6只小鼠分别给予灌胃,腹腔注射和静脉注射5%尼可刹米溶液或10%硫酸镁溶液0.2ml/10g体重。

(3) 观察不同途径给药后小鼠的活动变化,如神态、步态、活动度等变化,记录出现症状的时间和小鼠的最终结局。

【实验结果】

将实验结果填入表4-34中。

表4-34　不同给药途径的尼可刹米和硫酸镁的作用观察

	给药途径	给药前活动情况	给药后活动情况		
			活动频率	惊厥/抑制	结局
5%尼可刹米溶液					
10%硫酸镁溶液					

【注意事项】

(1) 给药剂量要准确,注射方式正确,尤其是小鼠的灌胃和静脉注射要正确。

(2) 及时记录给药时间和出现药物明显作用时间。

【思考题】

简述给药途径与药物作用的关系及其临床意义。

(陈蓉春)

实验四十二 吸收环境 pH 对药物吸收的影响

【实验目的】

掌握小鼠捉拿及灌胃方法。了解体液 pH 对药物吸收影响的原理和测定方法,并结合原理对实验结果进行分析判断。

【实验原理】

大多数药物均呈弱酸性或弱碱性,在体液内均有不同程度解离。分子状态药物疏水而亲脂易通过细胞膜;离子状态药物极性高,不易通过细胞膜的脂质层,这种现象称为离子障。弱电解质的解离程度在 pH 变化较大的体内对药物吸收有重要影响,胃液 pH 变化范围为 1.5~7.0,尿液为 5.5~8.0,如此大的 pH 变化范围对脂溶性适中的药物可能产生显著的临床意义。

本实验通过灌服一定剂量硝酸士的宁溶液,观察大鼠惊厥发生的时间、死亡率及惊厥症状来推测不同 pH 吸收环境对士的宁在胃肠道吸收影响。

【实验对象】

小白鼠,18~22g。

【实验药品和器材】

0.15mol/L NaHCO$_3$ 溶液,0.2mol/L HCl 溶液,5% 硝酸士的宁溶液。小鼠灌胃器,鼠笼,天平。

【实验方法与步骤】

(1) 取小鼠两只,称重,随机分为甲鼠与乙鼠。

(2) 甲鼠由胃灌入 0.15mol/L NaHCO$_3$ 和 5% 硝酸士的宁的等量混合液(pH=8.0)2ml/10g;乙鼠由胃灌入 0.2mol/L HCl 和 5% 硝酸士的宁的等量混合液(pH=1.0)2ml/10g。

(3) 观察甲、乙鼠惊厥发生时间、死亡率及惊厥症状,并汇总整个实验室各组数据(并算出平均值),然后对实验结果进行统计学处理。

【实验结果】

将实验结果填入表 4-35。

表 4-35 环境 pH 对士的宁灌胃吸收后效应的影响

组别	动物数	药物	发生惊厥的时间	死亡数	死亡率	惊厥症状
甲组		NaHCO$_3$ 和士的宁混合液				
乙组		HCl 和士的宁的混合液				

【注意事项】

（1）捉持小鼠时，不要用力过大，切勿捏其颈部，以免窒息致死。
（2）动物的头部和颈部应保持在一条直线的位置。
（3）进针方向要正确，一般是沿着右口角进针，再顺着食管的方向插入胃内。

【思考题】

（1）根据实验结果，硝酸士的宁可能是弱酸性还是弱碱性药物？
（2）体液 pH 对弱酸性药物及弱碱性药物跨膜转运的影响有何临床意义？

（孙文娟）

实验四十三　全血水杨酸钠二室模型药动学参数测定

【实验目的】

采用比色法测定水杨酸钠浓度，并用测得的血药浓度数据计算二室模型药动学参数。

【实验原理】

药物经给药部位进入血液循环后，要接受机体的处置（包括转运，分布，代谢），并最终排出体外。通过测定给药后不同时间的血液或其他体液以及组织中药物浓度变化，可以获得药物在体内不同部位的动力学过程。

【实验器材】

试管（10ml×9）、离心管（10ml×11）、刻度吸管（10ml×2,2ml 及 5ml×1）、注射器（1ml×2,2ml 及 5ml×1）、小玻棒、试管架、玻璃蜡笔、移液吸管、普通剪刀与手术刀（各1）、弯曲管钳、坐标纸、线与棉花少许。粗天平、分光光度计、离心机、计算器（CASIOfx-180P 或 CASIO-3600P）。

【实验药品】

1% 盐酸普鲁卡因溶液，10% 及 0.04% 水杨酸钠溶液，三氯化铁和三氯乙酸混合液（5g 三氯化铁加 10% 三氯乙酸溶解至 100ml），100U/ml 肝素生理盐水。

【实验对象】

家兔。

（一）比色法测定全血水杨酸钠浓度

【实验方法】

（1）取 10ml 离心管 11 支，编 0~10 号，每管均加入三氯化铁和三氯乙酸混合试液 2ml，9 号管再加 0.04% 水杨酸钠标准液 0.6ml，10 号管再加蒸馏水 0.6ml。取兔 1 只，称体重，仰缚兔板上，于兔颈部皮下注射 1% 盐酸普鲁卡因溶液 1~2ml，局麻后分离一侧颈外静脉并在其下方横穿一根细线，供采血时固定静脉用。

（2）以 100U/ml 肝素生理盐水润湿 1ml 注射器，从该侧颈外静脉采血 0.6ml 加入 0 号管中,用干棉球轻压针孔处以防止出血。从已分离出的颈外静脉的对侧耳缘静脉推注10%水杨酸钠溶液2ml/kg。准确记录给药完毕时间,在给药完毕后的第1、3、5、10、20、50、80和110分钟从颈外静脉分别采血0.6ml,依次加入第1～8号管中(每次采血后要洗净注射器,以肝素生理盐水润湿备用)。

(3) 用小玻棒搅拌0～8管各1分钟,分别加入蒸馏水5ml再搅拌1分钟,过滤取滤液备用。9和10两管加蒸馏水5ml,摇匀待用。

(4) 在分光光度计上,用波长510 nm,1cm光径比色杯,以蒸馏水调零,测0～10号管光密度得d_0～d_{10}。各测试管水杨酸钠光密度与水杨酸钠浓度按下列公式计算:

标准管水杨酸钠光密度 $D_9 = d_9 - d_{10}$

测定管水杨酸钠光密度 $D_n = d_n - d_0$

测定管水杨酸钠浓度 $C_n = D_n/D_9 \times 400$ μg/ml

【注意事项】

(1) 采血量要准确。

(2) 以开始采血时间作为血样本时间,若未能按时采血,则以实际采血时间参加计算。

(3) 注射水杨酸钠溶液时,动物会挣扎,注意固定兔头,注射要一次成功,否则影响α-相结果。

(二) 二室模型药动力学参数计算

【实验方法】

残差图解法 将测得的血中水杨酸钠浓度取对数,以对数浓度为纵坐标,对应时间为横坐标作点图,或直接以浓度对时间在半对数纸上作图,可见首段对数血药浓度下降很快(分布相,或称α-相),血药浓度下降与时间不呈直线关系;后段下降缓慢(消除相或称β-相),且呈直线,符合二室模型,可用两项指数方程表示血药浓度和时间的关系:

$$C = Ae^{-\alpha t} + Be^{-\beta t} \quad (4-1)$$

$$A = \frac{X_0(\alpha - K_{21})}{V_C(\alpha - \beta)} \quad (4-2)$$

$$B = \frac{X_0(K_{21} - \beta)}{V_C(\alpha - \beta)} \quad (4-3)$$

t 为时间,A、B 分别表示 $t=0$ 时 α 相和 β 相的起始血药浓度。α、β 为主要反映分布与消除的复合速率常数,e 为自然对数的底数,因 $\alpha > \beta$,$Ae^{-\alpha t}$ 值趋于0比 $Be^{-\beta t}$ 值趋于0更快,当 $t \geq 5T_{1/2\alpha}$ 时,则 $Ae^{-\alpha t}$ 趋于0,则(1-1)式为

$$C = Be^{-\beta t} \quad (4-4)$$

式(4-4)取对数

$$\lg C = \lg B - \frac{\beta}{2.3026}t \quad (4-5)$$

式(4-5)表明消除相的对数血药浓度与时间呈直线关系,直线斜率 $b = -\beta/2.3026$,截距 $a = \lg B$。以 β 相实测的3～4个血药浓度的对数对相应测定时间点进行回归分析,可求出回归方程,进而求出回归方程的截距和斜率,再求出消除速率常数 β。

式(4-5)可写成

$$\lg B - \lg C = \beta \times t / 2.303$$

当血药浓度 C 为 $1/2B$ 时,即血药浓度降低一半,此时 t 即为药物消除半衰期($T_{1/2\beta}$)。$T_{1/2\beta}$ 由下式算出

$$T_{1/2\beta} = 0.693/\beta (\text{分}) \tag{4-6}$$

解得消除相方程(4-5)后,以此方程求得该回归直线外推至相应分布相各时点在 β 相的理论值;以实测的分布相(前4点)血浓度减去消除相外推线上相对应时间的浓度(注意:是真数相减)得一组残差浓度 Cr,即:

$$Cr = A e^{-\alpha t} \tag{4-7}$$

式(4-7)两边取对数

$$\lg Cr = \log A - \frac{\alpha}{2.3026} \tag{4-8}$$

式(4-8)表明残差浓度的对数与时间 t 为直线关系。以残差浓度的对数和对应的时间作图,并进行直线回归,求出截距 $\log A$ 和斜率,进而求出分布速率常数 α,再求出药物的分布半衰期($T_{1/2\alpha}$)。

$$T_{1/2\alpha} = \frac{0.693}{\alpha}(\text{分}) \tag{4-9}$$

当 $t=0$ 时,式(4-1) $C = A + B$,药物既未分布也未消除,静注药量(X_0)全部在中央室,故中央室的分布容积下式求出:

$$V_c = \frac{X_0}{A+B}(\text{ml}) \tag{4-10}$$

式(4-10)可变为 $A+B = X_0/V_c$ 代入式(4-3),可算出药物由周边室向中央室转运的速率常数 K_{21}:

$$K_{21} = \frac{A\beta + B\alpha}{A+B}(\text{分}^{-1}) \tag{4-11}$$

经中央室消除的速率常数为

$$K_{10} = \frac{\alpha \cdot \beta}{K_{21}}(\text{分}^{-1}) \tag{4-12}$$

由中央室向周边室转运的速率常数

$$K_{12} = \alpha + \beta - K_{21} - K_{10}(\text{分}^{-1}) \tag{4-13}$$

药时曲线下的面积($t = 0 \sim \infty$)

$$\text{AUC} = \frac{A}{\alpha} + \frac{B}{\beta}(\mu g \cdot \text{分}/\text{ml}) \tag{4-14}$$

总的表观分布容积

$$V_d = X_0/\beta \cdot \text{AUC}(\text{ml}) \tag{4-15}$$

总清除率

$$\text{TBCL} = \beta \cdot V_d(\text{ml}/\text{分}) \tag{4-16}$$

中央室药物清除率

$$\text{CL} = K_{10} \cdot V_c = \frac{\alpha \cdot \beta}{K_{21}} \cdot V_c(\text{ml}/\text{分}) \tag{4-17}$$

采用 BL-420 生物信号采集分析系统上安装的药理模块,"量效曲线"回归分析程序,将

数据输入,或使用 CASIO. FX-180p 或 CASIOfx-3600P,均能解出回归方程的系数 B、截距 A 和相关系数 r。

【思考题】

(1) 测定药物动力学参数对临床用药有何指导意义?
(2) 影响药物浓度测定结果的因素有哪些?
(3) 药物一级动力学消除时-量曲线的特点。
(4) 说明实验中所求药动学参数的意义。

(罗 映)

实验四十四 磺胺嘧啶药代动力学参数的测定

【实验目的】

采用分光光度法测定静脉注射磺胺嘧啶钠后的血药浓度变化过程,了解药物代谢动力学实验的基本方法;学习药物代谢动力学常用参数的计算方法;通过实验,加深对药物代谢动力学概念的理解。

【实验原理】

磺胺类药物为对氨基苯磺酰胺类化合物,在酸性环境中,其苯环上氨基($-NH_2$)离子化,生成铵类化合物($-NH_3^+$);该铵类化合物与亚硝酸钠进行重氮反应,生成重氮盐($-N=N^+-$);此盐在碱性条件下与麝香草酚发生偶联反应,生成橙黄色偶氮化合物(图4-40),将橙黄色偶氮化合物在 525 nm 波长下比色,其光密度与磺胺类药物浓度呈正相关。据此,可以计算出磺胺类药物的浓度。静脉注射磺胺类药物后,通过适时采血测定血中磺胺类药物的浓度,运用药动学公式即可计算出其药动学各种参数。

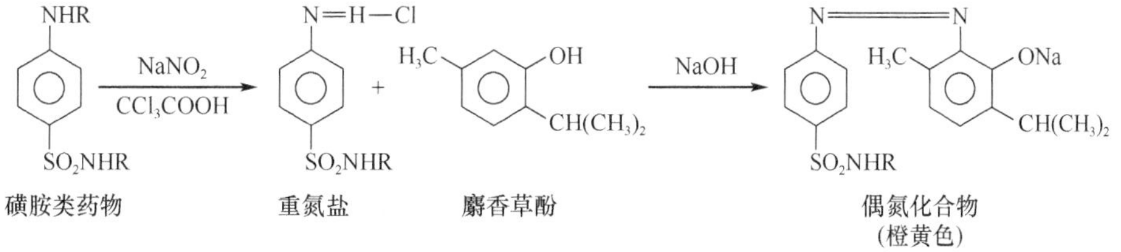

图 4-40 磺胺类药物显色反应过程

【实验对象】

家兔,2.5kg 左右。

【实验药品和器材】

20% 磺胺嘧啶钠溶液(以磺胺嘧啶计),0.1% 磺胺嘧啶钠标准溶液(以磺胺嘧啶计),7.5% 三氯醋酸,0.5% 亚硝酸钠溶液,0.5% 麝香草酚溶液(用20% 氢氧化钠溶液配制),3% 戊巴比妥钠溶液,0.5% 肝素生理盐水溶液,生理盐水,蒸馏水。兔笼,婴儿秤,兔手术台、动脉插管手术器械,动脉夹、硅胶动脉插管,三通管,离心机、分光光度计(722型),计算器(具有回归功能),液体快速混匀器,注射器(2ml、5ml),注射针头(6号),粗天平,抗凝管(5ml),离心管(5ml),试管(5ml),移液管(1ml、2ml、5ml),加样器(200μl),加样器吸头、曲线尺,对数坐标纸,试管架,吸管架,洗耳球,纱布块,手术线,药碗,拭镜纸,记号笔。

【实验步骤】

1. 标记抗凝管、离心管、试管 取5ml抗凝管、离心管、试管各13支,分别标记0、1、2、3、4、5、6、7、8、9、10、11、12。

2. 动物手术

(1) 麻醉动物:取家兔1只,称重,自耳缘静脉缓慢注射3%戊巴比妥钠溶液1ml/kg(30mg/kg)麻醉,麻醉后将其仰卧位固定于兔手术台上。

(2) 颈总动脉插管:参见第3章第四节。颈部手术区剪毛,在颈部中央纵向切开皮肤约6~7cm,用止血钳钝性分离皮下筋膜及肌肉组织,暴露气管,在气管左侧先分离出与颈总动脉伴行的各种神经,再游离出长约3~4cm的颈总动脉血管,在其下穿两根手术线,1根结扎远心端,1根于近心端处打活结备用。用动脉夹夹住近心端,于两线之间靠远心端处剪一"V"形小口,向心方向插入已充满0.5%肝素生理盐水的硅胶动脉插管约2cm,用打活结的手术线结扎固定。然后于动脉插管另一端连接三通管(以便取血和每次取血后动脉插管再次充满肝素生理盐水用),撤除动脉夹。

(3) 全身肝素化:经三通管向颈总动脉缓慢注入0.5%肝素生理盐水溶液1ml/kg(5mg/kg),预防凝血。

3. 给药前采血 从三通管的一侧管吸去硅胶动脉插管中的肝素生理盐水,从另一侧管抽取血液4ml,分别放入0号(空白对照管)和1号(标准管)抗凝管内各2ml,摇匀,静置,备用。

4. 给药 由耳缘静脉注射20%磺胺嘧啶钠溶液1.5ml/kg(300mg/kg),给药后立即计时(准确到分)。

5. 药后采血 分别于给药后1、3、5、10、20、30、60、90、120、150、180分钟,按上法取血2ml,分别置于2、3、4、5、6、7、8、9、10、11、12号抗凝管内,摇匀,静置,备用(每次取血后,要洗净注射器并用肝素生理盐水湿润备用)。

6. 样本制备(参见表4-36)

(1) 加样:取已标记的离心管13支,各管先后加入7.5%三氯乙酸2.7ml,相应时相点的血液0.2ml,于快速混匀器上充分混匀;再向1号管中加入0.1%磺胺嘧啶钠标准液0.1ml,其余各管再加入蒸馏水0.1ml,混匀。

(2) 离心:将上述离心管放入离心套管中,在粗天平上两两配平后,对位放入离心机中,3000 r/min,离心5分钟。

(3) 取上清液:从各离心管中精确吸取上清液1.5ml,转移至已标记的相应试管中。

(4) 显色:向盛有上清液的各试管中加入0.5%亚硝酸钠溶液0.5ml,混匀,再加入0.5%麝香草酚溶液1ml,混匀。此时溶液为橙黄色。

7. 比色 在分光光度计525 nm波长处用0号管(对照管)调零,测定1号管(标准管)和2~12号各试管液的光密度值(OD)。

【记录与结果】

(1) 计算血样中磺胺嘧啶的浓度(C):根据下列公式计算出各时相样品管磺胺嘧啶

浓度：

$$样品管浓度(\mu g/ml) = \frac{样品管光密度(OD)}{标准管光密度(OD)} \times 标准管浓度(\mu g/ml)$$

将结果填入表4-36。

表4-36 磺胺嘧啶钠血药浓度的测定加样步骤及测定结果表

试管	7.5%三氯乙酸溶液(ml)	血样(ml)	标准液(ml)	蒸馏水(ml)	0.5%亚硝酸钠溶液(ml)	0.5%麝香草酚溶液(ml)	C(μg/ml)
给药前							
0(对照)	2.7	0.2		0.1	0.5	1	
1(标准)	2.7	0.2	0.1		0.5	1	1000
给药后						1	
2(1min)	2.7	0.2		0.1	0.5	1	充分混匀后离心，取上清液1.5ml
3(3min)	2.7	0.2		0.1	0.5	1	
4(5min)	2.7	0.2		0.1	0.5	1	波长525nm比色
5(10min)	2.7	0.2		0.1	0.5	1	
6(20min)	2.7	0.2		0.1	0.5	1	
7(30min)	2.7	0.2		0.1	0.5	1	
8(60min)	2.7	0.2		0.1	0.5	1	
9(90min)	2.7	0.2		0.1	0.5	1	
10(120min)	2.7	0.2		0.1	0.5	1	
11(150min)	2.7	0.2		0.1	0.5	1	
12(180min)	2.7	0.2		0.1	0.5	1	

（2）绘制时-量曲线：以血药浓度的对数($\lg C$)为纵坐标，时间(t, min)为横坐标，在半对数坐标纸上作点图并连线，绘制磺胺嘧啶钠的时-量曲线图，确定其房室模型。若点图呈直线则为一室模型，若呈二项指数衰减曲线则为二室模型，本实验呈二项指数衰减曲线。如图4-41所示。

参照实验四十三，（二）二室模型药动学参数计算，获得磺胺嘧啶静脉注射的相关药动学参数 $t_{1/2\beta}$、$t_{1/2\alpha}$、AUC、V_d 和 CL 等。

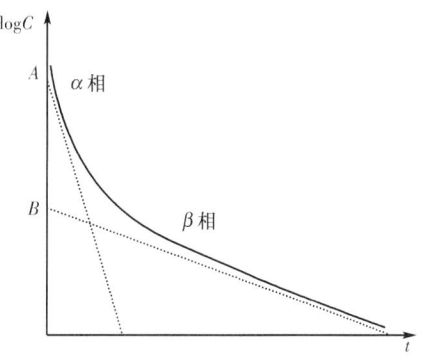

图4-41 单次静脉注射磺胺嘧啶钠二室模型血药浓度 $\log C$-t 曲线示意图

【注意事项】

（1）取血及所加各种试剂量必须准确。

（2）每次加样后都必须充分混匀，特别是将血样加到三氯乙酸试管中应立即充分混匀，否则易出现血凝块。

（3）各移液管和加样吸头必须专管专用。

（4）启动离心机前应注意试管平衡并锁定离心机，以免损坏离心机和离心管，甚至造成人身伤害。

（5）比色时禁止用手触摸比色皿的光面，若溶液溢出，只能用擦镜纸擦拭。

【思考题】

见实验四十三。

（张乐之）

实验四十五　去氧肾上腺素和哌唑嗪对大鼠肛尾肌 α受体亲和力测定（pA_2 及 pD_2 的测定）

【实验目的】

（1）学习离体大鼠肛尾肌标本的制备方法和受体激动剂量-效曲线的测定方法。

（2）掌握药物的 pA_2 及 pD_2 的定义、测定和计算方法及其意义。

【实验原理】

大鼠肛尾肌是很薄的极富弹性的平滑肌，无自发活动。其上主要存在肾上腺素 α_1 受体、乙酰胆碱 M 受体和 5-HT 受体，可用于定量评价肾上腺素受体拮抗剂。去氧肾上腺素能激动 α_1 受体，使肛尾肌收缩。pD_2 是亲和力参数，表示激动剂与受体的亲和力，其意义是引起 50% 最大效应时激动剂摩尔浓度的负对数值（$-\log K_D$），其值与亲和力成正比。本实验按累加剂量法给药获得去氧肾上腺素对肛尾肌的量效曲线，根据此曲线可求得去氧肾上腺素对 α_1 受体的 pD_2 值。pA_2 是拮抗参数，表示竞争性拮抗剂的作用强度，其意义是当加入一定浓度的拮抗剂时，激动剂在提高到原来浓度 2 倍时能产生未加拮抗剂时的效应，则所加拮抗剂的摩尔浓度的负对数值即为 pA_2 值。pA_2 值越大，说明拮抗剂的作用越强。本实验预先加入一定量的 α_1 受体竞争性拮抗剂哌唑嗪，去氧肾上腺素要达到原有效应必须增加剂量。由此出现哌唑嗪使去氧肾上腺素的量效曲线平行右移，根据曲线右移情况，可求得哌唑嗪对 α_1 受体的 pA_2 值。

【实验对象】

大鼠。

【实验药品和器材】

BL-420 机能生物信号采集系统、离体恒温水浴仪、张力换能器、通气钩、球胆、手术器械、0.25ml 注射器。

2×10^{-6}、2×10^{-5}、2×10^{-4}、2×10^{-3} 和 2×10^{-2} mol/L 盐酸去氧肾上腺素溶液；2×10^{-6} mol/L 盐酸哌唑嗪溶液；克氏液。

【实验方法】

1. 标本制备　大鼠 200g 左右，断头处死，沿下腹正中打开腹腔，暴露耻骨联合，从正中剪开耻骨联合并用力使之左右分开，找到直肠。沿直肠后壁自上而下小心分离，直至近直肠末端，距肛门 3~5mm 处，可见两条近乎透明的极薄的并行的条状肌肉组织：一端起自直肠下段后壁两侧，另一端止于上部尾锥，即肛尾肌。小心分离，两端用线结扎后剪断，取出肛尾肌,长约1.5~2.0cm,置于盛有克氏液的培养皿中备用。

2. 标本安装和固定 取制备好的肛尾肌,一端系于"L"形的通气钩上,另一端固定在张力换能器上,置于含20ml克氏液的水浴管内,水浴中不断通入95% O_2 +5% CO_2 混合气,水浴温度36℃±0.5℃,负荷0.5g,平衡30min。

3. BL-420机能生物信号采集系统 进入肌张力测定状态,描记一段正常曲线后开始给药。

(1)按累加剂量法,从低浓度到高浓度依次向浴管内加入盐酸去氧肾上腺素,其顺序如下:$2×10^{-6}$mol/L 0.1ml,0.2ml;$2×10^{-5}$mol/L 0.07ml,0.2ml;$2×10^{-4}$mol/L 0.07ml,0.2ml;…。其终浓度分别为10^{-8}mol/L,$3×10^{-8}$mol/L,10^{-7}mol/L,$3×10^{-7}$mol/L,10^{-6}mol/L,$3×10^{-6}$mol/L,…。当前一个剂量达到最大作用后立即加入下一个剂量,如此累加下去直到肛尾肌对去氧肾上腺素的反应不再增大为止,即达到最大收缩反应。

(2)克氏液冲洗数次,基线稳定后再平衡30min,向浴管内加入$2×10^{-6}$mol/L哌唑嗪0.1ml(终浓度为10^{-8}mol/L),稳定10min后重复(1)步骤。

4. 结果与处理

(1)绘制量效关系曲线:以量效曲线的最大反应为100%计算,分别求出哌唑嗪前后不同浓度的去氧肾上腺素的反应百分率。以去氧肾上腺素终浓度的负对数值为横坐标,反应百分率为纵坐标作图,绘制出2条平行的S形量效曲线(图4-42,图4-43)。

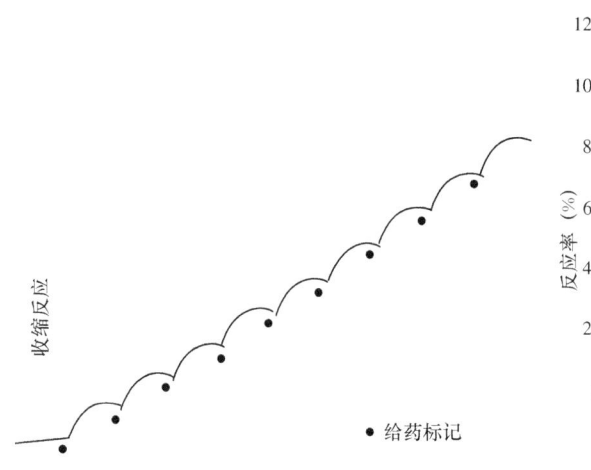
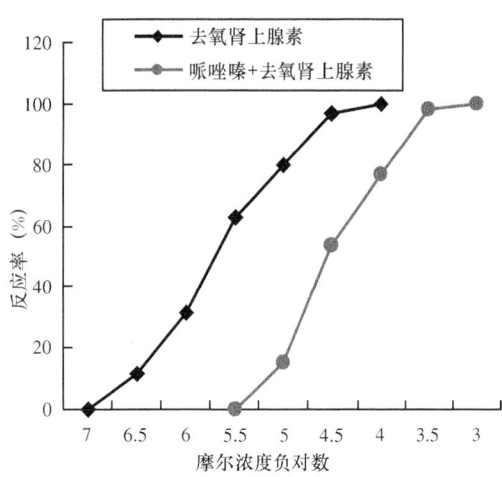

图4-42 累加剂量法给药后肛尾肌的反应曲线

图4-43 哌唑嗪对去氧肾上腺素在肛尾肌制备上的量效曲线的影响

(2)计算去氧肾上腺素的pD_2

1)作图法:可直接从上述2条S形量效曲线上50%反应的点在横轴上的投影得出有或无哌唑嗪时去氧肾上腺素的pD_2值。

2)直线回归法:为求得精确的pD_2值,可按下列公式$E/[D] = E_{max}/KD - E/KD$;这里$E$为所用浓度$[D]$产生的对应效应。令:$E/[D]$为$Y$,$E$为$X$,则上式为直线方程。其中,截距($a$)为$E_{max}/KD$,斜率($b$)为$-1/KD$。用BL-420生物信号采集和分析系统的回归程序或者使用3600P或fx180计算器均能方便地将获得的两条效应曲线数据进行直线回归,准确地求出两条效应曲线的pD_2值。同时可求出理论上的最大效应(E_{max})和直线的相关系数(r)。

(3) 计算哌唑嗪的 pA_2：按下述公式计算哌唑嗪的 pA_2 值。

pA_2 = 哌唑嗪摩尔浓度负对数值 + log[(无哌唑嗪时 pD_2/有哌唑嗪 pD_2) − 1]

【注意事项】

(1) 离体肛尾肌标本与换能器的连线不要触及浴管壁。
(2) 整个实验过程中，必须保持浴管内液面等高。
(3) 加药时应将药液直接滴在液面上，勿滴在线及管壁上。
(4) 加药应及时、准确，直至达到最大收缩反应。
(5) 每次累积加入的药液总体积应小于浴管内液的 5%，否则会影响药物浓度，从而影响实验结果。

【思考题】

(1) 什么是药物的量-效关系？测定 pA_2 及 pD_2 有何意义？
(2) 说明竞争性受体拮抗剂对激动剂的量-效曲线的影响？

（杨俊霞）

实验四十六　乙酰胆碱和阿托品对豚鼠回肠胆碱能 M 受体的 pD_2 和 pA_2 测定

【实验目的】

(1) 通过对豚鼠回肠收缩的量效曲线测定，分别估计乙酰胆碱对豚鼠回肠 M 受体的亲和力（pD_2）和阿托品对豚鼠回肠 M 受体的亲和力（pA_2）。
(2) 学习豚鼠回肠的制备方法。

【实验原理】

(1) 乙酰胆碱为胆碱能 M 受体激动剂，可激动肠道平滑肌上的 M 受体，引起浓度依赖性豚鼠肠平滑肌收缩，可得到"S"形量效曲线。根据量效曲线可求得最大效应 50% 时的乙酰胆碱的摩尔浓度的负对数，即 pD_2 值。
(2) 阿托品为竞争性 M 受体拮抗剂，可阻断肠道平滑肌上的 M 受体，拮抗乙酰胆碱的作用，使乙酰胆碱的量效反应曲线平行右移。由此，可估计阿托品对 M 受体的亲和力（pA_2）。

【实验对象】

豚鼠。

【实验药品和器材】

1. 药物　氯化乙酰胆碱溶液（acetylcholine chloride, Ach）$3 \times 10^{-6} \sim 3 \times 10^{-2}$ mol/L，硫酸阿托品溶液（atropine sulfate, Atro）$10^{-6} \sim 10^{-4}$ mol/L，台氏液。

2. 器材　BL-420 生物信号记录分析系统，张力传感器，10ml 恒温麦氏浴槽、"L"形通气钩，高位吊瓶，量筒，烧杯，培养器，球胆，外科剪刀，眼科剪刀，眼科镊子，缝合针，棉线，注射器（1ml, 2 支），输液器支架。

【实验步骤】

1. 调试 BL-420 生物信号记录分析系统 进入肌张力测定状态。

（1）在主菜单中用鼠标选择"消化实验"，选择系统显示"平滑肌生理特性"。

（2）在界面右侧控制参数区选择"张力"（选择 3g），扫描速度 1.0 s/div，确定信号输入，在工具菜单选择快速归零（空载时钩上无任何东西）。

（3）在主菜单中选择"示波"，进入示波状态。

（4）在主菜单中工具栏选择"网格切换"对背景网格进行切换为细格，并在选项中选择波形颜色红色。至此肌张力测试调试完毕。

2. 调节仪器 麦氏浴槽中加 10ml 台氏液，调节温度 35℃±0.5℃，氧气~3 个气泡/秒，并制备豚鼠回肠标本。

3. 标本制备 重击豚鼠头部致死，剖腹找到近阑尾处的回肠，剪取 10cm，置于盛有台氏液的表面皿内，洗净肠内容物，剪成约 2cm 肠段。将肠管标本两端用缝合针各穿一线，一端打一空结，固定于浴槽内的挂钩上，另端挂在张力换能器的小钩上，调节换能器高度，使前负荷为 1g（可从标尺上看出来），浴槽内持续通入 95% O_2 和 5% CO_2 的混合气体，稳定标本 30min。在主菜单下按键选择〈记录状态〉，先描记一段正常曲线，然后按下列顺序给药。

（1）向浴槽中加入 $3×10^{-3}$ mol/L Ach 0.1ml，观察曲线变化，检查肠管是否有兴奋作用，然后用预热的台氏液冲洗肠管，使其恢复至正常。

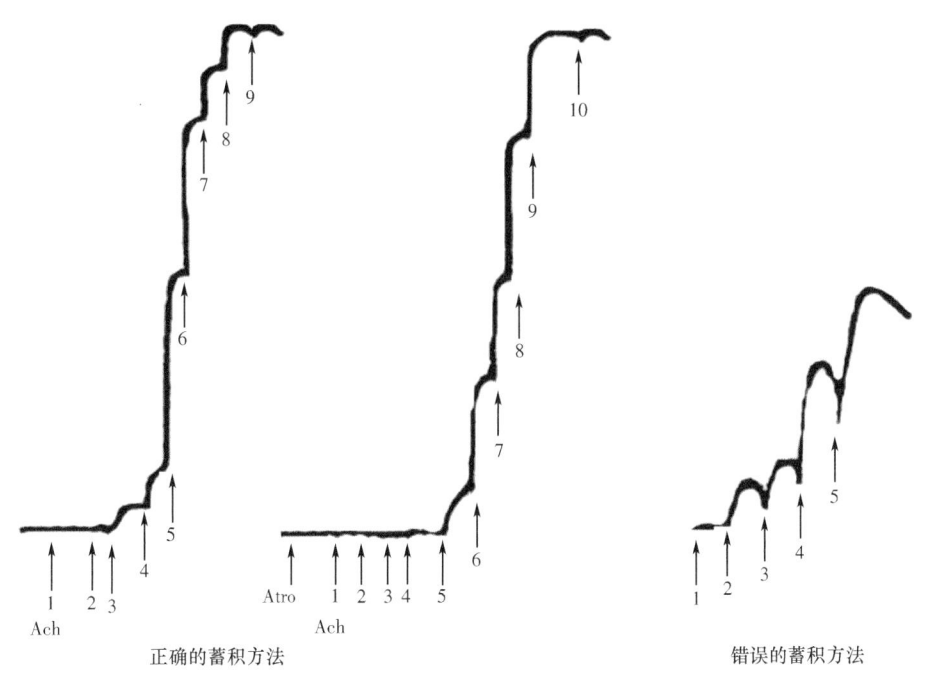

图 4-44 阿托品（Atro）对累积给予乙酰胆碱（Ach）后豚鼠回肠收缩反应

（2）按表 4-37 累积加入 Ach，制作 Ach 的累加量效曲线。具体方法及记录如图 4-44：先加低浓度 Ach，若有反应，当反应达最高峰时立即加下一浓度，每加一次药时都需标记加药序号，直至曲线上升至最高峰不再升高为止，此时的收缩高度为最大效应，当作 100%。将系统转入"示波状态"，用台氏液冲洗肠管 3 遍，稳定标本 5~10min，使恢复至正常。

表 4-37　加入乙酰胆碱的顺序和剂量

加药顺序	Ach 原液(mol/L)	加药量(ml)	Ach 的终浓度(mol/L)
1	10^{-6}	0.1	10^{-8}
2	10^{-6}	0.2	3×10^{-8}
3	10^{-5}	0.07	10^{-7}
4	10^{-5}	0.2	3×10^{-7}
5	10^{-4}	0.07	10^{-6}
6	10^{-4}	0.2	3×10^{-6}
7	10^{-3}	0.07	10^{-5}
8	10^{-3}	0.2	3×10^{-5}
9	10^{-2}	0.07	10^{-4}
10	10^{-2}	0.2	3×10^{-4}

(3) 在主菜单下选择〈记录状态〉，向浴槽中加 1×10^{-6}mol/L Atro 0.1ml，并标记药名及浓度，过 5min 后再一次制作 Ach 的累积浓度量效曲线。将系统转入"示波状态"，用台氏液冲洗肠管 3 遍，稳定标本 15min，使恢复至正常。

(4) 重复 3 的操作，向浴槽中加 1×10^{-5}mol/L Atro 0.1ml，并标记药名及浓度，过 5min 后再一次制作 Ach 的累积浓度量效曲线。将系统转入"示波状态"，记录肠管收缩曲线。

(5) 在主菜单下选择"结束实验"。激活工具栏，系统进入分析状态。

(6) 计算 Ach 的 pD_2 和 Atro 的 pA_2。

1) 在主菜单下分析项可选择区域测量、标记查询、开始反演、鼠标捕捉，测量后按工具栏中取消标志线，分别测出正常曲线及每次加药后的张力大小，最后以乙酰胆碱引起最大收缩效应为100%，分别计算各浓度反应的百分率。

2) 再以各剂量反应的百分率为纵坐标(1mm 表示1%)，以剂量的负对数值为横坐标(以 30mm 表示浓度相差 10 倍)，绘制量效曲线。

3) 求 Ach 的 pD_2 值　按实验四十五，4. 结果处理项，方程 E/[D] = Emax/KD-E/KD，采用直线回归法，求出乙酰胆碱在无或有阿托品存在时对 M 受体的 pD_2 值。

4) 求出阿托品对 M 受体的 pA_2 值

pA_2=阿托品摩尔浓度负对数值+log[(无阿托品时 pD_2 值/有阿托品时 pD_2 值)-1]

【注意事项】

(1) 管两端呈对角线结扎，不能封口结扎，浴槽内通气气泡不宜过大。

(2) 肠管固定时，与换能器的连接线不能触及管壁或通气管。

(余丽梅)

实验四十七　去氧肾上腺素和酚妥拉明对家兔主动脉 α受体亲和力测定

【实验目的】

利用家兔离体胸主动脉制备,学习药物量-效曲线图的绘制方法,并分别测定去氧肾上腺素和酚妥拉明对家兔主动脉条片 α_1 受体的 pD_2 和 pA_2。

【实验原理】

去氧肾上腺素可激动家兔胸主动脉血管平滑肌上 α_1 受体引起收缩,按对数累加剂量给药可得到 S 形累加剂量反应曲线,求得其 pD_2 值。酚妥拉明是 α 受体竞争性非选择性拮抗药,使去氧肾上腺素对动脉条片的量效曲线平行右移,根据公式可求出其 pA_2 值。

【实验对象】

家兔。

【实验药品和器材】

盐酸去氧肾上腺素溶液(1×10^{-7},1×10^{-6},1×10^{-5},1×10^{-4},1×10^{-3},1×10^{-2} mol·L^{-1}),甲磺酸酚妥拉明溶液(1×10^{-6},1×10^{-5},1×10^{-4},1×10^{-3} mol·L^{-1})、Krebs 液(mol·L^{-1}:NaCl 120,KCl 5.4,$CaCl_2$ 2.2,$MgCl_2$ 1.0,$NaHCO_3$ 25,葡萄糖 5.6,溶液 pH 7.4~7.6)。BL-420 机能实验信号采集系统,离体器官恒温水浴槽,剪刀、镊子、木锤、棉签、麦氏浴槽(20ml),张力换能器,铁支架,双凹夹、螺旋夹、氧气瓶(充 95% O_2+5% CO_2),培养皿,"L"形通气管,温度计,注射器(1ml),烧杯,量筒,丝线。

【实验步骤】

1. 安装调节实验装置　接通恒温水浴槽,BL-420 生物信号采集系统电源,将麦氏浴槽内盛入 20ml Krebs 液,保持恒温水浴温度在 36.5~37.5 ℃。

2. 制备胸主动脉标本　取家兔 1 只,用木锤击昏后,迅速取出胸主动脉,置于冷 Krebs 液中,剥离干净周围结缔组织并用棉签擦去内皮,剪为 20mm 长,2.5mm 宽的螺旋条,然后用丝线将螺旋条两端对角结扎备用。

3. 平衡标本　将标本一端用丝线固定于"L"形通气管下端,置入麦氏浴槽内,通入 95% O_2+5% CO_2 混合气体(1~2 个气泡/s 为宜),另一端用丝线固定于张力换能器上。标本负荷 2g,经预温的 Krebs 液反复冲洗平衡 1h(此间更换浴槽内 Krebs 液 1~2 次)。启动 BL-420 实验系统,调节好基线,向麦氏浴槽中加入 1×10^{-4} mol/L 的去氧肾上腺素溶液 0.1ml,标本出现快速而明显的收缩,调节 BL-420 机能实验系统灵敏度于适当位置,然后反复冲洗,再平衡至给药前水平。重复上述步骤 3 次左右(收缩高度前后 2 次基本不变),即可给药。

4. 给药

(1)按累加量效实验方法(表 4-38)给予去氧肾上腺素溶液,获得该药的量效曲线。

表 4-38　累积给予去氧肾上腺素剂量操作表

步骤	加入母液浓度($mol \cdot L^{-1}$)	加入 ml 数	累积浓度($mol \cdot L^{-1}$)
1	1×10^{-7}	0.2	1×10^{-9}
2	1×10^{-7}	0.4	3×10^{-9}
3	1×10^{-6}	0.14	1×10^{-8}
4	1×10^{-6}	0.4	3×10^{-8}
5	1×10^{-5}	0.14	1×10^{-7}
6	1×10^{-5}	0.4	3×10^{-7}
7	1×10^{-4}	0.14	1×10^{-6}
8	1×10^{-4}	0.4	3×10^{-6}
9	1×10^{-3}	0.14	1×10^{-5}
10	1×10^{-3}	0.4	3×10^{-5}
11	1×10^{-2}	0.14	1×10^{-4}
12	1×10^{-2}	0.4	3×10^{-4}

同前法用预温的 Krebs 反复冲洗 3~4 次，平衡 1h，此间更换 Krebs 液 2~3 次，使标本张力恢复到原有水平。

（2）向麦氏浴槽中加入 1×10^{-6} mol/L 酚妥拉明溶液 0.2ml，使其终浓度为 1×10^{-8} mol/L，10min 后，重复表 4-38 给予去氧肾上腺素溶液步骤，另一条去氧肾上腺素对兔胸主动脉条的收缩曲线。

【记录与结果】

（1）绘制量-效曲线图：以去氧肾上腺素浓度的负对数值为横坐标，实际收缩反应幅度为纵坐标，绘制在无或有酚妥拉明存在时，去氧肾上腺素对主动脉条收缩的量-效曲线。

（2）按实验四十五公式，求出去氧肾上腺素对主动脉条 α_1 受体的 pD_2 和酚妥拉明的 pA_2。

【注意事项】

（1）制备血管条标本的操作应在冷的 Krebs 液中迅速完成，并通以 95% O_2 +5% CO_2 混合气体，尽可能保证血管条片的活性。

（2）悬挂血管条时动作应轻柔，不可过度牵拉，也不可人为将标本线拉紧或放松。

（3）悬挂的血管条及其与换能器的连线不要触及麦氏浴管壁及"L"形通气管壁。

（4）加药时应迅速，已使浴槽内药物浓度快速混匀，但注意不要直接冲击到血管条。

（5）冲洗标本时要用预温的 Krebs 液。

（李　斌　张乐之）

实验四十八　乙酰胆碱、维库溴铵和加兰他敏对蟾蜍腹直肌的作用

【实验目的】

学习蟾蜍腹直肌标本的制备,观察胆碱酯酶抑制剂加兰他敏和竞争性 N_m 受体拮抗剂维库溴铵对乙酰胆碱收缩蟾蜍腹直肌效应的影响。

【实验原理】

乙酰胆碱能激动腹直肌上的 N_m 受体,使腹直肌收缩;加兰他敏抑制胆碱脂酶,阻遏乙酰胆碱被水解,从而增强乙酰胆碱对腹直肌的收缩作用;维库溴铵是竞争性 N_m 受体拮抗剂,与乙酰胆碱竞争 N_m 受体,阻遏乙酰胆碱对腹直肌的收缩作用。

【实验对象】

蟾蜍。

【实验药品和器材】

1. 实验药品　任氏溶液,$10^{-5} \sim 10^{-3}$ mol/L 浓度的氯化乙酰胆碱溶液,0.5%加兰他敏溶液,0.267%维库溴铵溶液。

2. 实验器材　恒温离体器官实验仪,铁支架,离体器官灌流浴槽,BL-420 生物信号处理系统,张力换能器,蛙板,探针,剪刀,镊子,棉球,丝线。

【实验步骤】

1. 连接好实验装置　保证水浴恒温为(25℃±1℃),水浴管任氏液容积为 10ml。

2. 捣毁蟾蜍脑及脊髓　仰位固定于蛙板上,剪开胸腹部皮肤,自耻骨上端沿腹白线向上将左右腹直肌与皮肤分离,腹直肌两端结扎并于结扎的上、下方剪断肌肉(约 2~3cm),取出置于盛有任氏液的培养皿中,备用。

3. 制备　将腹直肌一端系于"L"形通气钩,另一端固定在与张力换能器相连,然后置于浴管中(体积 10ml),调整线的松紧度(适当),并通入适量空气(每秒 1~2 个气泡)。调节 BL-420 生物信号采集系统,进入肌张力测定状态,立即换液 1 次,再给腹直肌标本加负荷 2g,平衡 30min,记录腹直肌正常收缩曲线。

4. 给药

(1) 按累加量效法,依次向浴管中加入氯化乙酰胆碱溶液 10^{-5} mol/L 0.1ml、0.2ml,10^{-4} mol/L 0.07ml、0.2ml,10^{-3} mol/L 0.07ml、0.2ml,使浴管中氯化乙酰胆碱的终浓度分别为 10^{-7} mol/L、3×10^{-7} mol/L、10^{-6} mol/L、3×10^{-6} mol/L、10^{-5} mol/L 和 3×10^{-5} mol/L。记录各浓度乙酰胆碱对腹直肌的收缩作用。完毕,用任氏液冲洗 2~3 次,待腹直肌标本重新恢复至基线(约 20~40min)后,进行下一实验。

(2) 加入 0.5%加兰他敏溶液 0.1ml,10min 后按(1)步骤和方法加入乙酰胆碱溶液,观察并记录加兰他敏对乙酰胆碱作用的影响。完毕,用任氏液冲洗 2~3 次,待曲线恢复正常。

(3) 加入 0.267%维库溴铵溶液 0.1ml,10min 后加按(1)步骤和方法加入乙酰胆碱溶液,观察并记录维库溴铵对乙酰胆碱作用的影响。

【实验结果】

以效应为纵坐标,氯化乙酰胆碱负对数浓度值为横坐标,绘制 3 条量效曲线图。以目测法或实验四十五的公式求出 3 条量效曲线的 KD 值和 pD_2 值。

【注意事项】

(1) 分离腹直肌标本时,应注意避免剪断腹壁内侧的腹壁静脉。

(2) 腹直肌制备不要贴到水浴管或"L"形通气钩上。

(3) 加药时,不要碰到"L"形通气钩和张力换能器之间的连接线。

【思考题】

分析加兰他敏和维库溴铵对乙酰胆碱量效曲线影响及 KD 值变化。

(邱红梅 周岐新)

实验四十九 传出神经系统药物对麻醉兔血压的作用

【实验目的】

根据血压和心率变化,以受体学说为依据,分析传出神经药物对心血管系统的作用。

【实验原理】

动脉血压和心率变化综合反映了心血管活动状态。在体情况下,其高低除受神经和激素调节外,还取决于对外周血管阻力、心输出量、循环血量与血管容积等有调节作用的因素。传出神经系统药物通过激动或阻断存在于血管和心脏的 α 和(或)β 受体,影响心脏和血管功能,改变心输出量和血管外周阻力,调节动脉血压和心率。因此,可以动脉血压和(或)心率为指标,观察、分析不同的传出神经系统受体激动剂和阻断剂对心血管系统的作用。

【实验对象】

家兔。

【实验药品和器材】

1. 实验药品 1% 肝素溶液,生理盐水,3% 戊巴比妥钠溶液,1% 盐酸普鲁卡因注射液,1∶10 000 盐酸肾上腺素溶液和重酒石酸去甲肾上腺素溶液,1∶100 000 硫酸异丙肾上腺素溶液,1∶200 盐酸麻黄碱溶液,10mg/ml 甲磺酸酚妥拉明,1mg/ml 盐酸普萘洛尔溶液,1∶100 000 氯化乙酰胆碱溶液,1∶200 硫酸阿托品溶液。

2. 实验器材 BL-420 生物信号处理系统,压力换能器,家兔手术台,缚腿带,动脉套管,动脉夹,手术刀,眼科剪,普通剪刀,止血钳,眼科镊,头皮针,纱布,弹簧夹,螺旋三通管,1ml 注射器(5 支)、20ml 注射器(1 支)。

【实验步骤】

(1) 取兔 1 只,称重,以 1ml/kg 的剂量静脉注射 3% 戊巴比妥钠麻醉家兔,并将兔仰缚于兔板上。

(2) 将压力换能器上连接的三通管用肝素溶液充满,并排除里面的空气,关闭三通管与压力换能器的连通。

(3) 剪去家兔颈部兔毛,用1%普鲁卡因行局部麻醉,分离一侧颈总动脉,在动脉下穿两根线,远心端结扎,近心端用动脉夹夹住,用眼科剪在紧靠远心端动脉结扎处下方剪一"V"形口,将连有压力换能器的动脉套管(充满肝素生理盐水)插入"V"形口中,用线结扎。检查后,打开三通管与压力换能器的连通,以备描记血压。

(4) 开通 BL-420 系统,选择"实验项目","循环实验","血压调节",记录血压变化。

(5) 兔耳缘静脉置入头皮针,固定以备给药。描记一段正常血压后,开始给药。经头皮针从耳缘静脉依次注射下列药物,药物反应指标:血压变化(升至最高点或降至最低点的高度及其时间),心率改变(心率增快或减慢及其时间)。待前面一个药物作用基本消失后,再注射下一个药物。每次给药后立即用生理盐水 0.5ml 将药液冲入静脉内。

(6) 给药和实验观察记录

1) 作用于 α 与 β 受体的药物

A. 盐酸肾上腺素　　　　　　　　　　10 μg/kg(1∶10 000 溶液,0.1ml/kg)

B. 重酒石酸去甲肾上腺素　　　　　　10 μg/kg(1∶10 000 溶液,0.1ml/kg)

C. 盐酸麻黄碱　　　　　　　　　　　0.5mg/kg(1∶200 溶液,0.1ml/kg)

D. 甲磺酸酚妥拉明　　　　　　　　　0.5mg/kg(10mg/ml,0.05ml/kg)

E. 盐酸肾上腺素　　　　　　　　　　10 μg/kg(1∶10 000 溶液,0.1ml/kg)

2) 作用于 β 受体药物(着重观察心率变化)

A. 硫酸异丙肾上腺素　　　　　　　　1 μg/kg(1∶100 000 溶液,0.1ml/kg)

B. 盐酸普萘洛尔　　　　　　　　　　0.2mg/kg(1mg/ml,0.2ml/kg)

C. 硫酸异丙肾上腺素　　　　　　　　1 μg/kg(1∶100 000 溶液,0.1ml/kg)

3) 作用于 M 受体药物

A. 氯化乙酰胆碱　　　　　　　　　　1 μg/kg(1∶100 000 溶液,0.1ml/kg)

B. 硫酸阿托品　　　　　　　　　　　0.5mg/kg(1∶200 溶液,0.1ml/kg)

C. 氯化乙酰胆碱　　　　　　　　　　1 μg/kg(1∶100 000 溶液,0.1ml/kg)

【实验结果】

描记血压和心率变化的曲线,注明所用药物。

【注意事项】

(1) 戊巴比妥钠麻醉易导致呼吸抑制,不能过量。

(2) 戊巴比妥钠麻醉时镇痛效果较差,需加用局部麻醉药才能安全完成手术和动脉插管。

(3) 手术时,宜用止血钳进行钝性分离,防止血管破裂出血。

【思考题】

以受体理论分析并解释各药对兔血压的影响。

(周岐新)

实验五十　传出神经系统药物对家兔瞳孔的作用

【实验目的】

观察拟胆碱药、抗胆碱药及拟肾上腺素药对瞳孔的作用并分析其作用机制。

【实验原理】

瞳孔括约肌上存在 M 受体，受胆碱能神经支配，其兴奋引起瞳孔括约肌收缩，瞳孔缩小；瞳孔开大肌上存在 α_1 受体，受去甲肾上腺素能神经支配，其兴奋使瞳孔开大肌收缩，瞳孔扩大。凡能影响这两种神经或其所支配受体功能的药物，均能调节瞳孔的大小。

【实验对象】

家兔，体重 1.8～2.5kg。

【实验药品和器材】

1% 硝酸毛果芸香碱溶液，0.5% 水杨酸毒扁豆碱溶液，1% 硫酸阿托品溶液，1% 盐酸去氧肾上腺素溶液；婴儿秤，兔固定箱，测瞳尺，手电筒，滴管。

【实验步骤】

(1) 取家兔 2 只，编号甲、乙。于固定方向，在适度的光照下，先用测瞳尺分别测量两兔左、右眼瞳孔的大小（直径，mm），然后用手电筒的光照突然从左或右侧面照射兔眼，观察左、右眼瞳孔的对光反射存在与否，若瞳孔随光照而缩小，即对光反射阳性，否则为阴性。

(2) 以左手拇指和食指将家兔下眼睑捏开，使成杯状，用中指压住鼻泪管，然后按表 4-39 安排分别于甲、乙兔结膜囊内滴药各 2 滴。

表 4-39　家兔结膜囊内滴药操作表

兔号	左眼	右眼
甲	1% 硫酸阿托品溶液	1% 硝酸毛果芸香碱溶液
乙	1% 盐酸去氧肾上腺素溶液	0.5% 水杨酸毒扁豆碱溶液

(3) 滴药 10min 后，按实验步骤 1 方法测量甲、乙两兔左右眼的瞳孔大小和对光反射。若滴硝酸毛果芸香碱溶液和水杨酸毒扁豆碱溶液眼的瞳孔已经缩小，于该两眼结膜囊内再滴入 1% 硫酸阿托品溶液 2 滴，10min 后测量瞳孔大小及对光反射有何变化。

【实验结果】

将实验结果记录于表 4-40。

表 4-40　药物对家兔瞳孔的作用结果记录表

兔号	兔眼	药物	瞳孔大小(mm)		对光反射	
			给药前	给药后	给药前	给药后
甲	左	1% 硫酸阿托品溶液				
	右	1% 硝酸毛果芸香碱溶液				
		瞳孔缩小后再滴 1% 硫酸阿托品溶液				

续表

兔号	兔眼	药物	瞳孔大小(mm)		对光反射	
			给药前	给药后	给药前	给药后
乙	左	1%盐酸去氧肾上腺素溶液				
	右	0.5%水杨酸毒扁豆碱溶液				
		瞳孔缩小后再滴1%硫酸阿托品溶液				

【注意事项】

（1）测量瞳孔时，测量尺勿刺激角膜，光照强度及角度应前后一致。

（2）药物滴入眼结膜囊后，将下眼睑向上合拢，使药液与角膜充分接触，并在眼眶中存留1min，然后放开下眼睑，任其自溢。

（3）滴药时必须压住鼻泪管，以免药液流入鼻腔经鼻黏膜吸收中毒，并影响实验结果。

（4）观察对光反射只能用闪射灯光。

【思考题】

（1）根据实验结果，分析毛果芸香碱、毒扁豆碱、阿托品和去氧肾上腺素对家兔瞳孔的影响。

（2）根据实验结果，分析毛果芸香碱与毒扁豆碱，阿托品与去氧肾上腺素对对光反射有何影响，为什么？这四种药物各有何临床用途？

（张乐之）

实验五十一　传出神经系统药物对家兔（豚鼠）离体肠管的作用

【实验目的】

学习离体肠肌的实验装置和方法；观察传出神经系统药物对离体平滑肌的作用，并用受体学说分析其作用机制。

【实验原理】

肠道平滑肌上分布有M受体，其激动剂可引起肌肉的收缩，而其阻断剂可以阻断该效应。同时对照性的给予去甲肾上腺素能受体激动剂，以证实引起肠道平滑肌收缩效应是胆碱能占主导地位。

【实验对象】

豚鼠或家兔。

【实验药品和器材】

克氏液（Krebs液），0.01%氯化乙酰胆碱溶液，0.02%硫酸阿托品溶液，BL-420生物信号采集分析系统，麦氏浴槽，恒温水浴，L形通气管，张力换能器，温度计，注射器，剪刀等。

【实验步骤】

1. 标本制备　家兔或豚鼠一只，击头致死，解剖取出回肠一段（约1.5～2.0cm），用克氏液冲洗干净,并置于装有克氏液的表面皿中。

2. 标本固定和安装　将肠管两端各穿一线分别悬于通气钩和换能器上,放入充满30ml克氏液的麦氏浴管中,调节温度,保持38℃±0.5℃。打开通气泵,调整气泡2~3个/s。

3. 调节电脑　打开电脑 BL-420 系统主界面,从"实验项目"菜单中选择"消化实验"中"消化道平滑肌生理特性",给肠管0.5g的负荷,稳定15min。依下列顺序加药,观察药物对肠平滑肌的作用。

(1) 作用于 M 受体的药物

1) 0.01%氯化乙酰胆碱溶液0.3ml。反应完成后,以克氏液(30ml)冲洗3次,平衡并反应回到基线水平,加入下一药物。

2) 0.02%硫酸阿托品溶液0.3ml,观察10min后,加入下一药物。

3) 0.01%氯化乙酰胆碱溶液0.3ml。反应完成后,以克氏液(30ml)冲洗3次,平衡并反应回到基线水平,加入下一药物。

(2) 作用于 α 受体的药物

1) 0.01%去甲肾上腺素溶液0.3ml。反应完成后,以克氏液(30ml)冲洗3次,平衡并反应回到基线水平,加入下一药物。

2) 0.01%酚妥拉明溶液0.3ml,观察10min后,加入下一药物。

3) 0.01%去甲肾上腺素溶液0.3ml。反应完成后,以克氏液(30ml)冲洗3次,平衡并反应回到基线水平,加入下一药物。

(3) 作用于 β 受体的药物

1) 0.01%异丙肾上腺素溶液0.3ml。反应完成后,以克氏液(30ml)冲洗3次,平衡并反应回到基线水平,加入下一药物。

2) 0.01%普萘洛尔溶液0.3ml,观察10min后,加入下一药物。

3) 0.01%异丙肾上腺素溶液0.3ml。

【注意事项】

(1) 离体肠管冲洗动作应轻柔,避免暴力操作损伤肠肌。

(2) 悬挂肠肌要悬空,避免与管壁、悬线、通气钩接触。

(3) 冲洗换液时注意避免碰到悬线,并且保持每次的克氏液容量一致。

(4) 气泡速度应恒定,不宜过慢或过快。

(5) 加入药物时注射器不宜碰到悬线,或将药物注射到管壁上。

【思考题】

分析讨论各药对离体肠管的效应及产生的原因。

(邱红梅)

实验五十二　有机磷酸酯类中毒及解救

【实验目的】

掌握家兔有机磷酸酯类的中毒症状及阿托品和解磷定的解救作用。

【实验原理】

有机磷酸酯类通过抑制胆碱酯酶活性,使乙酰胆碱在体内堆积,产生 M 样、N 样及中枢中毒症状。M 胆碱受体拮抗药阿托品能解除有机磷酸酯类中毒的 M 样症状,而解磷定可复活胆碱酯酶,恢复其水解乙酰胆碱的能力,以对抗其 N_m(N_2)样症状。两药合用可提高解毒效果。

【实验对象】

家兔,体重 2.5~3.0kg,雌雄兼用。

【实验药品和器材】

0.1% 硫酸阿托品溶液、5% 敌百虫(美曲膦酯)溶液、1% 肝素钠溶液、2.5% 碘解磷定溶液。

注射器(5ml、10ml、20ml),测瞳孔尺,刀片,采血杯,动脉夹,棉球。恒温水浴,分光光度计,试管架,试管,吸管(0.2ml、1ml、2ml、5ml),加样器,滤纸,漏斗。

【实验步骤】

(1) 取家兔 2 只,称重、标记,观察并记录活动情况、呼吸(频率,有无呼吸困难,呼吸道有无分泌等)、瞳孔大小、唾液分泌、大小便、肌张力及有无肌震颤等。

(2) 家兔仰位固定于兔板,甲、乙两兔分别心脏取血 0.5ml。

(3) 耳缘静脉注射 10% 敌百虫溶液 1ml/kg,密切观察各项指标,并记录(一般 10~15min 出现中毒症状)。待中毒症状明显时,第 2 次心脏取血 0.5ml,测定给解救药前胆碱酯酶(AchE)活性。然后甲兔立即静脉注射 0.1% 硫酸阿托品 1ml/kg(1mg/kg),乙兔静脉注射 2.5% 解磷定溶液 4ml/kg(100mg/kg),观察甲、乙两兔中毒症状的改变,分别记录于表 4-41 内。待症状明显消失时,再次心脏取血 0.5ml,用于药后 AchE 活性测定。

(4) 第 3 次心脏取血后,甲兔补充注射碘解磷定,乙兔补充注射阿托品,剂量同上,观察并记录各项指标。

【实验结果】

表 4-41 有机磷农药中毒症状及解救观察指标

观察及检测指标	甲兔				乙兔			
	药前	敌百虫后	阿托品后	阿托品+解磷啶	药前	敌百虫后	解磷啶后	解磷啶+阿托品
活动情况								
呼吸情况								
心率								
瞳孔								
唾液								
大小便								
肌张力								
肌震颤								
AchE 活性								

【注意事项】

(1) 每次心脏取血前必须用0.5%肝素润洗注射器,防止凝血。

(2) 耳缘静脉注射敌百虫时应小心谨慎,因敌百虫刺激性强,家兔易动,故需稳妥固定。另敌百虫易腐蚀血管,注射敌百虫后应再推注生理盐水1ml,减轻血管损伤。

(3) 心脏取血:于心跳最明显(一般位于胸骨左缘4~5肋间)的肋间隙垂直进针,不得斜向或滑动,如第1次没有成功取血,应取出采血针,放开家兔,稍待片刻,再行采血。

(4) 在注射敌百虫的同时应准备好相应剂量解救药物,家兔出现瞳孔极度缩小或后肢震颤时应积极解救。如给予敌百虫10min后家兔症状不明显,可酌情补充剂量。

(5) 取血量要准确。

【思考题】

根据本次实验结果,分析有机磷酸酯类的中毒机制,比较阿托品和解磷定的解救效果并掌握两药的作用原理。

【附】

全血胆碱酯酶活性的比色测定法(Hestrin法)

1. 实验原理 乙酰胆碱在胆碱酯酶作用下水解。在一定条件下,水解乙酰胆碱的量与酶的活性成正比,故在反应体系中加入一定量的乙酰胆碱,经胆碱酯酶作用后,测定剩余的乙酰胆碱水平,以此计算水解的乙酰胆碱的量,从而测定胆碱酯酶活性。

2. 剩余乙酰胆碱量的测定 乙酰胆碱与羟胺生成异羟肟酸,后者在酸性条件下与Fe^{3+}作用,生成红棕色异羟肟酸铁络合物,其颜色的深浅可以反映乙酰胆碱含量的多少,反应过程如下:

(1) 盐酸羟胺与氢氧化钠作用释放出游离羟胺

$$NH_2OH \cdot HCl + NaOH \rightarrow NH_2OH + NaCl + H_2O$$

(2) 剩余乙酰胆碱与游离羟胺作用,生成异羟肟酸化合物。

$$(CH_3)_3 \equiv N-(CH_2)_2OCOCH_3 + NH_2OH \rightarrow CH_3CONHOH + (CH_3)_3 \equiv N-(CH_2)_2OH$$

(3) 异羟肟酸化合物在酸性环境中与三氯化铁生成褐色的复合物(异羟肟酸铁络合物)

$$FeCl_3 + CH_3CONHOH \rightarrow [CH_3CONHO]_3Fe(红棕色)$$

3. 实验器材和药品

实验器材:洁净试管,试管架,移液管,恒温水浴,721或722分光光度计。

实验药品:

(1) 磷酸盐缓冲溶液(pH=7.2)取Na_2HPO_4 1.67g和KH_2PO_4 0.272g,加蒸馏水溶解,稀释至100ml。

(2) 7×10^{-3} mol/L氯化乙酰胆碱(acetylcholine chloride, Ach)取氯化乙酰胆碱0.127g,加蒸馏水10ml(冷藏备用),临用前稀释至100ml,配制成7×10^{-3} mol/L浓度。

(3) 3.5mol/L NaOH 取NaOH 14g,用蒸馏水配制成100ml。

(4) 碱性羟胺 用等体积的 1mol/L 羟胺溶液和 3.5mol/L NaOH 溶液于临用前 20min 内混合而成。

(5) 4mol/L 盐酸溶液 取比重 1.18 的浓盐酸 50ml,加蒸馏水 100ml。

(6) $3.7×10^{-1}$ mol/L $FeCl_3$ 取 10g $FeCl_3·6H_2O$,用 0.1 mol/LHCl 配制成 100ml(若用无水 $FeCl_3$,则取 6.009g)。

4. 实验步骤

(1) 取 10 只洁净试管,编号,按表 4-42 次序加入各种试剂,每加一种试剂后充分摇匀。

(2) 甲兔(阿托品),乙兔(解磷啶)

表 4-42 胆碱酯酶活性的测定步骤

试剂及血样(ml)	空白管	标准管	药前	敌百虫后	阿托品或解磷啶后
磷酸盐缓冲液	0.9	0.9	0.9	0.9	0.9
全血	0.1	0.1	0.1	0.1	0.1
	(第1次取血)	(第1次取血)	(第1次取血)	(第2次取血)	(第3次取血)
37℃水浴预热 3min					
$7×10^{-3}$ mol/L 氯化乙酰胆碱	—	—	1.0	1.0	1.0
37℃水浴保温 20min					
碱性羟胺溶液	4.0	4.0	4.0	4.0	4.0
$7×10^{-3}$ mol/L 氯化乙酰胆碱		1.0			
室温静置 2min					
4mol/L 盐酸溶液	2.0	2.0	2.0	2.0	2.0
10% 三氯化铁	2.0	2.0	2.0	2.0	2.0
$7×10^{-3}$ mol/L 氯化乙酰胆碱	1.0	—			
滤纸过滤后上清液置于后 5 只洁净试管,于 15min 内用光电比色计比色(波长 525nm)					

5. 实验结果 比色时空白管校正光密度到 0,读取标准管和测定管之光密度,记录各样品光密度值,代入公式,求胆碱酯酶活性。

$$\frac{标准管光密度-测定管光密度}{标准管光密度}×70 = 全血 AchE 活性单位数$$

6. 注意事项

(1) 每次滴加液体后,应迅速震荡混匀。

(2) 每 1ml 血液在规定条件下分解 1 μm 的乙酰胆碱定为一个 AchE 活力单位。

(3) $7×10^{-3}$ mol/L 乙酰胆碱溶液中含有乙酰胆碱 7 μm,每管中加入血样 0.1ml,7×1/0.1=70。

(秦大莲)

实验五十三　局部麻醉药的麻醉作用强度比较

【实验目的】

比较普鲁卡因和丁卡因的表面麻醉强度。

【实验原理】

局部麻醉药的表面麻醉作用强度与其穿透局部组织黏膜的能力有关。通过观察一定浓度的局部麻醉药对家兔眼角膜刺激反应的影响,比较其表面麻醉强度。

【实验对象】

家兔1只。

【实验药品和器材】

1%盐酸普鲁卡因溶液,1%盐酸丁卡因溶液。剪刀1把,滴管2支,兔固定盒,角膜刺激器(可用圆头玻璃棒或马尾弯成直角代替)。

【实验方法】

(1)取无眼疾家兔1只,放入兔固定盒内或由助手固定。剪去动物的双眼睫毛。

(2)用角膜刺激器轻触两眼角膜之上、中、下、左、右五点,观察并记录正常角膜反射情况(有无眨眼)。

(3)用拇指和食指将左侧下眼睑拉成杯状,滴入1%盐酸丁卡因溶液3滴(滴入时另用中指压住鼻泪管,以防药液流入鼻泪管而被吸收),使其存留1min,然后任其流溢。同法于右眼睑内,滴入1%盐酸普鲁卡因溶液3滴。

(4)滴药后每隔1min,测角膜反射1次。待产生麻醉作用后,改为每5min测定一次,共观察30min。

【实验结果】

记录角膜反射阳性率:测试次数为分母,眨眼次数为分子。例如:测试5次,若有 x 次眨眼,记录 $x/5$,余类推。将结果填入表4-43。比较两药起效时间和作用强度(相同时间点的角膜反射阳性率比较)

表4-43　普鲁卡因和丁卡因对家兔角膜反射的影响

眼	药物	给药前	给药后(min)									
			1	2	3	4	5	10	15	20	25	30
左	普鲁卡因											
右	丁卡因											

角膜反射阳性率(x)

【注意事项】

(1)每次刺激强度尽量一样,避免损伤角膜。刺激物应从侧面达到角膜,以免由于动物看到实验者的手即眨眼。

(2) 药物在两眼结合膜囊内停留的时间长短应一致,并注意使药液充分接触角膜上部。

【实验资料统计处理】

由于本实验属于按等级分组的资料,样本较小同时不了解所得资料是否符合正态总体,因此,对于本实验资料,必须采用适用范围较广泛的秩和检验法。

演算举例:

(1) 记录全实验室 6 组于给药后某一时间点(5min 或 10min)资料(注意不得少于 6 组),见表 4-44 中第 1、2、3、4 项。

表 4-44　兔角膜对不同局麻药眨眼反射情况比较(给药后 5min 时间点)

组别	左眼(眨眼次数)		右眼(眨眼次数)		差值		秩次	
	药前 (1)	丁卡因后 (2)	药前 (3)	普鲁卡因后 (4)	丁卡因 (5)	普鲁卡因 (6)	丁卡因 (7)	普鲁卡因 (8)
1	5	0	5	3	5	2	11	4
2	5	0	5	5	5	0	12	1
3	5	0	5	3	5	2	10	5
4	5	1	5	5	4	0	8	2
5	5	0	5	3	5	2	9	6
6	5	2	5	4	3	1	7	3
秩和 T							57(a)	21(b)

(2) 求出各种药前与药后两眼眨眼次数之差值,如丁卡因的第 1 组差值为 5-0 = 5 [即第(1)项减第(2)项值]。

(3) 将二药药前与药后差值由小至大分别混合排队,并记下它们各自之秩序,见表 4-44 第(7)、(8)二项。

(4) 求出普鲁卡因秩和为 $T_{普}$ = 21(即 1+2+3+4+5+6 = 21);丁卡因秩和为 $T_{丁}$ = 57(即 7+8+9+10+11+12 = 57)。

(5) 两组秩和中找一个小的秩和,为 $T_{普}$ = 21。

(6) 查:两组比较的秩和检验界值表

当 n_1 = 6, n_2 = 6 时, P 值为 0.05 时之 T 值为 26, P 值为 0.01 时之丁值为 23。

(7) 结果判断:由于 T = 0.01(23) > $T_{普}$(21),所以 P < 0.01,即普鲁卡因与丁卡因对兔角膜的局麻作用差别非常显著。

注意: T 值越小, P 值也越小。此特点与 t 检验、χ^2 检验、F 检验均不同。

(孙文娟)

实验五十四　局麻药对神经干动作电位产生的影响

【实验目的】

观察普鲁卡因、丁卡因对神经干动作电位产生影响。

【实验原理】

痛觉的产生是同感觉冲动沿神经纤维以动作电位的形式向中枢传导的结果。阻止神经动作电位的产生和传导就能够达到减轻疼痛反应的目的。

【实验对象】

蛙或蟾蜍。

【实验药品和器材】

浓度分别为 1.25,2.5,5.0,10,20mg/ml 盐酸普鲁卡因溶液;浓度分别为 1.25,2.5,5.0,10,20mg/ml 盐酸丁卡因溶液。

粗剪,蛙板,蛙类手术器械,神经屏蔽盒,电刺激器,计算机及相关软件。

【实验步骤】

实验标本制备和神经动作电位的引出见本篇第四章实验二"蟾蜍坐骨神经动作电位的引出"。

(1) 神经干标本制备:蛙或蟾蜍,破坏脑脊髓、固定。沿脊柱两侧分离坐骨神经至膝关节后再向下继续剥离,在腓肠肌两侧肌沟内找到胫神经和腓神经,分离直至足趾,用线结扎,取出标本。

(2) 将神经标本置于神经标本盒的电极上。粗端置于刺激电极侧,细端置于记录电极侧。

(3) 以适宜的强度(1.0 V)刺激神经,使出现双向动作电位并用 BL-420 系统测定和记录(设置1、2 通道同时记录),最大反应时的动作电位幅值、动作电位的潜伏期、时程,动作电位的传导速度。

(4) 分别将浸有不同浓度普鲁卡因、丁卡因的小棉球放在两对记录电极间(1、2 通道间)的神经干上,于药后1、3、5min 时刺激神经干,观察不同浓度药物对动作电位传导的影响(幅度和传导速度)。找出有效浓度。

(5) 分别将浸有不同浓度普鲁卡因、丁卡因的小棉球放在刺激电极与记录电极间(1 通道)的神经干上,于药后1、3、5min 时刺激神经干,观察不同浓度药物对动作电位产生的影响(幅度、潜伏期和时程),找出有效浓度。

【结果】

见表 4-45 和表 4-46。

表 4-45 普鲁卡因、丁卡因对动作电位传导的影响(刺激强度:1.0 V)

观察指标		药物浓度(mg/ml)					
		0	1.25	2.5	5.0	10	20
幅度(mV)	普鲁卡因						
	丁卡因						
传导速度(mm/s)	普鲁卡因						
	丁卡因						

表 4-46 普鲁卡因、丁卡因对动作电位传导的影响(刺激强度:1.0V)

观察指标		药物浓度(mg/ml)					
		0	1.25	2.5	5.0	10	20
幅度(mV)	普鲁卡因						
	丁卡因						
潜伏期(s)	普鲁卡因						
	丁卡因						
时程(s)	普鲁卡因						
	丁卡因						

(孙文娟)

实验五十五　普鲁卡因蛛网膜下隙阻滞麻醉

【实验目的】

观察普鲁卡因蛛网膜下隙注射的麻醉作用。

【实验原理】

局部麻醉药通过椎管内注射,对局部神经膜上的钠通道的阻滞作用,干扰与疼痛等相关的神经兴奋传导,由此达到较大面积的局部麻醉作用。

【实验对象】

成年家兔两只,雌雄不拘。

【实验器材和药品】

剪刀1把,2毫升注射器2支,7号针头一个,塑料杯1个,酒精棉球少许,5%盐酸普鲁卡因注射液。

【实验步骤】

(1) 取家兔两只,先放置于平台,观察其步态、姿态、后肢肌肉张力和对针刺激后肢的疼痛反应。

(2) 在髂骨间脊椎骨正中剪去 3cm×3cm 面积的兔毛,用酒精棉球消毒皮肤。一人固定兔体并将兔臀部向腹侧弯曲,使腰骶部凸出,以增大脊突间隙(图 4-45)。一人右手持注射器,将针头自第一骶骨前面正中轻轻刺入,当刺到椎管时有

图 4-45　家兔椎管内注射

似刺透硬膜感觉,此时兔尾巴随针刺而动,或后肢有跳动,则证明刺入椎管。

(3) 两只家兔分别注射5%盐酸普鲁卡因注液或生理盐水 0.2ml。

(4) 注射后,继续分别观察两只家兔的步态、姿态、后肢肌张力和对疼痛刺激的反应。

【实验结果】

将观察测定结果记录在表 4-47 内。

表 4-47　5%盐酸普鲁卡因注射液椎管内给予的麻醉作用观察

	给药前				给药后			
	步态	姿态	肌张力	痛反应	步态	姿态	肌张力	痛反应
5%盐酸普鲁卡因								
生理盐水								

【思考题】

(1) 5%盐酸普鲁卡因注射液椎管内给予麻醉的麻醉平面与麻醉范围的关系。

(2) 在实施椎管内麻醉应注意什么问题?

(孙文娟)

实验五十六　氯丙嗪对乙醚麻醉的影响

【实验目的】

观察氯丙嗪对中枢抑制剂乙醚麻醉的影响,了解乙醚吸入麻醉的方法。

【实验原理】

氯丙嗪加强中枢抑制药的作用,使乙醚麻醉作用加强。

【实验对象】

小白鼠,18~20g。

【实验药品和器材】

0.5%盐酸氯丙嗪溶液、麻醉乙醚、生理盐水。密闭玻璃麻醉箱(或玻璃罩)、秒表、注射器(1ml)。

【实验方法与步骤】

(1) 取体重相近的小鼠两只,观察一般活动情况后,一只鼠腹腔注射0.5%盐酸氯丙嗪溶液0.5mg/10g(0.1ml/10g),另一只腹腔注射生理盐水0.1ml/10g。30min后观察一般活动状态并进行乙醚麻醉实验。

(2) 两只小鼠分别放入等体积的密闭玻璃麻醉箱(或玻璃罩)内,观察并记录小鼠的兴奋行为、兴奋持续时间和进入麻醉的时间。

【实验结果】

将实验结果填入表4-49。

表 4-48　氯丙嗪对乙醚麻醉作用的影响

	给药前活动状况	给药后活动状况	麻醉后兴奋持续时间(min)	麻醉诱导时间(min)
氯丙嗪 0.5mg/10g				
生理盐水 0.1ml/10g				

【注意事项】

(1) 药液要注入腹腔,避免漏出。

（2）氯丙嗪和生理盐水注射器要避免混用。

【思考题】

分析本实验结果,举例说明氯丙嗪加强中枢抑制药的作用其临床应用。

（孙文娟）

实验五十七　乙醚麻醉分期与麻醉前给药

【实验目的】

（1）观察全麻分期的症状,了解家兔乙醚吸入麻醉的方法。

（2）观察麻醉前给药对乙醚麻醉作用的影响,体会吗啡、阿托品在全麻前给药的意义。

【实验原理】

吸入麻醉时,患者的麻醉表现（深度）有明显的量效关系,为了便于掌握临床麻醉的深度而和避免危险,常进行麻醉分期,其中乙醚麻醉分期最明显。

目前各种全麻药单独应用都不够理想。为克服其不足,常采用联合用药或辅以其他药物——复合麻醉。其中麻醉前给药即是一种复合麻醉。如病人进入手术室前注射阿片类镇痛药,以增强麻醉效果;注射阿托品以防止唾液及支气管腺分泌所致的吸入性肺炎,并防止反射性心律失常。

【实验对象】

家兔。

【实验药品和器材】

5%盐酸吗啡注射液、1%硫酸阿托品注射液、乙醚。注射器、婴儿秤、兔台、纱布、棉花。

【实验方法与步骤】

（1）取体重相近、性别相同的兔两只,称重、编号。1号兔先由皮下注射5%盐酸吗啡注射液3mg/kg和1%硫酸阿托品注射液1mg/kg。30min后,再进行麻醉,2号兔作对照。

（2）麻醉:1号兔、2号兔同时进行麻醉。把兔仰卧位固定于兔台上,按表中的项目观察并记录各项正常指标,然后进行麻醉。先用3~4层纱布围绕兔嘴一圈,将兔麻醉口罩（内饱含乙醚的棉花）迅速套于兔口鼻,用预先定量装在滴瓶内的乙醚进行麻醉。麻醉过程中药密切观察各项试验指标的变化。当角膜反射消失时即停药。移去麻醉口罩,让动物苏醒。比较两兔在麻醉过程中各项实验指标、乙醚用量有何异同。

【实验结果】

将实验结果填入表4-49。

表 4-49　家兔乙醚麻醉观察指标

动物编号	麻醉情况		呼吸情况						肌肉反射张力	角膜反射
	麻醉分期	麻醉经过时间(min)	呼吸道分泌物	胸式	腹式	次/分	深浅度	规则否		
1	诱导期									
	外科麻醉期									
2	诱导期									
	外科麻醉期									

【注意事项】

(1) 动物体重要相近,最好性别相同。
(2) 乙醚滴速要恒定,并且两只兔滴速相同。

【思考题】

乙醚麻醉有何优缺点?缺点如何克服?

（孙文娟）

实验五十八　氯丙嗪的安定和抗激怒反应作用(电刺激法)

【实验目的】

学习激怒反应的实验方法和观察氯丙嗪的安定作用。

【实验原理】

小鼠足部持续受到强刺激后可出现激怒行为,即逃避、吱吱叫、格斗、对持、互咬。抗精神病药氯丙嗪可抑制此种激怒状态。本试验用电刺激法引起动物激怒反应,通过小鼠激怒反应的差异来了解氯丙嗪的安定作用。

【实验对象】

雄性小鼠。

【实验药品和器材】

药理生理多用仪,电刺激盒,小钟罩,1ml注射器,粗天平,鼠笼等。0.06%盐酸氯丙嗪溶液、生理盐水。

【实验步骤】

1. 调节刺激器　将药理生理多用仪前面板上的"刺激方式"置于"连续B",将"B时间"置于0.5 s或1 s档(即每两次刺激间的间隔时间为0.5秒或1秒);"A频率"置于2或4Hz档(即每次刺激持续时间为1/2或1/4秒)。将后面板开关拨向"电惊、激怒"侧(切勿拨向恒温、光电侧)。将后面板电压调至适当强度(140~160V)后固定。把交流输出线一端插入多用仪后面板上的"交流输出"的插口中,另一端的两个鳄鱼夹在激怒盒的红黑接线柱上,取出金属板。

2. 动物准备 取雄性、体重 25g 左右小鼠 4 只，称重，编号。以体重相近两只配对，分成用药组和对照组。

3. 筛选小鼠 测定两组小鼠产生斗咬反应所需的刺激数。放 2 只雄性小鼠于激怒盒内。接通电源（"交流输出"开关拨向"工作"一边），直至小鼠出现激怒反应为止（激怒反应指标：两鼠竖立，对持，互相撕咬），记录小鼠产生斗咬反应所需的刺激数。在 60 s 内有激怒反应则为合格。如小鼠 60 s 内不撕咬，则弃去。

4. 给药 经筛选合格的小鼠随机分为两组，一组腹腔注射 0.06% 盐酸氯丙嗪 0.1ml/10g，另一组腹腔注射生理盐水 0.1ml/10g（6mg/kg）。给药 15min 后以给药前的电压刺激，观察两组小鼠给药前后反应的差异。

5. 观察 对照组和用药组小鼠尾部贴上胶布并头向下作悬垂状，观察各鼠反应。

【实验结果】

将实验结果填入表 4-50。

表 4-50 氯丙嗪对电刺激小鼠激怒反应的影响

鼠号	组别	产生斗咬反应所需的刺激数	
		给药前	给药后
1	盐酸氯丙嗪组		
2	盐酸氯丙嗪组		
3	生理盐水组		
4	生理盐水组		

（况 舸 孙文娟）

实验五十九 氟哌啶醇对锥体外系的影响及东莨菪碱的对抗作用

【实验目的】

观察氟哌啶醇对锥体外系的影响及东莨菪碱的对抗作用

【实验原理】

黑质纹状体通路有两种神经：多巴胺能神经和胆碱能神经。正常情况下两类神经处于平衡状态，共同调节 GABA 神经元的功能，进而使锥体外系功能维持正常。氟哌啶醇阻断黑质-纹状体通路的 D_2 样受体产生锥体外系症状，东莨菪碱为中枢抗胆碱药，通过阻断黑质-纹状体通路的 M 胆碱受体而使该通路的多巴胺能神经和胆碱能神经恢复平衡，而改善锥体外系症状。

【实验对象】

150～250g 大鼠（雌雄不拘）。

【实验药品和器材】

0.02% 盐酸氟哌啶醇、0.05% 氢溴酸东莨菪碱。注射器、鼠笼、木柱。

【实验方法与步骤】

选择体重 150~250g 大鼠(雌雄不拘)2 只,称重编号。甲鼠腹腔注射生理盐水 1ml/100g;乙鼠腹腔注射东莨菪碱 5mg/kg。30min 后两鼠腹腔注射氟哌啶醇 1mg/kg;30min 后观察两鼠的活动情况有何不同。把两鼠作悬垂状,并将四肢放在四根木柱上,观察两鼠出现僵直的持续时间。

【实验结果】

将实验结果填入表 4-51。

表 4-51 氟哌啶醇对锥体外系的影响及东莨菪碱的对抗作用

动物编号	药物	氟哌啶醇后的反应		
		运动	悬垂	僵直持续时间
甲	生理盐水			
乙	东莨菪碱			

【注意事项】

大鼠腹腔注射要注意防护,以免被咬伤;注射深度要适宜。

【思考题】

(1) 脑内有几条多巴胺能通路?其中哪条与运动有关?
(2) 氟哌啶醇属于哪类抗精神失常药?其引起锥体外系反应的机制是什么?
(3) 抗胆碱药为何能对抗氟哌啶醇所致的锥体外系症状?

(孙文娟)

实验六十 苯巴比妥钠的抗惊厥作用

【实验目的】

掌握苯巴比妥纳的抗惊厥作用;熟悉卡方检验的基本过程。

【实验原理】

硝酸士的宁是脊髓抑制性神经元甘氨酸受体的拮抗剂,对脊髓具有选择性兴奋作用。皮下注射可致小鼠全身强直性惊厥。苯巴比妥钠促进中枢 GABA 对 $GABA_A$ 受体的结合,产生超极化抑制性突触效应,从而产生抗惊厥作用。

【实验对象】

昆明种小鼠,体重 18~22g,雌雄兼用。

【实验药品和器材】

0.4% 苯巴比妥钠溶液,0.008% 硝酸士的宁溶液,生理盐水。天平,鼠笼,注射器。

【实验步骤】

(1) 每组取小鼠 8 只,称重,标记,按体重随机分为实验组(4 只)和对照组(4 只)。实验组腹腔注射0.4%苯巴比妥钠溶液0.2ml/10g,对照组腹腔注射等容量生理盐水。

（2）20min后依次给每只小鼠皮下注射0.008%硝酸士的宁0.2ml/10g。

（3）注射硝酸士的宁后,严密观察并记录实验组和对照组出现惊厥（双后肢强直性伸直为阳性）的小鼠数量,共观察30min。

（4）汇总全班实验结果,将实验组和对照组的阳性和阴性小鼠数填入表4-52中。

表4-52 实验结果记录表

	实验组	对照组	Σ
阳性数	a	b	
阴性数	c	d	
Σ			

【实验结果】

对全班的实验数据进行χ^2检验,判定实验组和对照组出现惊厥百分数之差异是否有统计学意义。

（1）求出χ^2值（四格表形式进行统计计算）

$$\chi^2 = \frac{(ad-bc)^2 \times n}{(a+b)(a+c)(c+d)(b+d)}$$

（2）将χ^2的实测值与理论值进行比较,以判定差异是否有统计学意义。

【注意事项】

（1）剂量要准确,时间掌握好。

（2）给药后应保持室内安静,避免刺激实验动物。

【思考题】

（1）惊厥模型的制造方法有那些？如何观察一个药物的抗惊厥作用？

（2）为什么本次实验先给抗惊厥药再给制造惊厥模型的药物？

（3）本实验所得数据属何种性质资料,用何方法进行统计,过程如何？

（秦大莲）

实验六十一　药物的镇痛作用

一、热板法观察药物的镇痛作用

【实验目的】

学习热板法镇痛实验方法；观察哌替啶和罗通定的镇痛作用。

【实验原理】

将小鼠置于恒温的热板上,以热刺激小鼠足部产生疼痛反应（舔后爪）,通过测定小鼠痛阈（出现疼痛反应即舔后爪时间）,比较给药组与对照组小鼠不同时间痛阈变化的差异,判定药物有无镇痛作用。

【实验对象】

小鼠,雌性,体重 18~22g。

【实验药品和器材】

0.2% 盐酸哌替啶生理盐水溶液、0.2% 罗通定生理盐水溶液;1ml 注射器,粗天平,电热恒温热板仪,秒表。

【实验步骤】

(1) 接通电热恒温热板仪电源使之加热。使温度恒定于 55℃±0.5℃,烧杯底部预热 10min 作为热痛刺激物。

(2) 取 18~22g 雌性小鼠,依次放入电热恒温热板仪箱内,立即用秒表记录时间。自小鼠放入至出现舔后足所需的时间(s)作为该鼠的痛阈值。凡在 30s 内不舔足或逃避者弃之不用。每实验组选取合格的小鼠 6 只,随机分为 3 组,各鼠编号后重复测其正常痛阈值 1 次,将所测两次正常痛阈平均值作为该鼠给药前痛阈值。

(3) 按 0.1ml/10g 腹腔注射给药,第 1 组给予 0.2% 哌替啶溶液,第 2 组给予 0.2% 罗通定溶液,第 3 组给予生理盐水作为对照。于给药后 5min、10min、30min 和 60min 各测小鼠痛阈值 1 次。若放入电热恒温热板仪内 60 s 仍无反应,应将小鼠取出,以免把脚烫伤,痛阈值以 60 s 计。

(4) 实验完毕后,按下列公式计算不同时间的痛阈提高百分率:

$$痛阈提高百分率 = \frac{给药后平均痛阈值 - 给药前平均痛阈值}{给药前平均痛阈值} \times 100\%$$

【实验结果】

(1) 将药物对小鼠的镇痛作用结果填入表 4-53。

表 4-53 药物对小鼠痛阈值的影响

组别	给药前平均痛阈值(s)	给药后平均痛阈值(s)和痛阈提高(%)			
		5min	10min	30min	60min
哌替啶					
罗通定					
生理盐水					

(2) 以痛阈值提高百分率为纵坐标,时间为横坐标,绘制痛阈值变化与时间关系图。

【注意事项】

(1) 实验前应筛选动物,将痛觉反应时间小于 5 s 或大于 30 s 的动物剔除。

(2) 小鼠以雌性为好,因雄性小鼠受热后阴囊松弛触及热板,易致痛敏感过高反应。

(3) 注意随时清除电热恒温热板仪箱内的小鼠排泄物,以免影响实验结果准确性。

(4) 小鼠放入热板后易出现不安、举前肢、舔前足、抖后肢等现象,这些动作不能作为疼痛指标,只有舔后足才作为疼痛指标。

二、化学刺激法观察药物的镇痛作用

【实验目的】

学习采用化学刺激法评价药物的镇痛作用。

【实验原理】

某些化学物质如醋酸溶液等,注入小鼠腹腔可刺激腹膜引起持久的疼痛,致使小鼠产生"扭体"样疼痛反应。镇痛药通过降低小鼠疼痛感受,可明显地减少收刺激小鼠发生"扭体"反应的次数。

【实验对象】

小鼠,体重 18~22g,最好同一性别。

【实验药品和器材】

生理盐水、0.2% 盐酸哌替啶溶液、0.2% 罗通定溶液、0.6% 冰醋酸溶液;1ml 注射器,鼠笼,苦味酸。

【实验步骤】

取健康小白鼠6只,称重,随机分成3组,每组2只,观察各鼠活动情况后,分别腹腔注射0.2% 哌替啶溶液、0.2% 罗通定溶液及生理盐水,给药体积均为 0.1ml/10g。给药30min 后,各鼠分别腹腔注射 0.6% 冰醋酸溶液 0.2ml/只,观察小鼠在 10min 内产生"扭体"反应的数目。"扭体"反应的标志:腹部内凹,躯体与后腿伸张,同时肢体扭曲,抬臀竖尾等。

汇总全实验室的实验结果,将所测得的结果代入下列公式计算:

$$扭体反应减少百分率=\frac{对照组扭体反应数-给药组扭体反应数}{对照组无扭体反应动物数}\times 100\%$$

【实验结果】

将药物对小鼠的镇痛作用填入表4-54。

表4-54 化学刺激对小鼠的致痛作用及药物影响

	1 扭体数	2 扭体数	3 扭体数	4 扭体数	5 扭体数	6 扭体数	7 扭体数	8 扭体数	平均扭体数 ($\bar{x}\pm s$)
哌替啶									
罗通定									
生理盐水									

【思考题】

比较两种镇痛实验方法的优点和缺点。根据这两种实验方法,你有什么号的建议?

(周岐新)

实验六十二　强心苷对在体蛙心收缩性能的影响

【实验目的】

学习在体蛙心的制备,观察强心苷对在体蛙心收缩性能的影响。

【实验原理】

药物对在体蛙心收缩性能的影响,可通过生物信号处理系统,记录心脏搏动变化情况。

【实验对象】

蛙或蟾蜍。

【实验药品与器材】

任氏液、无钙任氏液,0.025%毒毛花苷K溶液,1%氯化钙溶液。

BL-420生物信号记录仪,蛙板,张力换能器,探针,普通剪刀,眼科剪,眼科镊,铁支架,双凹夹,烧杯,滴管,蛙心夹,蛙钉,棉线。

【实验步骤】

(1) 捣毁蟾蜍脑和脊髓后,仰位固定于蛙板上,剪开胸腹部皮肤,打开腹腔和胸腔,充分暴露出腹壁静脉和心脏,小心将蛙心夹夹在心尖上。将与蛙心夹相连的丝线与张力换能器受力片相连,将换能器水平位固定于铁架上,同时调节好丝线的张力。将换能器的输入端插头与BL-420系统前面板上所选的"1通道"输入插口。蛙心表面每隔10min用滴管滴加任氏液以保护蛙心。

(2) 描记一段正常心肌收缩曲线:实验项目菜单中选择"循环实验",弹出"循环实验子菜单"。在"循环实验子菜单"中选择"蛙心灌流"实验模块。

(3) 给药:观察记录一段心脏正常收缩曲线,然后依次从腹壁静脉加入下列药物,观察收缩曲线有何变化。

1) 生理盐水0.4ml。

2) 0.025%毒毛花苷K溶液0.4ml。

3) 1%氯化钙0.4ml。

(4) 剪贴或复制蛙心收缩曲线,记录每次给药后心肌收缩强度、心率、节律的变化。

【注意事项】

本实验以青蛙心脏为好。因蟾蜍皮下腺体有强心苷样物质,可降低对强心苷的敏感性。

【思考题】

(1) 试述强心苷对心脏的作用特点及原理?

(2) 为什么应用强心苷时要禁用钙剂?

(张健武　凌保东)

实验六十三　呋塞米对清醒雄性家兔的利尿作用和对尿中钠、钾和氯离子浓度的影响

【实验目的】

观察呋塞米(速尿)的利尿作用。

【实验原理】

呋塞米通过抑制髓袢升支粗段的 Na^+-K^+-$2Cl^-$ 共转运子，选择性抑制 NaCl 的重吸收，使肾脏的稀释功能和浓缩功能降低，排除大量近似等渗的尿液。本实验通过比较清醒雄性家兔药前、药后 30min 的尿量，验证呋塞米的利尿作用，并通过记录药后不同时间段的尿量，观察呋塞米起效的快慢和作用高峰期。

【实验对象】

雄性家兔，体重 1.5~2.0kg。

【实验药品和器材】

1. 实验药品　生理盐水、0.1%呋塞米溶液、1%盐酸丁卡因溶液、液状石蜡。

2. 实验器材　兔台、兔开口器、胃管、注射器(50ml×1、5ml×1、1ml×1)、量杯或者量筒(10ml×1、50ml×1)、导尿管。

【实验步骤】

1. 灌胃　取禁食不禁水(24h)的雄性家兔一只，称重，按 30ml/kg 体重的剂量灌胃给予生理盐水以增加水负荷。

2. 尿道插管　灌胃后 30min，家兔仰位固定于兔台，尿道口内滴入 1%盐酸丁卡因溶液 2 滴。再在导尿管头端(钝性端)涂上少许液状石蜡，然后将导尿管经尿道口→尿道，慢慢插入膀胱，见尿液流出后，导尿管继续推进 2cm，以保证插入的导尿管总长度大约为 8~10cm，胶带固定。

3. 收集并记录药前尿量　插管结束后，先将膀胱内原来贮存的尿液导出弃之，再开始收集、记录药前 30min 的尿量，留为测定药前电解质。

4. 给药及药后尿量的收集和记录　经耳缘静脉注入 0.1%呋塞米 2ml/kg 后，分别收集并记录药后立即、5min、10min、15min、20min、25min、30min 尿量，再合并用药后 30min 的尿液留为测定药后电解质。

【实验结果】

将药前药后的尿量分别记录在表 4-55 中。

表 4-55　呋塞米对雄性家兔尿量的影响

药前 30min	尿量(ml)	药后不同时间段的尿量(ml)						
		立即	5min	10min	15min	20min	25min	30min

【注意事项】

（1）在记录药前30min及药后各时间段尿量时,应在每个时间点结束时,用手轻压兔腹,将存留于膀胱内的尿液导入量筒,以准确记录其尿量。

（2）如果在收集尿液的过程中,出现膀胱增大而又无尿经导尿管滴出,可轻轻转动导尿管直到尿液滴出。

【思考题】

呋塞米利尿作用的部位、特点及其机制是什么?

【附】

(一) 尿钠测定(比浊法)

1. 实验原理　无水乙醇沉淀尿中蛋白,得无蛋白尿液,尿中钠离子与焦性锑酸钾作用生成焦性锑酸钠沉淀,与标准管比较求尿钠含量。

化学反应如下: $NaCl+K[Sb(OH)_6] \rightarrow Na[Sb(OH)_6]\downarrow +KCl$

2. 实验药品　无水乙醇,2%焦锑酸钾溶液[称取一级或二级试剂的焦性锑酸钾10g溶于沸水(蒸馏水)500ml,再煮沸3~5min,用流水冷却,加10%二级或三级试剂的氢氧化钾15ml,过滤后保存于塑料瓶或用涂有石蜡的棕色玻璃瓶中备用],钠的标准溶液(1ml=0.15mg钠)(取分析纯氯化钠置于110~120℃烤箱内15min以上,称此干燥氯化钠0.3815g,用水50ml溶解,再以无水乙醇加至1000ml并充分混合。)。

3. 实验器材　试管架1个、离心管4个,试管(200ml)2支,吸管(1,2,5ml)各2支。

4. 实验步骤　分别取药前药后尿液各0.1ml置于离心管中,加入无水乙醇1.9ml,用力振摇,静置10min后,按1500 r/min转速离心5min,取上清液0.5ml按下表操作。

表4-56　尿钠比浊加液表

尿样及试剂	空白管	标准管	测定管	
			药前	呋塞米后
尿的上清液 ml			0.5	0.5
钠标准液(1ml=0.15mg Na)		0.5		
蒸馏水(ml)	0.5			
2%焦性锑酸钾(ml)(对管底吹入)	5	5	5	5

上述操作完毕后混匀立即比浊,用721型分光光度计在520nm比色。以空白管调零,读取标准管与测定管光密度。

5. 结果与计算

$$\frac{测定液光密度}{标准液光密度} \times \frac{0.075}{0.025} = 钠\ mg/ml$$

钠 mg/ml×30分钟尿量(ml)=总尿钠(mg)

注:①0.075表示标准液里实际含钠毫克数(1ml=0.15mg钠,0.5ml=0.075mg钠)。②0.025表示测定液里含钠量(0.1ml尿加无水乙醇1.9ml稀释至2ml,实际仅取0.5ml稀释液,故为0.025)。

6. 注意事项

(1) 加入无水乙醇应用力振荡,或用力冲下,使沉淀快速形成以使蛋白沉淀颗粒均匀。

(2) 标准液需经常配制,否则光密度增加影响结果,操作前应将标准液从冰箱中取出,使达室温进行操作。

(3) 操作完毕立即比浊,久置使颗粒变粗影响结果。

(二) 尿钾测定(比浊法)

1. 实验原理 将尿液加NaOH煮沸去氨后,在微酸的环境条件下钾和四苯硼化钠作用,生成溶解度很低的四苯硼化钾,与标准管比较求其尿钾含量。

其化学反应式:$BNa(C_6H_5)_4 + K^+ \rightarrow BK(C_6H_5)_4 \downarrow + Na^+$

2. 实验药品 2mol/L NaOH,1mol/L HCl,2% 四苯硼化钠溶液(四苯硼化钠20g,0.1mol/L 柠檬酸5.5ml,0.2mol/L Na_2HPO_4 194.5ml,蒸馏水加至1000ml),钾储存标准液(1ml=2mg 钾),钾应用标准液(1ml=0.02mg)。

3. 实验器材 三角烧瓶(100ml)2个,试管架1个,试管(20ml)2支,吸管(12ml)各两支。

4. 实验步骤 分别取用药前和用药后30min混匀之尿液1ml,放入100ml三角烧瓶,加入1mol/L NaOH 10ml煮沸15min。冷却后加1mol/L HCl 10ml中和之,然后以蒸馏水稀释至100ml。如有混浊,则需过滤。取1:100稀释处理尿及钾应用标准液各1ml加2%四苯硼化钠溶液2ml,混匀后室温静置20min,721型分光光度计在440 nm波长比色,以水调"0"点读出其光密度。

5. 结果与计算

$$\frac{测定光密度}{标准光密度} \times \frac{0.02}{0.01} = 钾\ mg/ml$$

钾 mg/ml × 30min 尿量 = 总尿钠(mg)

注:0.02表示标准液里实际含钾量,(1ml=0.02mg);0.01表示测定液含尿量。

6. 注意事项

(1) 于尿液加入NaOH煮沸时,为避免煮干,可酌情加蒸馏水。

(2) 加入HCl中和时,HCl量应根据尿液pH而加入,一般pH要求在6~7。

(三) 尿氯离子测定

1. 实验原理 在酸性环境中,硝酸银容易解离,解离的银离子与尿中的氯离子结合,生成氯化银而沉淀,略过量的硝酸银的银离子可与铬酸钾作用生成桔红色的铬酸银,以消耗的硝酸银的多少折算尿中氯离子量,化学反应如下:

$$NaCl + AgNO_3 \rightarrow AgCl \downarrow + NaNO_3$$

$$2AgNO_3 + K_2CrO_4 \rightarrow Ag_2CrO_4 \downarrow + 2KNO_3$$
（桔红色）

2. 实验药品与器材

（1）实验药品：硝酸银标准液（1ml 含相当于 0.606mg 的氯离子）（硝酸银 2.063g，置于 1000ml 容量瓶内，加蒸馏水少许使其溶解，再以蒸馏水稀释至刻度。），20% 铬酸钾溶液。

（2）实验器材：滴定管，吸管，蒸发皿。

3. 实验步骤　用吸管准确吸取尿液 1.0ml，置于蒸发皿中，加蒸馏水 10ml 和 20% 铬酸钾溶液 2 滴，慢慢滴入硝酸银标准液，随滴随摇，至呈不褪色的桔红色为止。记录所消耗硝酸银标准液的 ml 数。

4. 结果与计算　Cl^-（mg/100ml）＝滴定时所消耗的硝酸银标准液 ml × 0.606 × 100

（秦大莲）

实验六十四　药物对小鼠小肠推进运动的影响

【实验目的】

通过碳末在肠道内移动的距离，观察药物对肠运动功能的影响。

【实验原理】

利用碳末（或黑色墨汁）作为指示剂，观察药物对肠运动功能的影响。

【实验对象】

成年健康小白鼠，体重 18～22g。

【实验药品和器材】

5% 的果导，碳末混悬液（含 5% 的碳末和 10% 的阿拉伯胶），生理盐水。

【实验步骤】

（1）取禁食 24h 体重相等的小白鼠 2 只，随机分为对照组和给药组。

（2）给药组灌服 5% 果导片 0.1ml/10g，对照组灌服等容量的生理盐水。

（3）15min 后，分别灌服碳末混悬液 0.1ml/10g。

（4）过 15min 后，将 2 只小鼠颈椎脱臼处死，打开腹腔分离肠系膜，剪取上端至幽门部，下端至回盲部的肠管，在不过度用力牵拉的情况下把肠管平铺在玻璃板上，呈一直线。用尺测量小肠的全长（幽门至直肠末端），作为"小肠总长度"；从幽门至碳末前沿的距离作为"碳末在肠内推进距离"。用公式计算碳末推进的百分率，比较两组结果的差异。

（5）按下列公式计算两组结果：

碳末推进百分率 =（碳末混悬液移动的距离/小肠全长）× 100%

（6）将全实验室资料汇总，计算其平均值及标准差，将实验结果填入表 4-57。

表 4-57　药物对小鼠小肠推进运动的影响

药物	剂量	小肠全长(cm)	碳末移动距离(cm)	碳末推进百分率(%)
生理盐水	0.1ml/10g			
5%果导	0.1ml/10g			

【注意事项】

（1）两组碳末灌胃时间与处死时间,都必须准确,否则会影响实验结果。

（2）取肠管时要避免用力牵拉,以免影响测量结果。

【思考题】

（1）进肠运动的因素有哪些?

（2）什么选择的动物体重相等或相近?

（扬　颖　凌保东）

实验六十五　药物对小鼠离体子宫的作用

【实验目的】

掌握离体子宫的实验方法,观察药物对离体子宫的作用。

【实验原理】

子宫平滑肌的活动受到神经递质、激素和一些自体活性物质的调节,也受到机体自身性激素水平的影响。当这些物质作用于子宫平滑肌上的相应受体时,能影响子宫肌的自主活动和活动张力。通过研究不同药物对性激素水平相似的个体子宫活动的影响能比较药物对子宫活动的作用及其作用原理。

【实验对象】

成年雌性小鼠。

【实验药品和器材】

乐氏液、0.1%苯甲酸雌二醇、缩宫素(1U/ml)、0.05%马来酸麦角新碱、0.005%异丙肾上腺素、0.01%普萘洛尔、50%益母草煎剂。BL-420系统、张力换能器、恒温浴槽、培养皿、通气钩、输氧泵、小剪刀、组织剪、小镊子、1ml注射器。

【实验方法与步骤】

（1）实验前24~48小时,给小鼠肌肉注射0.1%苯甲酸雌二醇0.7ml/10g体重。

（2）正式实验时,颈椎脱臼处死小鼠,剖腹找出子宫,轻轻分离,立即置入含乐氏液的培养皿中。然后将一侧子宫角的两端(约2cm),一端固定于"L"形通气沟上,一端悬于张力换能器上,浴槽内温度30℃±1℃,乐氏液20ml,通以空气(1~3个气泡/秒),调节前负荷为1.5g,平衡30min。

（3）打开BL-420生物信号记录仪,选择平滑肌张力测定,基线置于计算机屏幕中间,描记一段正常曲线后,依次加入列药物:缩宫素(1U/ml)0.01ml、0.05ml、0.25ml,观察量-效曲线。试毕,以乐氏液冲洗3次,待曲线恢复至基线后,给予麦角新碱(0.5g/ml)0.25ml,反应明显后以乐氏液冲洗3次。50%益母草煎剂1ml,反应明显后以乐氏液冲洗3次。加入缩宫素(1U/ml)0.25ml,待作用达高峰时滴入0.005%异丙肾上腺素0.25ml,观察有何变化?然后,滴入0.01%普萘洛尔0.25ml,观察反应有何变化。

【实验结果】

以子宫收缩反应变化曲线图显示。

【注意事项】

(1) 分离子宫时动作要轻柔,避免牵拉。操作时,使标本尽量置于乐氏液中。

(2) 实验中要注意供氧和保温,每次换液后要保持液体量一致。

【思考题】

(1) 缩宫素与麦角新碱对子宫的兴奋作用有何区别?

(2) 除缩宫素与麦角新碱外,你认为还有哪些药物可能影响子宫肌的活动?

(孙文娟)

实验六十六　地塞米松的抗炎作用

【实验目的】

学习致炎剂致大鼠足跖炎性肿胀模型的制作方法;观察并理解地塞米松的抗炎性渗出作用。

【实验原理】

致炎剂新鲜鸡蛋清注入大鼠足跖皮下后,短时间内即可引起致炎局部组织胺、5-羟色胺、缓激肽等炎症介质释放,导致踝关节周围毛细血管扩张,通透性增加,组织渗出、水肿等急性炎症反应。采用常用的大鼠后足容积测量法,利用毛细管放大原理将动物足容积的变化通过排水量增加可在刻度吸管的高度上较精确的反映出来。地塞米松通过多种途径对各种致炎因素(生物性、物理性、化学性、免疫性等)引起的急慢性炎症均具有明显的抗炎作用,因此本实验通过测定大鼠用地塞米松前后足容积的差异,可观察大鼠足跖蛋清性炎症的发生发展及地塞米松的抗炎作用。

【实验对象】

大鼠,体重130~150g,同性别。

【实验药品和器材】

0.25%地塞米松磷酸钠溶液,生理盐水,新鲜鸡蛋清。鼠笼,电子秤(1000g)注射器(0.25ml,1ml),注射针头(5号,6号),足容积测量装置,烧杯(50ml),滴管,记号笔,棉手套。

【实验步骤】

(1) 安装调试足容积测量装置(图4-46)。

(2) 分组:取体重相近的健康大鼠2只,称重,并标记甲、乙。

（3）测量右后足正常容积：先依次剪去各鼠右后足踝关节部位以下的毛，在踝骨的突起处用记号笔划一环行标记作为测量点，然后按下述容积测量法（排水法）测量步骤测量出两鼠的右后足容积值（ml）各2次，分别取平均值作为致炎前自身对照。

（4）给药：甲鼠腹腔注射0.25%地塞米松磷酸钠溶液1ml/kg（2.5mg/kg），乙鼠腹腔注射等容量生理盐水作对照。

（5）致炎：给药30min后，用带5号针头的注射器分别在两鼠的右后足跖腱膜下，向踝关节周围注射新鲜蛋清0.1ml。

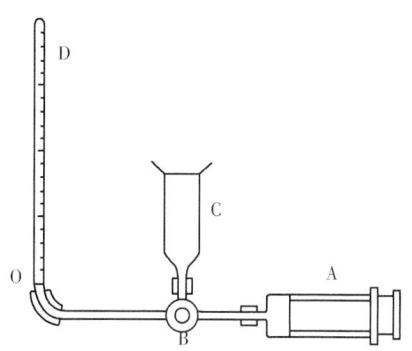

图4-46 大鼠足容积测量装置
A. 5ml注射器；B. 三通活塞 2ml；C. 玻管，内径2cm，长8cm；D. 刻度吸管；A、C、D的末端分别与B紧联

（6）测量致炎后右后足容积：致炎后0.5、1、2及3h重复给药前测量两鼠右后足容积的操作。

（7）容积装置调试和测量操作步骤：

1）转动三通活塞，关闭吸管，使注射器与玻管相通，向玻管内盛水（或水银）至刻度，然后将水抽入注射器内。

2）转动三通活塞，关闭玻管，使注射器与吸管相通，将注射器内的水推入吸管的"0"点。

3）转动三通活塞，关闭吸管，使注射器与玻管相通，将注射器内的余水全部推入玻管中，然后用滴管调节玻管内水量，使液面与玻管上刻度平齐，并用记号笔在液面平齐的玻管刻度处做一环行标记。

4）将大鼠右后足浸入玻管内，使右后足标记与玻管上的标记处平行重叠。此时玻管内水面上升，抽动注射器针芯，待玻管内液面与其标记平齐时，立即转动三通活塞，关闭玻管，使注射器与吸管相通，随即取出大鼠后足。

5）将注射器内水全部推入吸管中，记录水柱高度。此时吸管内显示的水柱高度即为大鼠右后足的容积（ml）。

【结果与记录】

将实验数据记录于表4-58。

表4-58 地塞米松抗蛋清致大鼠右后足肿胀作用的结果

组别	剂量（mg·kg^{-1}）	正常容积（ml）	致炎后不同时间（h）肿胀度（ml）				致炎后不同时间（h）肿胀率（%）			
			0.5	1	2	3	0.5	1	2	3
地塞米松										
生理盐水										

（1）足肿胀度（ml）= 致炎后右后足容积-致炎前右后足容积

（2）足肿胀率=（致炎后右后足容积-致炎前右后足容积/致炎前右后足容积）×100%

（3）统计分析：汇总全实验室实验结果，进行t检验，并以肿胀率（%）为纵标，时间（h）

为横标,绘制出地塞米松抗炎作用的时-效曲线。

【注意事项】

（1）注射致炎剂时,勿外漏,以免影响实验结果。

（2）每次测量前都要用滴管取水调节容积测量装置吸管和玻管液面的零点和标记点,因大鼠足会带走部分水分。

（3）每次测量时,最好由专人操作,以免误差。

（4）致炎剂还可采用1%角叉菜胶溶液、1%甲醛溶液、10%酵母混悬液等。

【思考题】

根据实验结果,分析地塞米松为什么能消除或减轻大鼠蛋清性足肿胀？临床有何用途？

（张乐之）

实验六十七　甾体类抗炎药与非甾体类抗炎药抗炎作用比较

【实验目的】

观察地塞米松(dexamethasone)和保泰松(phenylbutazone)的抗炎作用。

【实验原理】

（1）醋酸作为化学性致炎物质,腹腔注射后,可致动物腹腔毛细血管通透性增加。本实验通过测定静脉注射染料在腹腔内的渗出量,观察药物对毛细血管通透性的影响。

（2）糖皮质激素(glucocorticoids,GCs)具有非特异抗炎作用,能抑制炎症反应所需的炎症介质和炎症因子的产生;保泰松为非甾体类抗炎药(non-steroidal anti-inflammatory drugs,NASIDs),抑制环氧酶(cyclooxygenase,COX)干扰炎症介质前列腺素(prostaglandin,PGs)的合成而发挥抗炎作用。

【实验对象】

小白鼠。

【实验药品和器材】

生理盐水、1%保泰松溶液、0.02%地塞米松溶液、伊文思蓝偶氮染料溶液、0.5%醋酸溶液。注射器、烧杯、刻度离心管、吸管、小剪刀、组织剪、小镊子、1ml注射器和。台式离心机。

【实验方法与步骤】

（1）取小白鼠9只,随机分成3组,每组3只,分别腹腔注射(ip.)生理盐水(0.2ml/只)、1%保泰松溶液(100mg/kg)和地塞米松溶液(2mg/kg)。

（2）30min后,各鼠尾静脉注射(iv.)伊文思蓝偶氮染料(200mg/kg),5min后,各鼠腹腔注射0.5%醋酸溶液0.2ml/只。

（3）25min后,处死小鼠,暴露内脏,用吸管吸取腹腔渗出液,用0.5ml生理盐水缓慢冲洗腹腔两次,调整管内容积至1.5ml,最后将渗出液与洗出液稀释至5ml。肉眼比较三组试管颜色的深浅。

（4）将吸出液离心5min(3000r/min),取上清液于620nm波长测光密度,以生理盐水作空白对照,计算各组动物渗入腹腔的染料,并进行 t 检验。

【实验结果】

将实验结果填入表 4-59。

表 4-59 地塞米松和保泰松的抗炎作用比较

药物	给药和动物处死时间(min)				颜色	光密度
	0	30	35	60		
生理盐水	Ip. 生理盐水	Iv. 伊文思蓝	Ip. 醋酸	处死,吸取腹腔渗出液		
保泰松	Ip. 保泰松	Iv. 伊文思蓝	Ip. 醋酸	处死,吸取腹腔渗出液		
地塞米松	Ip. 地塞米松	Iv. 伊文思蓝	Ip. 醋酸	处死,吸取腹腔渗出液		

【注意事项】

(1) 伊文思蓝注射剂量要准确。

(2) 处死动物一定要在注射醋酸后 25min,时间过长、过短都会影响结果。

【思考题】

(1) 试比较两组渗出液颜色深浅有何不同?为什么?

(2) 说明糖皮质激素的抗炎原理,有何不良反应?

(孙文娟)

实验六十八 胰岛素过量反应及其解救

【实验目的】

观察胰岛素性低血糖反应及葡萄糖的抢救效果。

【实验原理】

胰岛素过量可致低血糖,低血糖反应以交感神经兴奋为主,严重的低血糖亦可致中枢神经系统因缺少能量来源,出现许多功能障碍。本实验在腹腔注射过量的胰岛素的同时,将小鼠置于 37~38℃ 恒温水浴箱,加速小鼠体内糖的消耗,致严重的低血糖反应,再给予 20% 葡萄糖注射液,以观察其抢救效果。

【实验对象】

昆明种小白鼠,体重 20±2g,雌雄兼用。

【实验药品和器材】

胰岛素注射液(40U/ml),20% 葡萄糖注射液。恒温水浴箱,烧杯,1ml 注射器。

【实验步骤】

(1) 调节恒温水浴箱的温度,使之保持在 37~38℃,并将烧杯置于水浴箱中。

(2) 取禁食不禁水(12~24h)的健康小白鼠 2 只,称重后标记,甲鼠腹腔注射胰岛素 10U/10g,乙鼠腹腔注射等容量的生理盐水,然后将两鼠放置于恒温水浴箱内的不同烧杯中,观察甲乙小鼠有何变化。

(3) 当出现惊厥时(注射胰岛素后20~30min后,表现为尾上翘或双后肢强直性伸直),迅速把预先准备好的20%的葡萄糖0.5~1ml腹腔注射,并观察小白鼠的活动有何改变。

【注意事项】

(1) 抢救必须及时。

(2) 实验完毕后再给小白鼠注射一次葡萄糖,以免死亡。

【思考题】

注射胰岛素为何引起小鼠惊厥?其临床意义何在?

(秦大莲)

实验六十九　钙-镁对抗作用

【实验目的】

观察硫酸镁与氯化钙的对抗作用。

【实验原理】

硫酸镁具有抗惊厥作用,是缓解子痫惊厥的首选药物。运动神经末梢乙酰胆碱(acetylcholine,Ach)的释放需要 Ca^{2+} 参与, Mg^{2+} 与 Ca^{2+} 有相互竞争作用,因此硫酸镁中毒时可干扰 Ach 的释放,使肌肉松弛,导致肌肉瘫痪、呼吸抑制、血压剧降和心脏停跳。过量中毒时,应立即进行人工呼吸,亦因 Ca^{2+} 能拮抗 Mg^{2+} 的作用,促进 Ach 释放,从而恢复肌肉收缩功能,宜选用缓慢静注钙剂(氯化钙或葡萄糖酸钙)。

【实验对象】

家兔1只,体重2.0~2.5kg,雌雄不拘。

【实验药品与器材】

5% 硫酸镁溶液,2.5% 氯化钙溶液;台式磅秤,注射器(5ml、10ml)、针头(5号)、酒精棉球,干棉球。

【实验步骤】

(1) 家兔1只,称重,观察正常活动、姿势、肌张力与呼吸频率。

(2) 耳静脉缓慢注射 5% 硫酸镁溶液 3.5ml/kg,观察上述指标有何变化。

(3) 家兔肌肉松弛、不能站立和呼吸抑制时,立即静脉注射 2.5% 氯化钙溶液 2ml/kg,继续观察上述指标有何变化。

【注意事项】

(1) 个别家兔对硫酸镁比较敏感,药物未给完即出现明显的骨骼肌麻痹及发绀,应及时停止注射,并进行抢救。

(2) 个别家兔需要很大剂量的硫酸镁才出现麻痹,可继续静脉注射,直到出现预期效果为止。

(3) 硫酸镁注射速度要缓慢,静注前要事先准备好 2.5% 氯化钙溶液,以备抢救。

【思考题】
(1) 硫酸镁中毒的抢救方法是什么?临床应用中应注意什么?
(2) 硫酸镁的临床用途是哪些?

(余丽梅 聂 晶)

实验七十 药物半数致死量 LD_{50} 的测定

【实验目的】
(1) 掌握半数致死量的测定方法和意义。
(2) 熟悉改良寇氏(Karber)法测定半数致死量。

【实验原理】
半数致死量(median lethal dose,LD_{50})是指在一定条件下,使半数动物出现死亡的剂量。是药物、毒物等急性毒性作用强度的一个标志,涉及药物安全性评价。不同药物的 LD_{50} 值不同。LD_{50} 越大其毒性越小,但衡量药物的安全性还必须测定其半数有效量(ED_{50}),一般把 LD_{50}/ED_{50} 称为治疗指数,表示药物的安全性。测定 LD_{50} 的方法有很多,如目测概率单位法、直线回归法、累计法、序贯法以及 Bliss 法等。由于寇氏法较常用,并有计算简便,结果较准确等特点,故本实验仅学习寇氏法测定 LD_{50}。

【实验动物】
昆明种小鼠,体重 18~22g,雌雄兼用,实验前禁食 12h。

【实验药品和材料】
不同浓度(0.77%、0.96%、1.20%、1.50%)的戊巴比妥钠溶液。1ml 注射器 4 支,电子秤一台,鼠笼,电子计算器。

【实验方法】
1. 预备实验
(1) 摸索上下限:即用少量动物粗摸索出使全部动物死亡的最小剂量(LD_{100})和一个动物也不死亡的最大剂量(LD_0),即依据经验或文献定出一个估计量,观察3只动物的死亡情况。如全死亡,则降低剂量;如全不死亡,则加大剂量再行摸索,直到找出最大剂量组的死亡率(P_m)=100% 和最小剂量组的死亡率(P_n)=0% 的剂量,此两量分别为上下限。
(2) 确定组数、各剂量组的公比和各组剂量:一般分为 5~8 组,可根据适宜的组距确定组数,也可根据动物死亡情况来决定增减,本实验为 4 组。各剂量组的公比常用"r"来表示,把 LD_{100} 设为 b,LD_0 设为 a,则各组剂量为 a、ar、ar^2、ar^3、ar^4、ar^5。

例如,经预实验得到普鲁卡因的 LD_0 为 164mg/kg,LD_{100} 为 250mg/kg,,准备分成 5 组进行正式实验,各剂量组的公比和各组剂量的计算如下所示:

$$r = \sqrt[n-1]{b/a} = \sqrt[5-1]{250/164}$$

$$\log r = \log \sqrt[5-1]{250/164} = \frac{1}{4}\log\frac{250}{164}$$

$$=\frac{1}{4}\log 1.5244=0.25\times 0.1831=0.0458$$

$$r=\text{anti}\log 0.0458=1.11$$

各组剂量分别为 $a=164, ar^2=203, ar^3=250\cdots\cdots$

（3）配制等比药液，使每只动物在给药容量上相等（如 0.1ml/10g）。

2. 正式实验

（1）取小白鼠40只，雌雄各半，随机分成4组，每组10只。

（2）各组戊巴比妥钠剂量分别腹腔注射 0.77%、0.96%、1.20% 和 1.50% 的戊巴比妥钠 0.1ml/10g。

（3）给药后记录24h内小鼠死亡数（呼吸停止），期间按正常生活条件饲养。

3. 结果记录及计算 按表4-60进行观察记录。

表4-60 戊巴比妥钠 LD_{50} 测定结果

组别	动物数	剂量 D(mg/kg)	$\log D=X$	死亡动物数（只）	死亡率（%）	p
1	10	77				
2	10	96				
3	10	120				
4	10	150				

以上结果按改良寇氏法公式计算：

公式：$LD_{50}=\log^{-1}[X_m-i(\sum p-0.5)]$ （mg/kg）

上式中：X_m：最大剂量的对数；

　　　　i：相邻两对数剂量之差（取绝对值）；

　　　　p：各组动物的死亡率，以小数表示；

　　　　$\sum p$：各组动物的死亡率的总和（$p_1+p_2+p_3+p_4$）。

【注意事项】

（1）准确配制药液。

（2）应记录给药后观察到的中毒症状；必要时应解剖死亡小鼠以确定死亡原因。一般急性毒性实验至少观察7天，记录7天死亡的动物总数。

（3）注意不能随意分组，有条件的同学应查阅有关资料。

（4）必须按等比级数（剂量对数按等差级数）分组；各组动物数应相等。

（5）"反应"应大致呈正态分布。P_n 应为 0%，P_m 应为 100%；如果 $P_n<20\%$ 或 $P_m>80\%$ 需用校正公式计算；如 $P_n>20\%$ 或 $P_m<80\%$ 则不能用此法计算。

（6）注意给药后观察期间对动物的喂养和护理。外界温度过低或过高均影响实验的准确性。

【思考题】

LD_{50} 的概念和意义是什么？药物的安全性如何评价？

（陆远富）

第三篇 综合性实验

第5章 机能学综合性实验

实验一 蟾蜍坐骨神经动作电位、腓肠肌肌电和腓肠肌收缩活动的同步观察

【实验目的】

学习同步记录多项生理指标的实验方法；分析刺激引起的兴奋，完成从动作电位的产生、传导、传递和由此导致的肌肉兴奋、收缩的全过程。

【实验原理】

当神经组织受到一次有效刺激后，所产生的动作电位通过在神经纤维上的传导和神经-肌肉接头处的信息传递过程，可引发肌肉组织产生动作电位，经兴奋-收缩耦联最终导致受神经支配的肌肉发生收缩，表现肌张力的变化。这些活动过程关系如何，过去是很难以展现和理解的。现在有了计算机生物信号采集处理系统不仅使我们能很好地观察它们的过程，而且还可以进一步研究不同条件下它们变化的规律。本实验以同时记录神经干动作电位、肌细胞动作电位和肌肉收缩张力变化为客观指标，观察分析从组织兴奋产生到肌肉收缩完成的一系列生理过程。

【实验对象】

蛙或蟾蜍。

【实验药品和器材】

蛙类手术器械，BB-3G屏蔽盒，任氏液，生物信号采集处理系统，张力换能器，刺激和引导电极，高渗甘油。

【实验步骤】

1. 制备坐骨神经-腓肠肌标本

（1）破坏脑脊髓：取蟾蜍一只，自来水冲净。左手握住蟾蜍，用食指压住其头端使头前

俯。右手持探针从枕骨大孔垂直刺入,再将针折向前方插入颅腔并左右搅动捣毁脑组织。然后将针退出至刺入点皮下,再向后刺入脊椎管捣毁脊髓。此时如蟾蜍四肢完全松软,呼吸消失,表示脑脊髓已完全破坏,否则应按上法再行捣毁。

（2）剪除躯干上部及内脏:在蟾蜍两腋稍下方的背部,用粗剪刀剪断脊柱。左手握住蛙后肢,用拇指按压其骶骨,使蛙头和内脏自然下垂,沿背部两侧剪去其一切内脏和头胸部,仅保留一段脊柱及其两侧的坐骨神经和后肢。剪除过程中注意勿损伤坐骨神经。

（3）剥皮:左手用镊子夹住脊柱断端,右手握住断端边缘皮肤,向下剥去全部皮肤。将标本放在盛有任氏液的培养皿中。将手和用过的器材洗净。

（4）游离坐骨神经:将标本腹侧向上用蛙钉固定于蛙板上。沿脊柱一侧用玻璃分针分离坐骨神经,并于靠近脊柱处穿线、结扎并剪断,将标本背部向上放置、固定,循坐骨神经沟（股二头肌及半膜肌之间的肌缝处）找出坐骨神经的大腿部分,用玻璃分针小心剥离,并剪断坐骨神经的所有分支,并将神经一直游离至腘窝处。

（5）完成坐骨神经-小腿标本:将游离干净的坐骨神经搭于腓肠肌上,在膝关节周围剪掉全部大腿肌肉并用粗剪刀将股骨刮干净,然后在股骨中部斜行剪去上端股骨,保留的部分即为坐骨神经-小腿标本。

（6）完成坐骨神经-腓肠肌标本:将上述坐骨神经-小腿标本在跟腱处穿线结扎并在结扎线远端剪断跟腱。游离腓肠肌至膝关节处,然后沿膝关节将小腿其余部分全部剪掉。

（7）检查标本的兴奋性:用任氏液润湿锌铜弓轻触坐骨神经,如腓肠肌发生明显收缩,表明标本兴奋性良好,将标本放入盛有任氏液的培养皿中备用。

2. 安装固定标本　将标本的股骨残端固定于屏蔽盒中,坐骨神经干置于刺激电极和引导电极上,针形电极插入肌肉内,以备引导肌细胞动作电位,腓肠肌肌腱端的结扎线与张力换能器相连,同时检查接地装置是否良好。仪器连接神经干动作电位引导电极、针形引导电极以及张力换能器的插头分别插入生物信号记录分析系统的信号输入插孔（依次为1通道、2通道、3通道）,刺激电极的接头与其刺激信号输出孔相连。

3. 记录各项生理指标　打开 BL-420→输入信号→1通道→神经干动作电位;输入信号→2通道→肌膜上动作电位;输入信号→3通道→肌张力,分别记录神经干动作电位,肌细胞动作电位和肌肉张力收缩曲线。根据需要调节参数,开始记录。

4. 实验观察

（1）神经干动作电位、肌膜上动作电位、肌肉收缩活动和刺激标记四者的时相关系（改变扫描速度,观察神经干动作电位与肌膜上动作电位的时间差）:用一个阈上刺激刺激坐骨神经干,观察神经动作电位、腓肠肌动作电位和腓肠肌收缩曲线之间的关系。再改变单个阈上刺激强度,观察上述各项记录指标。

（2）刺激频率、动作电位频率与肌肉收缩之间的关系（参数同刺激频率与肌肉收缩实验）:固定阈上刺激的强度,改变刺激频率,观察肌肉的单收缩、不完全强直和完全强直收缩时的上述各项记录指标。

（3）兴奋-收缩脱耦联现象:先用单刺激观察动作电位和肌肉收缩关系,再用浸泡甘油的棉花覆盖于肌肉标本上,然后每隔半分钟刺激一次,观察几分钟后只出现动作电位,不出现收缩波。

【注意事项】

(1) 标本制备过程中,尽量减轻对神经干和肌肉的过度牵拉等机械损伤。

(2) 实验过程中,注意经常用少量任氏液湿润神经纤维和肌肉组织,以保持其正常的兴奋性。

(3) 保持良好的接地,防止产生干扰电。

【思考题】

(1) 刺激引起神经干产生动作电位需具备哪些条件?

(2) 随着刺激频率的增加,动作电位波形与肌肉收缩波形是否发生改变?为什么?

(3) 为什么用浸泡甘油的棉花覆盖于肌肉标本,只出现动作电位而不出现收缩波?

(黄春霞)

实验二 理化因素对离体心脏活动的影响

【实验目的】

学习离体心脏灌流法。观察 Na^+、K^+、Ca^{2+} 三种离子、肾上腺素、乙酰胆碱及温度、酸碱度对离体心脏活动的影响。

【实验原理】

心脏的自律细胞能自动地产生有节律的兴奋。离体心脏在适宜的环境和条件下能较长时间保持节律性的兴奋和舒缩活动。

心脏的正常节律活动有赖于内环境的相对稳定,改变离体心脏灌流液的理化成分,会影响心脏的舒缩活动。

细胞外液(灌流液)中的离子浓度、温度、酸碱度、激素及相应的药物都可以影响心肌细胞的兴奋性、自律性、传导性及收缩性。

【实验对象】

蟾蜍或蛙(体重>90g)。

【实验药品和器材】

任氏液,0.65% NaCl 溶液,2% $CaCl_2$ 溶液,1% KCl 溶液,0.001% 乙酰胆碱溶液,0.01% 肾上腺素溶液,3% 乳酸溶液,2.5% $NaHCO_3$ 溶液。BL-420 生物信号分析系统,张力换能器,铁支台,试管夹,蛙类手术器械,蛙心插管,滴管,大烧杯,棉线,双凹夹,滑轮。

【实验步骤】

1. 离体蛙心制备

(1) 暴露心脏:取蟾蜍一只,破坏脑和脊髓,背位固定于蛙板上,用粗剪刀自剑突向上呈"V"形剪开皮肤,剪掉胸骨和部分锁骨,用眼科剪剪开心包膜,充分暴露心脏。

(2) 心脏插管(如图5-1):仔细识别心脏周围的大血管。在左、右两主动脉下方穿一线打一松结留作固定插管用。在左主动脉下方穿一线,距动脉圆锥 2~3mm 处结扎,以便蛙心插管时牵拉。左手提起左主动脉上的结扎线,右手用眼科剪在动脉圆锥前端处沿向心方向剪一斜口(注意要剪破血管内膜,每次心缩时有血自切口涌出,但不要把血管剪断,剪口位置视插管尖端长度与心脏大小而定),将盛有少量任氏液的蛙心插管从斜口插入动脉干内。当蛙心插管前端到达动脉圆锥基部时,应将插管稍稍后退,使前端向动脉圆锥的背部后方及心尖方向推进,于心室收缩,动脉瓣开放时经主动脉瓣插入心室腔内(不可插得过深,以免心室壁堵住插管下口)。插管插入心室腔内,调整至合适的位置(若插管前端进入心室内,可观察到插管内液面随心跳上下移动)。用长吸管吸去插管中的血液,及时更换新鲜任氏液,以免形成血凝块堵塞插管。最后将左、右主动脉连同插入的插管扎紧(避免漏液),将结扎线则绕过插管侧面的玻璃小钩再次结扎,以免心脏滑脱。

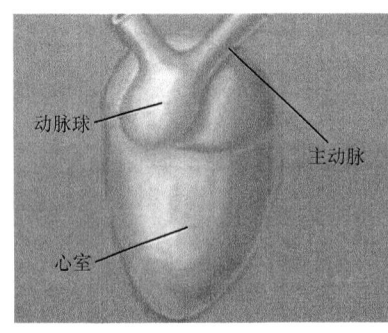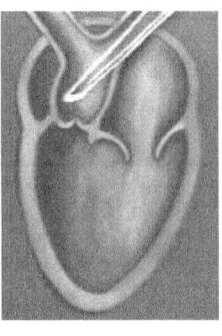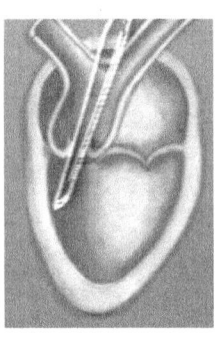

图 5-1 蛙心插管示意图

(3)摘取心脏:提起插管,剪断与心脏相连的血管和组织(注意勿损伤静脉窦及两心房),摘出心脏。用任氏液反复洗去心内外的余血后,直至插管内灌流液无色澄清为止。用连有线的蛙心夹于心室舒张期夹住心尖约 1mm(尽量避免反复多次钳夹,以免漏液)。

可在插管的下 1/3 处作一标志,每次换任氏液时使液面与此线相平。

2. 连接实验装置

(1)用试管夹夹住蛙心插管的上部并固定于铁支架上。将蛙心夹的线连接于张力换能器的感应片上。为了避免灌流液滴到换能器上,可利用滑轮改变蛙心夹连线的方向,连接装置如图 5-2。调节装置,使蛙心与换能器之间的连线有一定的紧张度,但要注意不要过度牵拉心脏。

(2)将换能器的输入线连接于 BL-420 系统的输入通道。打开 BL-420 系统,选择"实验项目"菜单下的"循环系统实验"之"蛙心灌流"项。

3. 观察项目

(1)记录正常心搏曲线并分析其疏密、规律性、幅度、顶点及基线的含义。

图 5-2 蛙心灌流连接装置

曲线的疏密:反映心率;曲线的节律:反应心律;曲线的幅度:反应心输出量;曲线的顶点水平:反应心室收缩的程度;曲线的基线:反应心室舒张的程度。

(2)观察离子浓度对离体心脏收缩的影响

1)Ca^{2+}:吸出插管内全部任氏液,换以等量 0.65% NaCl 溶液,可观察到心脏收缩曲线幅度明显降低。待曲线出现变化后,立即换以任氏液清洗数遍,直至恢复正常;再加入 1~2 滴 2% CaCl 于灌流液中,又可观察到心脏收缩曲线幅度升高,甚至出现强直。

2）K^+:在灌流液中加入 1~2 滴 1% KCl,可观察到收缩曲线幅度降低,变疏。注意在出现效应后迅速用任氏液洗涤几次,至曲线基本恢复。

（3）观察温度对离体心脏收缩的影响:分别用 4℃任氏液,20℃任氏液,40℃任氏液进行灌流,观察不同温度下心脏活动的改变。可观察到 20℃（接近蟾蜍正常体温）任氏液灌流条件下,最有利心脏舒缩。

（4）观察激素对离体心脏收缩的影响:

1）肾上腺素:加入 1~2 滴 0.01% 肾上腺素,可观察到曲线变密,幅度增高;换用任氏液,至曲线基本恢复。

2）乙酰胆碱:加入 1~2 滴 0.001% 乙酰胆碱,可观察到曲线变疏,幅度降低,注意在出现效应后应迅速换用任氏液,并洗涤几次,至曲线基本恢复。

（5）酸碱的影响:加入 3% 乳酸溶液 1~2 滴于灌流液中,可观察到曲线幅度变小,再加入 1~2 滴 2.5% $NaHCO_3$,可观察到曲线频率和幅度逐渐恢复。

【注意事项】

（1）心脏离体时勿损伤静脉窦,要连同静脉窦一起取下。

（2）每次换液应保持蛙心插管内的液面有同样的高度。

（3）每次换液或加试剂时应在心搏曲线相应位置做好标记。

【思考题】

（1）分析、解释各项实验所产生现象的原因。

（2）此实验说明心肌有哪些生理特性?

（3）以本实验为例说明内环境相对恒定的重要意义。

（4）实验过程中插管内液面为什么每次都应保持一定的高度?液面高度变化对心脏收缩有何影响?

（余　畅）

实验三　多种因素对兔动脉血压和减压神经放电的影响

【实验目的】

（1）学习引导神经放电的电生理实验方法。

（2）观察家兔减压神经放电波形的特点。

（3）观察家兔减压神经放电和动脉血压之间的关系,从而加深对减压反射的认识和理解。

【实验原理】

神经系统对心血管活动的调节是通过各种反射来实现的。最重要的反射是颈动脉窦和主动脉弓压力感受性反射（又称减压反射）。当动脉血压突然升高或降低时,压力感受器受到的刺激增多或减少,经传入神经传入的冲动也随之增减,使减压反射相应地增强或减弱,以保持动脉血压的相对稳定。动脉压力感受器主要分布于颈动脉窦和主动脉弓区的血管外膜下,为对牵张敏感的感觉神经末梢,它直接感受的是血管壁受机械牵张的程度。当动脉血压升高时,动脉管壁受到牵张的程度增加,压力感受器发放的冲动增加;动脉血压降低时,管壁受到牵张的程度减少,压力感受器发放的冲动减少。因此,传入神经的传入冲动频率(神经放电)与动脉管壁的扩张程度或动脉血压的高低成正比,通过监测传入神经放电反映血压变化情况。多数哺乳动物主动脉弓压力感受器的传入神经在颈部并入迷走神经,进入延髓。而兔的主动脉弓压力感受器的传入神经纤维自成一束,在颈部与迷走神经、交感神经并行,称为减压神经。当动脉血压升高时,主动脉弓压力感受器感受的刺激增强,经减压神经传入中枢的冲动增多(即减压神经的放电增多),使心迷走紧张增强,交感性紧张减弱,从而使血压下降;反之,当动脉血压降低时,主动脉弓压力感受器感受的刺激减少,减压神经放电减少,使心迷走紧张减弱,交感性紧张增强,从而使血压升高。

【实验动物】

家兔。

【实验药品与器材】

1. 药品　25%氨基甲酸乙酯溶液(又称乌拉坦溶液)(或3%戊巴比妥钠溶液),150U/ml肝素,生理盐水,0.01%酒石酸去甲肾上腺素溶液,0.01%盐酸肾上腺素溶液,0.01%(1mg/ml)酚妥拉明溶液,0.1%(1mg/ml)普萘洛尔溶液,0.01%氯化乙酰胆碱溶液,0.1%(1mg/ml)硫酸阿托品溶液,温液状石蜡(38~40℃)。

2. 器材　BL-420实验系统,哺乳类动物手术器械一套,兔手术台,玻璃分针,气管插管,塑料动脉插管,动脉夹,双极引导电极(白金丝或银丝制成),针状电极,电信号输入线,血压换能器。

【实验步骤】

1. 手术

(1)麻醉和固定:用25%氨基甲酸乙酯溶液按4ml/kg的体重剂量注入耳缘静脉,缓慢推注,注射过程中注意家兔的呼吸频率。待家兔麻醉后,将它背位固定于兔台上。

(2)气管插管:剪去颈部兔毛,于颈部正中切开皮肤(约5~6cm)。用止血钳纵向分离软组织及颈部肌肉,暴露气管并分离,在气管下方穿一丝线。在第4、5气管软骨环之间做一"⊥"(倒"T"形)切口,将气管插管由剪口处向肺端插入,并用丝线结扎固定。

(3)分离右侧减压神经:用拇指和食指将右侧皮肤及肌肉提起向外翻,其余三指从皮肤外面向上顶,使颈部气管旁软组织外翻,此时即可见到该侧的血管神经丛,包括颈总动脉、迷走神经、交感神经和减压神经。仔细辨认三根神经:迷走神经最粗,交感神经其次,减压神经最细,如毛发粗细,且经常与交感神经紧贴在一起。仔细辨清后在靠近喉部游离一段减压神经(约3cm),清除神经干上附着的脂肪或结缔组织,穿二根经生理盐水湿润的线于神经下方备用。在分离神经时,避免损伤神经。

(4)颈总动脉插管:分离左侧颈总动脉(尽量分离长一些,注意勿伤及颈总动脉的甲状腺分支),其下穿两条丝线,在尽量靠近头端处做两次结扎,保留结扎线残端。用动脉夹夹住近心端,阻断血流。用眼科剪于靠近结扎处做一斜行剪口,将已充满抗凝剂的塑料管向心脏方向插入动脉,用丝线结扎并固定插管。所有手术全部完成后,移去动脉夹,此时可见血液注入塑料管前端,并有搏动。

2. 引导减压神经放电 用玻璃分针把已游离的减压神经轻轻地放到引导电极上,并使电极悬空,不要接触周围组织,电极地线夹在创口边缘。经常用加温液状石蜡湿润神经。

3. 引导心电 引导电极的负极连于家兔右前肢,正极连于左下肢,两个电极插入点的连线呈右上向左下倾斜,右脚接地。

4. 仪器连接 打开 BL-420→输入信号→1 通道"神经放电",2 通道"压力",3 通道"心电"。打开监听,点击开始键,实验即开始,调节扫描速度,使三个通道的速度相等,均为 100ms/div。

5. 实验观察项目

(1) 1 通道记录减压神经放电曲线:观察显示器上减压神经的群集放电的波形、节律和幅度。减压神经呈群集性的放电,一簇群集放电的波形呈三角形,放电的节律与心率同步,幅度先大后小随血压高低而变(动脉血压增高时,放电增多;动脉血压降低,放电减少)。打开音箱调节监听器增益,使刚能听到类似早期火车开动的声音。放开颈总动脉夹,2 通道观察动脉血压,并记录其正常值。3 通道记录心电。观察减压神经放电和血压、心率之间的关系(图 5-3)。

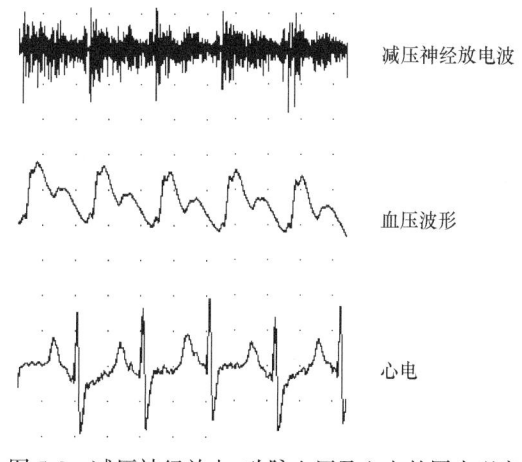

图 5-3 减压神经放电、动脉血压及心电的同步观察

(2) 牵拉左侧颈总动脉残端,观察减压神经放电、血压和心率。

(3) 夹闭右侧颈总动脉,观察减压神经放电、血压和心率。

(4) 去甲肾上腺素及 α 肾上腺素能受体阻断剂。

1) 耳缘静脉注入 0.01% 去甲肾上腺素溶液 0.3ml,观察减压神经放电、监听的声音,血压和心率的变化。

2) 耳缘静脉注入 α 肾上腺素能受体阻滞剂酚妥拉明 2ml/kg,观察减压神经放电、监听的声音,血压和心率的变化。3~5min 后,再注入 0.01% 去甲肾上腺素溶液 0.3ml 观察上述指标有何变化。

(5) 肾上腺素及 β 肾上腺素能受体阻断剂

1) 耳缘静脉注入 0.01% 肾上腺素 0.3ml,同时观察减压神经放电、监听的声音,血压和心率的变化。

2) 耳缘静脉注入 β 肾上腺素能受体阻滞剂普萘洛尔 1ml/kg,观察减压神经放电、监听的声音,血压和心率的变化。5~10min 后,注入 0.01% 肾上腺素溶液 0.3ml 观察上述指标有何变化。

(6) 乙酰胆碱及其 M 受体阻断剂

1) 耳缘静脉注入 0.01% 乙酰胆碱溶液 0.1~0.2ml,同时观察减压神经放电、监听的声音,血压和心率的变化。

2) 耳缘静脉注入 M 受体阻滞剂 0.1% 阿托品溶液 0.2ml,观察上述指标有何变化。3~5min 后,注入 0.01% 乙酰胆碱溶液 0.3ml 后观察上述指标。

(7) 双重结扎减压神经,在结扎线之间剪断减压神经,分别在其中枢端和外周端记录放电情况。

【注意事项】

(1) 防止减压神经干燥,尽量减少牵拉神经。
(2) 保证仪器与动物接地良好,避免交流电干扰。

【思考题】

(1) 血压正常时,减压神经上是否有传入冲动,有何特点?
(2) 血压升高和降低时,减压神经的放电有何变化?其生理意义如何?

(武向梅)

实验四　兔膈神经和膈肌的传出放电

【实验目的】

用膈神经与膈肌放电作为观察呼吸运动的指标,加深对节律性呼吸运动的中枢起源和外界环境改变对呼吸运动的反射性调节作用的认识。

【实验原理】

脑干呼吸中枢的节律性冲动发放,通过脊髓的膈神经及肋间神经下行传导到膈肌与肋间肌,从而产生节律性的呼吸运动。因此,引导膈神经传出纤维的放电和膈肌的放电,可直接反映脑干呼吸中枢的活动。同时,膈神经与膈肌放电活动的变化也能反映体内外各种刺激对呼吸运动的反射性影响。

【实验对象】

家兔。

【实验器材】

哺乳动物手术器械,兔解剖台,25% 氨基甲酸乙酯溶液,20ml 注射器,约 1 m 长内径 0.7cm 橡皮管一根,CO_2 气囊、0.9% 氯化钠生理盐水,监听器,引导电极支架,刺激电极及相连的刺激线,BL-420 生物机能实验系统。

【实验步骤】

1. 手术

(1) 麻醉和固定:25% 氨基甲酸乙酯溶液(4ml/kg)注入耳缘静脉,待动物麻醉后,用五点法将它仰卧固定于兔手术台上。

(2) 气管插管:剪去家兔颈部的被毛,在喉下正中部位切开皮肤(约5~6cm),用止血钳纵向分离软组织及颈部肌肉,暴露气管并分离,在气管下方穿一丝线,在4、5 气管软骨环水平做一"⊥"(倒"T"形)切口,将气管插管由剪口处向肺端插入,用丝线结扎固定。

(3) 分离双侧迷走神经并各穿一细线打松结备用:用拇指和食指将一侧皮肤及肌肉提起向外翻,其余三指从皮肤外面向上顶,暴露该侧的血管神经鞘,包括颈总动脉、迷走神经、交感神经、减压神经,仔细辨认三条神经,迷走神经最粗;交感神经较细,减压神经最细(如毛发粗细)且经常与交感神经紧贴在一起,仔细辨清后分离出一段迷走神经(长约 3~5cm),清除神经干上附着的脂肪或结缔组织。注意避免损伤神经(必要时可用温液状石蜡防止干燥),并在神经下穿线备用。同样方法分离另一侧迷走神经。

(4)分离膈神经:兔膈神经主要由颈 2~4 脊神经的腹支汇合而成,位于颈总动脉神经束的后外侧。先将动物头颈尽量偏向对侧,用止血钳在术侧颈外静脉与胸锁乳突肌之间向深处分离直到脊柱肌,透过脊柱表面之浅筋膜,即可见到粗大横行的臂丛神经,由颈 2~4 脊神经分出的分支——膈神经,其如细丝线粗细、贴在前斜角肌腹缘表面,与气管呈平行走向入胸腔。用止血钳或玻璃分针挑破浅筋膜,分离出长约 1.5~2cm 的膈神经,以温生理盐水棉球覆盖保护。分离过程中,若感觉胸锁乳突肌有碍于神经的暴露,可在该肌肉的中部结扎、剪断。

(5)暴露膈肌并安置记录电极:在上腹部正中找到剑突所在部位,在剑突下方 3~4cm 的地方依次剪去皮肤,沿腹白线在剑突下剪 3~4cm 切口,打开腹腔,用止血钳夹持剑突尖部并向动物头端翻转剑突,在剑突内表面可见贴附的膈肌,将两根针形电极平行插入膈肌,恢复剑突至原位。

(6)膈神经安放引导电极:将引导电极支架置于适当的位置,用玻璃分针轻轻挑起膈神经放在电极上,稍稍提高电极,使之悬空与周围组织脱离接触,但切不可将神经拉得过紧,防止损伤。接地电极置于皮肤切口,随仪器并联接地。

2. BL-420 操作　打开电脑,进入 BL-420 生物机能实验系统,选择输入信号→1 通道"神经放电",2 通道"肌电",点击开始按钮后,屏幕上可以同步观察到与吸气运动同步的膈神经和膈肌周期性群集电位图形(图 5-4),同时,监听器发出与之同步的放电声音,并观察到动物同步的吸气运动。

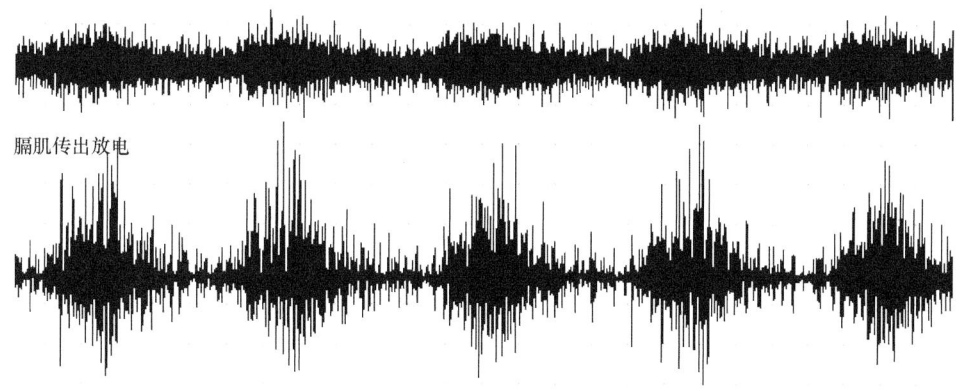

图 5-4　同步记录的膈神经和膈肌传出放电

3. 实验观察

(1)正常膈神经与膈肌放电活动的观察:呈群集性放电活动,周期性有规律出现,放电与吸气活动一致。

(2)于一侧气管插管上连接长橡皮管,待放电活动稳定后,堵住插管的另一侧开口约 1min,观察解剖无效腔明显增加时,膈神经和膈肌放电的变化。

(3) 通过气管插管向气管内缓慢注入 CO_2,观察吸入气中 CO_2 浓度增加时膈神经和膈肌放电的变化。

(4) 肺牵张反射作用的分析

1) 在气管插管的两个管口各接一小段橡皮管,将预先已经抽取 20ml 空气的注射器紧密连接在一侧橡皮管上,瞄准吸气末,在堵住插管另一侧橡皮管口的同时,迅速向气管内注入 20ml 空气,维持这个姿势不动持续几秒钟,使肺处于扩张状态,观察膈神经和膈肌放电的变化。

2) 动物恢复平静呼吸后,瞄准呼气之末,重新堵住气管插管的一侧,另外一侧管口连接注射器迅速抽出 20ml 空气,抽完后不拔出注射器持续几秒钟,使肺处于萎陷状态,观察膈神经和膈肌放电的变化。

(5) 先切断一侧迷走神经,然后再切断另外一侧迷走神经,观察膈神经和膈肌放电频率的变化。

(6) 重复上述(4)的内容,对比其结果与之前有何不同。

【注意事项】

(1) 分离膈神经时,尽量避免出血和牵拉神经。可以用温生理盐水浸湿的棉花缠绕玻璃分针的尖端来分离神经,沿神经走行的方向轻轻游离,不要做垂直方向的牵拉。刚开始分离神经时,应尽量靠膈肌段分离,以备万一神经损伤,还可以向中枢段延续分离一段使用。

(2) 暴露膈肌的手术操作中,腹部的切口不要开得太大,以免腹腔脏器从破口处出来。另外,切口向头端延伸过程中注意不要剪破膈肌造成气胸。

(3) 实验过程中,注意保持神经、肌肉的湿润和保温,气温低的天气应开空调。

(4) 每次处理前后要有对照,待动物呼吸平稳后才能开始做下一步实验项目。

【思考题】

(1) 实验中动物吸入高浓度的二氧化碳后,可能引起呼吸产生怎样的改变?它产生的机制是什么?可能兴奋的化学感受器是哪一个?

(2) 切断迷走神经以后牵张反射消失的原因是什么?

(申晶晶)

实验五 离体小肠平滑肌的生理特性及药物作用的观察

【实验目的】

学习离体小肠组织器官实验方法;观察温度,乙酰胆碱和肾上腺素等药物,离子成分,酸碱度对离体家兔小肠平滑肌的作用;分析平滑肌活动的某些生理特性及理化环境改变对它的影响。

【实验原理】

哺乳动物消化道平滑肌具有肌肉组织共有的特性,如兴奋性、传导性和收缩性等。但是消化道平滑肌有其自身的特点,即具有自动节律性,较大的伸展性,对化学物质、温度及牵张刺激较为敏感等生理特性。将离体的组织、器官置于模拟的内环境中,可在一定时间内保持其功能,从而为我们检测它们的生理学特性提供了便利的条件。功能和维持的时间长短与模拟内环境的精确性和稳定性有关。

【实验动物】

家兔,体重 2.0~2.5kg,雌雄不拘。

【实验药品和器材】

1. 药品 台氏液,0.01%盐酸肾上腺素溶液,0.01%氯化乙酰胆碱溶液,0.01%硫酸阿托品溶液,0.1%苯磺酸酚妥拉明溶液,1.0%氯化钙溶液,1mol/L盐酸溶液,1mol/L氢氧化钠溶液。

2. 器材 恒温平滑肌槽,小烧杯,污物杯,张力换能器(50g以下),双凹夹,平皿,眼科剪和眼科镊各一把,丝线,温度计,BL-420 生物信号系统。

【实验步骤】

1. 恒温浴槽的准备工作 实验前,水浴槽中加入自来水,并调节控制温度至38℃。然后在标本管和预液管内加入台氏液。最后,打开供氧开关,同时调节微调旋钮使气泡一个接一个不断向上,气泡以 1~3 个一秒为宜。

2. 标本制备 用木槌猛击兔的头后部使其昏迷。迅速剖开腹部,用剪刀取下十二指肠及其邻近上段小肠长 20~30cm,用温热台氏液洗净肠管内的内容物,每一实验组取一段长 3~4cm 的肠管,置于 4~6℃台氏液中保存。

3. 仪器连接与设置 每组取一段肠管,两端用细线结扎,一端系于通气管的挂钩上,另一端与张力换能器相连,换能器接 BL-420 生物信号系统一通道。

4. 启动计算机 打开 BL-420 实验系统主界面,从"实验项目"菜单中选择"消化实验"中"消化道平滑肌生理特性"项。根据需要调节参数,开始记录。

【观察项目】

1. 自动节律收缩 描记一段离体小肠平滑肌的收缩曲线,观察其节律性收缩及张力水平。注意:收缩曲线的基线代表了小肠平滑肌的紧张性,基线升高代表紧张性升高;反之,则紧张性降低(如图5-5所示,描记一段小肠平滑肌的收缩曲线)。

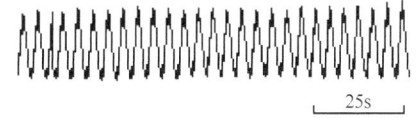

图 5-5 小肠平滑肌的收缩曲线

2. 观察温度对肠段收缩的影响 将浴槽标本管中的台氏液换成25℃的台氏液,观察肠管的张力和收缩有何变化。当效应明显后再换入38℃台氏液。

3. 观察胆碱能受体激动剂对肠段收缩的影响及阻断剂的作用

(1)乙酰胆碱的作用:在浴槽标本管中加入 0.01%的氯化乙酰胆碱溶液 1~2 滴,观察肠管张力和收缩有何变化。待作用出现后,放掉标本管中的台氏液,加入预先准备好的38℃新鲜台氏液。重复更换 3 次。待肠段节律性恢复至对照水平时,进行下一项实验。

(2)阿托品的作用:在浴槽标本管中加入 0.01%硫酸阿托品溶液 2~4 滴,2min 后,再加入 0.01%氯化乙酰胆碱溶液 1~2 滴,观察肠管张力和收缩有何变化,并与(1)结果相比较。然后,同上法将标本管中台氏液换掉。待其活动恢复稳定后,再进行下一项实验。

4. 观察肾上腺素能受体激动剂对肠段收缩的影响及阻断剂的作用

(1)肾上腺素的作用:在浴槽标本管中加入 0.01%盐酸肾上腺素溶液 1~2 滴,观察肠管张力和收缩活动的变化。然后,同上法将标本管中台氏液换掉。待其活动恢复稳定后,再进行下一项实验。

（2）酚妥拉明的作用：在浴槽标本管中加入0.1%苯磺酸酚妥拉明溶液2～4滴，2min后，再加入0.01%盐酸肾上腺素溶液1～2滴，观察肠管张力和收缩有何变化，并与（1）结果相比较。然后，同上法将标本管中台氏液换掉。待其活动恢复稳定后，再进行下一项实验。

5. 观察钙离子对肠段收缩的影响 在浴槽标本管中加入1%氯化钙溶液1～2滴，观察肠管平滑肌反应。然后，同上法将标本管中台氏液换掉。待其活动恢复稳定后，再进行下一项实验。

6. 观察酸碱度对肠段收缩的影响 在浴槽标本管中加入1mol/L盐酸溶液3～4滴，观察平滑肌的反应。待作用出现明显后，在此基础上加入1mol/L氢氧化钠溶液3～4滴，观察平滑肌的反应。

【注意事项】

（1）肠管勿牵拉过紧或过松，且连线必须垂直，且不得与浴槽的管壁、通气塑料管接触，以免摩擦。

（2）浴槽中液体的量以高过肠段为准，并保持液面高度一致。

（3）药物应滴在肠管附近，药物要事先预热至38℃。各药用量系参考剂量，若效果不明显，可以增补加药，但不可一次过多，以免引起不可逆反应。

（4）每次加药出现反应后，必须立即更换浴槽内的台氏液至少三次，待肠管恢复稳定活动后，再观察下一项目。

【思考题】

（1）哺乳动物离体器官或组织在灌流液中保持良好状态需具备哪些基本灌流条件？

（2）对每项实验结果进行分析并解释其原因。

（3）比较维持哺乳动物离体小肠平滑肌活动和维持离体蛙心活动所需的条件有何不同，为什么？

（4）钙离子在平滑肌收缩中起什么作用？

（5）试比较肾上腺素、乙酰胆碱对小肠平滑肌和心肌的作用有何不同？

（李英博）

实验六　影响尿生成的因素和利尿药的作用

【实验目的】

学习膀胱插管的技能；学习尿生成的记录方法，观察分析某些因素对尿生成的影响，同时通过观察利尿药对家兔尿生成的影响，加深对肾脏生理、利尿药的作用和调节机制的理解。

【实验原理】

尿生成的过程包括肾小球的滤过、肾小管和集合管的选择性重吸收和分泌三个过程。凡是影响这些过程的因素，都会因影响尿的生成而引起尿量变化。利尿药作用于肾脏，能够影响尿的生成，增加电解质及水排泄，使尿量增多。

【实验对象】

家兔,体重 2~2.5kg。

【实验药品和器材】

BL-420 实验系统,兔手术器械,兔手术台,记滴器,20ml 和 1ml 注射器,输液装置和三通阀,压力换能器,动脉插管,动脉夹,气管插管,膀胱插管,纱布,棉线,酒精灯,试管和试管夹,温热生理盐水(38℃),20% 氨基甲酸乙酯溶液,20% 葡萄糖溶液,重酒石酸去甲肾上腺素(1∶10 000)溶液,0.1% 呋塞米(速尿)溶液,垂体后叶素(5U/ml)溶液,尿糖试纸,肝素。

【实验步骤】

1. 手术和实验装置

(1) 耳缘静脉注射 20% 氨基甲酸乙酯溶液(5ml/kg 体重),麻醉动物并将之仰卧位固定于兔手术台上。

(2) 颈部正中切开皮肤,逐层深入,分离气管,插入气管插管。

(3) 分离右侧迷走神经,左颈总动脉,穿线备用。

(4) 沿腹部正中做一 3~5cm 的切口,沿腹白线剪开腹壁(切勿伤及下方的膀胱),剪开的切口以刚好能将膀胱移至腹外为度(勿因切口过大而过多暴露其他组织器官),仔细辨认并小心分离输尿管,做好膀胱插管(切勿损伤输尿管)。将插管另一端连至记滴器上,引出的尿液应滴在记滴器的接触点上,将记滴器连至 BL-420 系统的输入插孔上,信号输入计算机储存并显示。手术操作结束后,用 38℃ 生理盐水纱布盖好腹部切口。

(5) 于左颈总动脉插入动脉插管,同时记录动脉血压。

(6) 建立耳缘静脉给药通道,并从耳缘静脉滴入温热生理盐水(10~20 滴/min)维持动物正常生理状态。

2. BL-420 操作 打开 BL-420 系统,依次选择实验项目、循环系统实验、动脉血压的引导,最终记录出动脉血压曲线。将计滴器与输入通道连接,记录正常尿量。

3. 实验观察

(1) 待实验动物尿量稳定后,观察记录一段正常血压曲线和 1min 尿液的滴数作为下一项目的对照。

(2) 盐水负荷对尿量的影响:经耳缘静脉注射 38℃ 生理盐水 20ml,1min 内注射完,观察记录血压和尿量有何变化,取中段尿液 2 滴进行尿糖定性实验。

(3) 剪断并结扎右迷走神经,用连续电刺激(强度 5V,波宽 5ms,波间隔 25ms)刺激右迷走神经外周端 10~20 秒,使得血压降至 6.67kPa(50mmHg)左右,观察记录尿量的变化。

(4) 静脉注射葡萄糖溶液对尿量的影响:先用试管取尿液 2 滴做尿糖定性实验,然后经耳缘静脉注射 20% 葡萄糖 10ml,观察记录血压和尿量有何变化,在尿量变化明显时取 2 滴尿做尿糖定性实验。

(5) 去甲肾上腺素对尿量的影响:经耳缘静脉注射酒石酸去甲肾上腺素溶液(1∶10 000) 0.5ml,观察记录血压和尿量如何变化。

(6) 利尿药对尿量的影响:静脉注射 0.1% 呋塞米 2ml/kg,观察并记录血压和尿量的变化,尿量增多时取尿液 2 滴做尿糖定性实验。比较三次尿糖定性结果有何差异。

(7) 抗利尿药对尿量的影响:经耳缘静脉注射垂体后叶素 2U,观察记录血压和尿量的变化情况。

【注意事项】

（1）每项实验均应在前一实验效应基本消失、尿量基本稳定后,再进行下一项实验项目,以排除其他因素对实验结果的影响。

（2）每项实验均应计数 1min 尿量（滴/min）作前对照。注射药物或者刺激神经后,待尿量变化最明显时记尿量与实验前比较。

（3）膀胱插管时注意勿入黏膜层,插管后勿扭曲膀胱,避免阻塞尿液通路,此外还应尽量减少残留膀胱的容积。

（4）分离输尿管和周围组织时需要细心操作,避免出血和损伤输尿管。

（5）实验前须保证兔子进食及饮水充分。

【思考题】

（1）试分析本实验中血压高低和尿量之间的关系。

（2）大量饮水、静脉快速注射生理盐水和静脉注射高渗葡萄糖所引起的多尿,机制有何不同？

（3）本实验中哪些因素是通过影响肾小球滤过、哪些是影响肾小管的功能来改变尿的性质和数量的？为什么？

（冯　敏）

实验七　某些因素对循环、呼吸、泌尿功能影响的综合观察

【实验目的】

熟悉并掌握哺乳类动物手术操作。学习同步记录和观察血压、呼吸、尿生成的方法。加深理解机体对内外环境变化是以有机整体方式完成的。

【实验原理】

生物体是一个极为复杂的有机整体,体内各器官、系统的功能各异,但彼此之间并不是相互孤立的。体内各器官、系统在神经系统和体液因素的调节和控制下,相互联系,相互制约,相互协调,相互配合,共同完成统一的整体生理功能。当某种刺激因素作用于机体后,不仅只是对一个器官的功能产生影响,而是对多个系统的功能同时发挥影响。

本实验以血压、呼吸和尿量为观察指标,了解神经、体液及其他因素对有机整体下的心血管系统、呼吸系统和泌尿系统功能活动的影响。

心血管活动受神经、体液因素的调节。心脏接受心交感神经和心迷走神经的双重支配。血管平滑肌主要接受交感缩血管神经支配。交感神经节后纤维通过释放去甲肾上腺素,副交感神经节后纤维通过释放乙酰胆碱对心血管系统发挥调节作用。

在不同生理状态下,呼吸运动所发生的适应性变化有赖于神经系统的反射性调节,其中较为重要的有化学感受器反射和肺牵张反射性调节。因此,体内外各种刺激可以通过中枢或外周感受器反射性地影响呼吸运动。

尿生成的过程可分为肾小球滤过、肾小管、集合管的重吸收和分泌三步。凡能影响尿生

成过程的任何一环节都可引起尿量的改变。

【实验对象】

家兔,2.5~3kg,雌雄不拘。

【实验药品和材料】

BL-420生物信号采集与处理系统,哺乳动物手术器械一套,动脉夹,眼科剪,动脉插管,保护电极,兔手术台,血压换能器,三通管,针形引导电板,记滴装置,输尿管插管,二氧化碳气囊,50cm的长橡皮管,试管和试管架,酒精灯,烧杯,纱布,注射器(1ml 五支,2ml 一支,10ml 一支,20ml 一支),输液器,20%乌拉坦溶液,生理盐水,肝素生理盐水[1000ml 生理盐水中加入2~3支肝素(12500U/支)],呋塞米(速尿)2ml/支,0.1‰盐酸肾上腺素,0.1‰重酒石酸去甲肾上腺素,0.1‰氯化乙酰胆碱,20%葡萄糖溶液,垂体后叶素,班氏试剂(或尿糖测试纸)。

【实验步骤】

1. 麻醉和固定家兔 称量家兔体重,用20%的乌拉坦溶液5ml/kg耳缘静脉缓慢注射,随时注意观察动物呼吸、角膜反射和痛反应,防止麻醉过深致死动物。将动物仰卧位固定于兔解剖台上。

2. 气管插管 剪去颈部兔毛,于颈前部正中剪开皮肤约8~10cm。用止血钳钝性分离皮下组织及胸舌骨肌,暴露气管。分离气管旁结缔组织,在甲状软骨下约第三或第四环状软骨水平做"⊥"形切口,向肺脏方向插入气管插管(注意:插管斜面向上),结扎并将扎线端固定在插管的分叉上以免滑脱。

3. 分离右侧颈部迷走神经、减压神经、颈总动脉 用左手拇指和示指捏住一侧切口的皮肤和肌肉,其余三指从皮肤外面略向上顶,使颈部气管旁的软组织外翻,便可暴露出与气管平行的动脉鞘,鞘内包括有靠前的颈总动脉和紧贴在后的迷走神经,交感神经和减压神经。用玻璃分针轻轻地纵向分离开鞘膜,并将颈总动脉稍移向一旁,就可见到三条平行排列呈白色的神经:迷走神经最粗,规整,明亮;交感神经较细;减压神经最细如发丝,在颈中部水平,减压神经多位于前两者之间并紧挨交感神经并行。于迷走神经、减压神经和颈总动脉下各穿一线,在远离血管神经处将线打一个活结备用。

4. 左侧颈总动脉插管 按上述方法分离左侧颈总动脉,尽量分离长一些(注意不要损伤颈总动脉的甲状腺分支),在动脉下穿两根丝线,尽量靠近头端做第一道结扎(一定要结扎紧,此处结扎线残端要短些),在第一道结扎线下方约5mm左右处做第二道结扎(要扎紧,此处的结扎线残端要留长一些,用于后面牵拉)。用动脉夹夹住近心端暂时阻断血流(动脉夹有保护作用,不能用止血钳),在靠近第二道结扎线约5mm处用眼科剪做一斜形(V形)剪口,将与压力换能器相连的已经充满肝素抗凝剂的动脉插管向心脏方向插入颈总动脉,丝线结扎,并将其固定在插管上,至此颈部手术全部完成。将压力换能器置于心脏水平且固定牢固。

5. 膀胱插管,记录尿滴 在兔下腹部摸到耻骨联合,在其上将兔毛剪干净,沿正中线做一个约3cm的皮肤切口(注意腹部切口不要太大),找到腹白线(此处血管较少,剪开时出血少),沿腹白线剪开腹壁肌肉组织直至腹腔,剪口长约1~2cm(做此步时可以在切口处伸入一把止血钳分开腹壁肌肉与内脏,剪开时剪刀刀尖上挑,避免伤到内脏),沿着盆腔方向找到膀胱,用手将其轻轻提起至腹腔外,找到膀胱三角,仔细辨别并分离输尿管,在两侧输尿管下方穿一丝线,将膀胱向头端牵拉,将所穿的线向后方结扎,将膀胱到输尿管的出口结扎,以免刺激膀胱时使膀胱收缩而尿液流失。用两把止血钳将膀胱提起,在膀胱底部血管较少的部位,沿纵向做一个切口,插入膀胱插管(注意膀胱插管不要插入太深),用丝线结扎固定,等待片刻,可见尿液从膀胱插管流出。手术完毕,用温热(38～39℃)生理盐水纱布将腹部切口盖住,以保持腹腔内温度。将与膀胱插管相连的输出管道连于受滴装置,通过记滴输入线与电脑记滴插孔相连,记录尿滴。

6. 记录呼吸运动 通过针型电极记录膈肌肌电观察呼吸运动变化。

7. 静脉输液 将输液器与灌有生理盐水的输液瓶相连,排尽输液器中的空气,行耳缘静脉穿刺,将生理盐水于耳缘静脉缓慢滴入(20～30滴/min),以维持动物正常的生理状态,并建立静脉给药通道。

8. 仪器及其参数

(1)将针型电极输入线连于1通道,压力换能器连于2通道,记滴输入线插入记滴输入插孔。

(2)开启主机与显示器电源开关,启动 BL-420 系统,显示图形用户界面与主菜单,进入监视状态。

(3)选择输入信号:1通道为肌电,2通道为压力,调节两个通道的速度相同。进入记录状态后点击"设置"选项,在下拉列表中选择"记滴时间"在对话框中选择时间10s(也可使用默认值30s),确定,此时可在1通道的右上角显示每10秒钟的尿滴数。

(4)选择刺激参数:点击"打开刺激器设置对话框"按钮(右下角∏键),再点击"设置"(模式:粗电压;方式:连续单刺激;延时:0.05ms;波宽:1.00ms;频率:30～50Hz;强度 3.0V～5V),点击"非程控"。

【观察项目】

1. 缓慢取下夹在左侧颈总动脉的动脉夹 记录正常血压和呼吸波动曲线,分析血压波动与呼吸间的关系,记录尿滴数,(等待滴出的尿滴数稳定,规律时再记录作为对照)。血压的波形包括一级波和二级波。一级波是由于心脏的搏动引起的,心脏收缩时血压升高,心脏舒张时血压下降,波峰和波谷之间的差值为脉压。二级波与呼吸有关,是由于呼吸时胸内压的变化对血压的影响造成。

2. 夹闭右侧颈总动脉 用止血钳挑起右侧颈总动脉,使其良好暴露,待血压稳定后再用动脉夹夹住右侧颈总动脉 15～20s,观察血压、呼吸和尿滴变化。

3. 牵拉左侧颈总动脉头端 在左侧颈总动脉头端的第二道结扎线和动脉插管间剪断颈总动脉,顺颈总动脉的长轴快速波动式牵拉左侧颈总动脉头端 15～20s,观察血压、呼吸和尿滴变化。

4. 增加吸入气体中二氧化碳的浓度 将装有二氧化碳球囊的输出口置于气管插管的一个端口附近给予适量的二氧化碳刺激(以呼吸有明显改变为度)。观察血压、呼吸和尿滴变化。注意给二氧化碳时量不可过大有效即可,以防止损伤动物。

5. 增加无效腔 将 50cm 长橡皮管连于气管插管一个端口,观察血压、呼吸和尿滴变化。

6. 静脉快速注射37℃生理盐水 20ml 用 20ml 注射器抽取 20ml 温生理盐水,通过耳缘静脉输液管的针头快速推注 20ml 生理盐水,观察血压、呼吸和尿量变化。

7. 静脉注射 0.1‰盐酸肾上腺素 0.3ml 通过输液管的针头注射 0.1‰肾上腺素 0.3ml(后面的药物注射均以此法进行),观察血压、呼吸和尿量变化。

8. 静脉注射呋塞米 5mg/kg(20mg/支,2ml) 观察血压、呼吸和尿量变化。

9. 静脉注射 0.1‰去甲肾上腺素 0.3ml 观察血压、呼吸和尿量变化。

10. 静脉注射 20% 葡萄糖 10ml (注射前以及尿量增加后做尿糖定性试验),观察血压、呼吸和尿量变化。

11. 静脉注射 0.1‰氯化乙酰胆碱 0.3ml 观察血压、呼吸和尿量变化。

12. 静脉注射垂体后叶素 0.3ml 观察血压、呼吸和尿量变化。

13. 电刺激减压神经 15 秒钟[参数如实验步骤 8.(4)所述] 观察血压、呼吸和尿量变化。

14. 结扎并剪断右侧迷走神经 注意呼吸(剪断前后计数每分钟呼吸次数),血压变化。

15. 电刺激右侧迷走神经外周端 15 秒钟(参数如前) 观察血压、呼吸和尿量变化。

将实验结果填入表 5-1。

表 5-1 不同处理条件对家兔血压、呼吸和尿量的影响

处理项目	血压(mmHg)		呼吸(次/分)		尿量(滴/分)		解释
	对照	处理	对照	处理	对照	处理	
夹闭右侧颈总动脉							
牵拉左侧颈总动脉头端							
增加吸入气体中 CO_2 浓度							
增加无效腔							
iv 37℃生理盐水 20ml							
iv 0.1‰肾上腺素 0.3ml							
iv 呋塞米 5mg/kg							
iv 0.1‰去甲肾 0.3ml							
iv 20% 葡萄糖 10ml							
iv 0.1‰乙酰胆碱 0.3ml							
iv 垂体后叶素 0.3ml							
电刺激减压神经 15 秒钟							
结扎并剪断右侧迷走 N							
电刺激右侧迷走神经外周端							

注:静脉注射 20% 葡萄糖溶液前及尿量增加后做尿糖定性试验

【注意事项】

(1) 颈总动脉插管前一定要准备好充满抗凝剂的压力换能器,插管前要用抗凝剂冲洗一下颈总动脉切口处(1~2 滴)。操作时照明灯不要直接照在插管侧,防止凝血,插管时注意三通管处于正确的方向。实验结束后拔插管前要先将颈总动脉结扎再将动脉插管拔出。

(2) 膀胱提出腹腔外时,避免损伤膀胱。结扎尿道时注意不要将输尿管结扎,手术操作应该轻柔,操作过程中不要用止血钳钳夹输尿管,以免造成输尿管损伤及痉挛造成无尿。

(3) 一项处理过后,须等血压呼吸尿量等都恢复到正常的状态再进行下一项处理。每一步操作结果都要有一段正常的对照。

(4) 通过输液管进行注射时,要注意防止注入空气。

【思考题】

(1) 夹闭颈总动脉后,动脉血压有何变化?产生的机制如何?
(2) 肾上腺素和去甲肾上腺素对循环和泌尿系统有何影响,机制是什么?
(3) 静脉注射20%葡糖糖引起尿量增多的机制是什么?
(4) 静脉注射呋塞米后尿量有何变化?为什么?

(陆　杰)

实验八　动脉血压调节与失血性休克

【实验目的】

在对实验动物正常血压观察的基础上,通过刺激相关神经和血管以及增加特定外源性体液因子,观察动脉血压变化情况。掌握血压的调节和维持因素,理解不同外源性体液因子与血压效应之间的关系。同时,了解不同药物对血压产生影响的药理机制;在短时间内迅速放血复制失血性休克动物模型,观察失血性休克时机体主要体征和血流动力学变化,掌握低血容量性休克的常见原因和微循环变化特征,了解失血性休克的抢救原则。

【实验原理】

维持机体血压相对稳定的因素很多,其中心输出量、总血容量和血管床容量以及外周血管的舒缩状态是维持血压最为重要的三个因素。一般情况下,血压的变化幅度主要决定于心输出量和外周血管的收缩和舒张状态。然而,心输出量和血管的运动状态又受到神经和体液两个方面因素调节。当肾上腺髓质释放肾上腺素增加,或者支配心脏的交感神经兴奋,神经末梢释放去甲肾上腺素时,两者均能激动心肌细胞膜上的 β_1 受体,使心率加快,心肌兴奋性增强,心输出量增加,血压升高;如果支配心脏的迷走神经兴奋,神经末梢则释放乙酰胆碱,激活心肌细胞膜上的 M 受体,导致心率减慢,心排血量减少,血压则降低。另一方面,当交感神经节前纤维兴奋时,使其节后纤维释放去甲肾上腺素,以及使肾上腺髓质释放肾上腺素,两者均能激动血管平滑肌膜的 α 受体,引起血管收缩,增大外周阻力,升高血压;肾上腺素还能强力激动血管平滑肌膜的 β_2 受体,导致血管平滑肌舒张,使外周阻力降低,血压下降。本实验通过刺激相关神经和补充上述神经递质或激素,调节动脉血压。

休克是机体有效循环血量减少,继而引起微循环灌流障碍,生命重要器官血液灌注不足,组织细胞机能、代谢紊乱的全身性病理过程。急性大量失血失液是引起低血容量性休克的根本原因。因为大量失血(失液)可致循环血量不足,静脉回心血量减少,血压下降,通过压力感受器反射性引起全身交感神经兴奋,儿茶酚胺类物质分泌增多,从而出现外周血管收缩,组织灌流量急剧降低,导致休克发生。实验中通过大量放血复制失血性休克动物模型,观察失血性休克时机体主要体征和机能代谢变化。最后,对休克动物模型进行实验性救治,从而了解低血容量性休克的抢救原则。

【实验对象】

家兔(2kg 以上,雌雄不限)。

【实验药品和器材】

20% 氨基甲酸乙酯溶液,1% 肝素生理盐水溶液,生理盐水,1:10 000 重酒石酸去甲肾上腺素溶液,5:100 000 盐酸肾上腺素溶液,1:100 000 氯化乙酰胆碱溶液。

哺乳动物实验手术器械(一套),静脉输液装置,BL-420 生物信息采集及处理系统,血气分析仪,恒温微循环观察盒,生物显微镜,普通离心机,兔台,粗太平,婴儿秤,动脉夹,刺激电极,三通旋转开关,5ml、10ml、20ml 注射器,20ml 量筒,中心静脉压测量计,血球压积管,小烧杯,玻璃分针,缝合小圆针,线,纱布等。

【实验步骤】

1. 动脉血压调节

(1)取兔、称重后,按 5ml/kg 剂量腹腔注射 20% 氨基甲酸乙酯溶液麻醉。仰卧固定于兔台,颈、腹部剪毛备用。

(2)颈正中皮肤切口,常规分离气管并做气管插管术。插管连通生物信息采集处理系统的张力换能器。

(3)分离右侧颈总动脉,穿双线备用。分离左侧迷走神经和减压神经,游离 2cm 左右,分别穿经生理盐水湿润的细线备用。

(4)按 1ml/kg 剂量耳缘静脉注射 1% 肝素溶液。

(5)扎闭颈总动脉远心端,动脉夹夹闭近心端,眼科剪开口插入充满生理盐水的塑料管并固定(塑料管另一端连接三通旋转开关)。将三通旋转开关与生物信息采集处理系统的压力换能器连接。

(6)开启生物信息采集处理系统,调整好基准参数。描记呼吸和血压曲线。观察正常呼吸、血压波形状态。一般说来,动脉血压曲线可观察到三级波形,即一级波(又称为心搏波):血压随着心脏的收缩和舒张而上升和下降的波动形态,其频率与心率一致;二级波(又称为呼吸波):血压随呼吸运动而变化的波形,吸气时血压先下降继而上升;呼气时血压先上升降继而下降。波动频率和呼吸频率一致。三级波:在血压曲线上有时可见到一种低频率(十几次到几十次呼吸为一周期)的缓慢波动,被称为三级波。目前认为,三级波可能是血管运动中枢的紧张性的周期性变化所致。

(7)观察以下因素对血压的影响

1)牵拉颈总动脉:手持右侧颈总动脉远心端结扎线,向心脏方向轻轻拉紧,做有节奏的往复牵拉,每秒 2~3 次,持续 5~10 s,观察血压变化。

2)夹闭颈总动脉:用动脉夹夹闭左侧颈总动脉 7~10 s,观察血压变化。突然打开动脉夹,观察血压有何变化。

3）刺激减压神经：用玻璃分针将减压神经放到刺激电极上，刺激完整的左侧减压神经（10 s），观察血压变化。

4）刺激迷走神经：结扎并剪断左侧迷走神经，刺激其外周端，观察血压变化。

5）静脉注射去甲肾上腺素：耳缘静脉注射 1∶10 000 重酒石酸去甲肾上腺素溶液 0.3ml，观察血压变化。

6）静脉注射肾上腺素：耳缘静脉注射 5∶100 000 盐酸肾上腺素溶液 0.3ml，观察血压变化。

7）静脉注射乙酰胆碱：耳缘静脉注射 1∶100 000 氯化乙酰胆碱溶液 0.3ml，观察血压变化。

2. 失血性休克动物模型的复制及救治

（1）完成上述实验内容后，分离右侧颈外静脉，插入已注满生理盐水的塑料管，深度约 4~5cm。插管连接三通旋转开关后再与输液装置和中心静脉压测量计连通。

（2）下腹部耻骨联合上做腹正中切口，长度约 3~5cm，找出膀胱并用小圆针做荷包缝合，于荷包中央一字开小口，插入塑料管拉紧缝线并固定。导出膀胱内残留尿液后，记录尿量（滴/min）。

（3）侧腹部切口开腹，切口长度 2~3cm，找出游离度较大的一段肠袢，拉出固定于恒温微循环观察盒中，调整水浴液面刚覆盖肠系膜，置生物显微镜下观察微循环状态。重点观察微循环血流速度、血管数目以及毛细血管入口口径、出口口径。对观察血管做出标记，以便前后比较。其余肠袢用温生理盐水浸湿纱布覆盖。

（4）测定并记录各项指标，包括动脉血压（BP）、心率（HR）、脉压（PP）、呼吸（频率和幅度）、中心静脉压（CVP）、尿量（滴/min）、角膜反射（敏感或迟钝）、毛细血管状态。

（5）用 5ml 注射器从通过颈动脉三通旋转开关处取血 1ml，灌注一支血球压积管至刻度 50 备用。另取血 3~4ml 进行血气分析，血气分析测定指标包括 pH、二氧化碳结合力（CO_2CP）、二氧化碳分压（$PaCO_2$）、氧分压（PaO_2）、标准碳酸氢盐（SB）、实际碳酸氢盐（AB）、剩余碱（BE）以及阴离子间隙（AG）。

（6）用 20ml 注射器从颈动脉三通旋转开关处放血 10ml 左右（放出血液收集于小烧杯备用，后同），当动脉血压下降至约 60mmHg 时，关闭开关。按步骤（4）测定和记录各项指标。

（7）稳定 10min 后，按相同方法大量放血至血压为 40mmHg 时，停止放血。重复步骤（4）指标测定和记录。

（8）15~20min 后，按步骤（5）取血灌入另一支血细胞压积管和测定上述血气指标。

（9）将前、后两支血细胞压积管用细滤纸条调节液面至规定刻度，平衡后同时离心（1500 r/min）15min，读取血细胞占全血压积数，换算成百分比记录。

（10）将收集血液加入适量 37℃ 温浴生理盐水后，通过输液装置以 50~60 滴/min 速度滴注，输液总量应是失血量的 2~3 倍。每 10min 测量和记录各项指标。直至中心静脉压恢复至正常水平。输液过程中，不同实验组可在输液中加入不同血管活性药物（加什么药物和加多少剂量学生可根据所学知识讨论决定，在征得带习教师同意施行）。

表 5-2　失血性休克观察和测定指标结果

	BP	PP	HR	呼吸	CVP	尿量	角膜反射	血气指标	血细胞压积	微循环状态			
										血管数目	管径	流速	流态
放血前(正常对照)													
小量放血(60mmHg)													
大量放血(40mmHg)													
回输救治													
10min													
20min													
……													

【注意事项】

（1）动脉血压调节的每项观察完成后,应待血压恢复并稳定后方可进行下一项目。

（2）一种药物注射完成后,应吸取生理盐水清洗注射器,以免残留于针内药物影响下一项目的观察。

（3）本实验注射药品多,应尽可能保护耳缘静脉,可先从耳尖部进针,若不成功才逐渐向耳根部移动。

（4）静脉输液前应先用生理盐水将输液管道中空气和气泡排出,防止栓塞。

（5）动、静脉插管应固定牢固,防止滑脱。插管应保持与血管平行,以免刺破血管。

（6）牵拉肠袢动作要轻。要随时给肠系膜添加预温生理盐水。

（7）血球压积管离心后血球部分为一斜面,读取压积数时可取斜面中间刻度数为压积数。压积管刻度为50,换算百分压积时将读取数乘2即可。

【思考题】

（1）机体是如何维持动脉血压相对稳定的?

（2）夹闭颈总动脉对血压有什么影响?其影响机制是什么?

（3）减压神经通过什么机制调节血压?

（4）哪些药物是拟肾上腺素药和拟胆碱药的代表药物?它们对血压分别产生什么影响?

（5）在休克实验中你观察到小量放血对各项血流动力学指标有什么影响?机体有什么反应?

（6）大量失血而致休克后各项指标有何变化?解释发生这些变化的机制?

（7）休克前、后血细胞比积有什么不同?请思考为什么不同?

（张效良）

实验九　酸碱平衡紊乱

【实验目的】

学习复制家兔单纯性酸碱平衡紊乱模型的方法;观察家兔发生酸碱平衡紊乱时的呼吸和血气指标变化并分析其发生机制。

【实验原理】

机体通过血液的缓冲,肺、肾的调节,以及细胞内外的离子交换等调节为方式,使血液 pH 维持在正常范围之内。在疾病过程中,许多原因可以导致体内酸性或碱性物质过多,或者通过损伤机体调节酸碱平衡的能力,从而造成了酸碱平衡紊乱。造成酸碱平衡紊乱的因素很多,从大的方面来讲,分为代谢性因素和呼吸性因素,据此,单纯性酸碱平衡紊乱可分为:代谢性酸中毒(metabolic acidosis),代谢性碱中毒(metabolic alkalosis),呼吸性酸中毒(respiratory acidosis),呼吸性碱中毒(respiratory alkalosis)四种类型。HCO_3^- 原发性下降引起 pH 下降称为代谢性酸中毒,HCO_3^- 原发性增高引起 pH 上升称为代谢性碱中毒,$PaCO_2$ 原发性增高引起 pH 下降称为呼吸性酸中毒,$PaCO_2$ 原发性下降引起 pH 上升称为呼吸性碱中毒。本实验通过给予酸性物质、碱性物质、夹闭气管以及人工过量通气的方法复制酸碱平衡紊乱的动物模型。

【实验对象】

健康成年家兔,体重 2.0~2.5kg,雌雄不拘。

【实验药品和器材】

25% 氨基甲酸乙酯(乌拉坦)溶液,4% $NaHCO_3$ 溶液,10% 乳酸溶液,0.9% 生理盐水,1% 肝素溶液;家兔手术台,婴儿秤,血气分析仪,家兔手术器械一套,气管插管,连有三通管的动脉插管,静脉插管各 1 个,动脉夹,软木塞 1 个,10ml、5ml 注射器各 1 支,1ml 注射器 2 支。

【实验步骤】

取健康成年家兔,呼吸平稳,无喘息、气促等症状。实验分为代谢性酸中毒,代谢性碱中毒,呼吸性酸中毒,呼吸性碱中毒四组。

1. 称重、麻醉和固定动物 家兔称重后,用 25% 氨基甲酸乙酯溶液(4ml/kg)从耳缘静脉缓慢注入至动物完全麻醉,将家兔固定于兔手术台上。

2. 分离气管和血管 去除颈前区手术野被毛,钝性分离出气管并行气管插管,用线固定好;同时分离一侧颈总动脉和另一侧颈外静脉并穿线备用。

3. 动、静脉插管 颈外静脉插管后向颈外静脉内注入 1% 肝素溶液(1ml/kg),进行家兔全身肝素化。动脉插管肝素化后,作颈总动脉插管以备取血作血气分析。

4. 家兔安静 5min 计数正常的呼吸频率。

5. 血气分析 打开颈总动脉的动脉夹,缓慢打开三通管开关,弃去最先流出的数滴血液后,注射器迅速与三通管相连,取血液 1ml,立刻加上针头,把针头插入软木塞中,避免与空气接触,把血液加入血气分析仪,进行血气分析,测定血液的 pH、BE、SB、PaO_2、$PaCO_2$、K^+、Na^+、Cl^- 等,作为实验前对照。

6. 酸碱平衡紊乱病理模型复制

(1) 代谢性酸中毒:从颈外静脉缓慢注入 10% 乳酸溶液(4ml/kg),观察其呼吸的变化,注射后 5min 内,按步骤 5 采集血液标本,并测定血气指标变化。

(2) 代谢性碱中毒:从颈外静脉缓慢注入 4% $NaHCO_3$ 溶液(5ml/kg),以造成代谢性碱中毒,观察其呼吸的变化。注射后 5min 内,按步骤 5 采集血液标本,并测定血气指标变化。

（3）呼吸性碱中毒：将气管插管上的乳胶管与气囊式人工呼吸器相连，进行人工被动过度通气（频率60次/分），2min后按步骤5采集血液标本，并测定血气指标变化，去除呼吸器，观察其呼吸的变化。

（4）呼吸性酸中毒：将气管插管的乳胶管用止血钳夹闭1~2min，观察其呼吸的变化，按步骤5采集血液标本测定血气指标变化。

【实验结果】

将实验结果记录于表5-3。

表5-3　各组家兔实验前后各项指标观察

组别	呼吸(次/min)	pH	PaO_2	$PaCO_2$	BE	SB	K^+	Na^+	Cl^-
代谢性酸中毒	实验前								
	实验后								
代谢性碱中毒	实验前								
	实验后								
呼吸性酸中毒	实验前								
	实验后								
呼吸性碱中毒	实验前								
	实验后								

【注意事项】

（1）动物营养状态要好；长期半饥饿状态的动物因酮体增多可使血液pH下降。

（2）注射乌拉坦、乳酸、$NaHCO_3$溶液时要缓慢，以防家兔死亡。

（3）取血勿吸入气泡，并注意血液与空气隔绝，否则会影响血气指标的正确性。

（4）实验过程中密切观察家兔的一般情况，当危及生命时，立即进行抢救。

（5）如果想在一只家兔身上依次复制多种模型，需间隔20min以上，待其恢复后再继续实验。

【思考题】

（1）四种酸碱平衡紊乱动物模型的血气指标有何变化，分析变化的原因。

（2）各型酸碱平衡紊乱的原因和机制分别是什么，如何进行治疗？

（陈晓燕　王曜晖）

实验十　大鼠局灶性脑缺血致急性脑损伤及药物防治

【实验目的】

（1）学习制作大鼠局灶性脑缺血致急性脑损伤模型。

（2）观察药物处理对大鼠局灶性脑缺血致急性脑损伤的防治作用并分析可能的作用机制。

【实验原理】

脑缺血可造成大脑缺血局部神经细胞膜受损,造成细胞内钙超载,出现急性脑水肿和脑损伤。钙通道拮抗剂通过阻滞细胞膜上钙通道而减轻细胞内钙超载情况,从而减轻脑损伤。采用电凝法阻断大脑中动脉血流供应,造成急性局部缺血致脑损伤。

【实验对象】

雄性 SD 或 Wistar 大鼠,体重 250~350g。

【实验药品和器材】

BH-2 型光学显微镜,手术显微镜,台式普通离心机,手术刀、剪和镊,止血钳,无创性动脉夹,注射针管,手术针和线,纱布和消毒棉少许。

3.5% 水合氯醛溶液,皮肤消毒液,0.07% 尼莫地平混悬液,0.3% 羧甲基纤维素钠溶液。

【实验步骤】

(1) 实验动物分假对照组,模型组和给药组。

(2) 实验鼠术前禁食 12h,自由饮水。3.5% 水合氯醛(0.1ml/10g 体重)腹腔注射麻醉后,侧卧固定于鼠解剖板。

(3) 沿右外耳道与右眼外连线中点,垂直切开皮肤。在手术显微镜下切开颅骨,暴露颞前凹。

(4) 在颧骨和颞骨鳞部联合处下方钻一小孔,分离出大脑中动脉,电凝烧灼嗅索内 1mm 至大脑下静脉之间的一段,以阻断大脑中动脉血流。

(5) 逐层缝合伤口,放回笼内饲养。

(6) 假手术对照组仅进行麻醉和手术切开和缝合。

(7) 各组于手术前 60min 分别灌胃给予 0.3% 羧甲基纤维素钠体重或 0.07% 尼莫地平 1ml/100g。

(8) 于术后 24 小时,断头取脑,除去嗅球、小脑和低位脑干,以 4% 氯化三苯基四氮唑(TTC)进行组织化学染色,在视交叉部位冠状切片,确定脑梗死面积;或者将除去嗅球、小脑和低位脑干的大脑部分称重,置平皿中,110 ℃烤箱干燥 24h,再称重。

【实验结果】

比较各组脑切片的梗死面积和脑水肿程度。

【思考题】

(1) 脑缺血为什么会出现明显脑水肿?

(2) 全面分析尼莫地平减轻缺血致脑损伤的原因。

(周岐新)

实验十一　小鼠全脑缺血-再灌致脑神经元退行性病变及药物防治

【实验目的】

(1) 学习制作小鼠全脑缺血-再灌注致脑损伤模型及评价指标。

(2) 观察药物处理对小鼠全脑缺血-再灌注致脑损伤的防治作用并分析可能的作用机制。

【实验原理】

小鼠脑底动脉环完整,难以制作缺血-再灌注致脑损伤模型。采用双侧颈总动脉夹闭合并从颈总静脉抽取全身30%理论血量并再回输方法制备缺血-再灌注致小鼠脑损伤模型。

【实验对象】

雄性昆明种小鼠,体重30~33g。

【实验药品和器材】

实验器材:WCX-2型小鼠跳台仪,BH-2型光学显微镜,台式普通离心机,手术刀、剪和镊,止血钳,无创性动脉夹,注射针管,手术针和线,纱布和消毒棉少许。

实验药品:4%水合氯醛溶液,皮肤消毒液,0.2%尼莫地平混悬液,0.3%羧甲基纤维素钠溶液。

【实验步骤】

(1) 实验动物分假对照组,模型组和给药组。

(2) 实验鼠术前禁食12h,自由饮水。4%水合氯醛(0.1ml/10g体重)腹腔注射麻醉后,仰卧固定于鼠解剖板,颈正中剃毛,以皮肤消毒液做皮肤常规消毒。

(3) 沿颈正中线纵向剪开颈部皮肤约0.5cm,钝性分离组织和肌肉,暴露并分离出双侧颈总动脉,下穿丝线备用(注意不要损伤迷走神经)。

(4) 于锁骨上方剪一0.5cm切口,分离颈总静脉,下穿丝线。结扎颈总静脉远心端,近心端处打一活结(图5-6)。

(5) 在颈总静脉结扎端近心侧用眼科剪小心剪口,将连接于注射器针头上的聚乙烯导管(导管预先肝素内浸泡,导管外径0.5mm,长约4cm),沿颈总静脉向心脏方向插入。至导管尖端距离小鼠上切齿约3.7cm时停止,缓慢抽取小鼠理论血量的30%。

(6) 提起颈总动脉下丝线,用无创性微动脉夹夹闭双侧颈总动脉20min。

(7) 记时结束,松开动脉夹,回输血液,拔出导管,结扎颈总静脉近心端,缝合伤口。

(8) 假手术对照组仅进行麻醉和手术切开和缝合。

(9) 各组于手术前30min和手术后每天分别灌胃给予0.3%羧甲基纤维素钠体重或0.2%尼莫地平0.1ml/10g,连续15d。

(10) 于第15d,以跳台法(图5-7)小鼠学会逃避电刺激前所犯错误的次数(学习成绩),并于第16~20d测定在未通电的情况下,小鼠从跳台上跳下的时间(记忆成绩),300s内不跳下,记为300s。

(11) 小鼠用水合氯醛麻醉并固定。剪开胸腔,暴露并剪破右心耳,用4号头皮针经心尖刺入左心室,快速推入2000U/L肝素磷酸缓冲液30ml,然后缓慢推入4%多聚甲醛固定液40ml;分离全脑并用10%甲醛固定24h。常规石蜡切片,HE染色。光学显微镜下观察小鼠海马病理形态学改变。

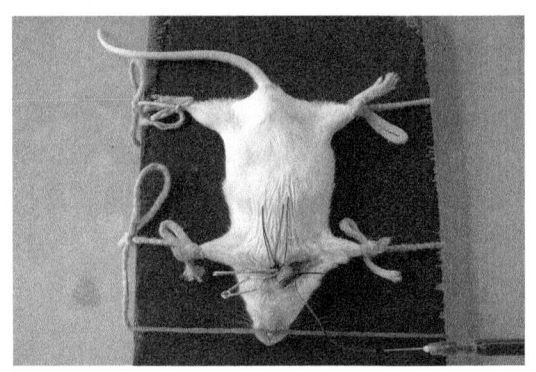

图 5-6 缺血-再灌模型建立

图 5-7 小鼠跳台仪及跳台实验

本实验也可采用水迷宫法测试小鼠的学习记忆能力改变,方法如下:

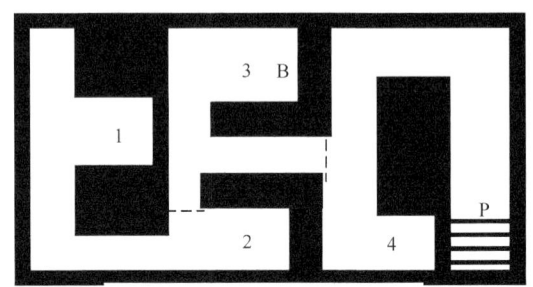

图 5-8 全自动程控水迷宫示意

采用电脑全自动程控水迷宫(图 5-8)测定小鼠空间学习记忆功能。该迷宫共有四个盲端和一个平台,各处分别装有一对光电管,当小鼠进入盲端阻断光线时,被电脑计数,视为错误次数;当小鼠爬上平台休息时(逃避水患成功)阻断光线,被电脑计数。实验开始到此时刻所经历时间定义为潜伏期。整个实验过程要求水温保持在 24~25℃,而且环境布局及训练者的位置均应保持不变。整个训练过程分为四个阶段:第一阶段,将小鼠放在平台附近,让其寻找平台并熟悉环境 2~3 次,每次直至寻到平台;第二阶段,将小鼠放于 A 处,让其自由游泳直至平台,共 3 次;第三阶段,将小鼠放于 B 处,让其自由游泳直至平台,共 3 次;第四阶段,将小鼠放于 C 处,让其自由游泳,直至平台共 3 次。每次结束后休息两分钟再进行下次训练。第四阶段结束后,直接从 C 处开始训练让其游完全程,直至寻到平台,必要时给予提示。每天训练 6 次,上下午各 3 次,连续 3 天,第 4 天上午进行测试,将结果作为其学习记忆成绩。测试时间为 3min,3min 内未能找到平台者以 3min 作为其记忆成绩。

【实验结果】

行为学实验结果记录入表 5-4。小鼠海马切片及病理学改变见图 5-9。

【注意事项】

(1)在全部造模过程中观察动物体温,保持动物肛温在 36℃±0.5℃ 左右,以防止低温对脑缺血损伤的保护作用。

(2)行为学实验要在规定时间内的特定环境下进行。

表 5-4 脑缺血-再灌注致小鼠脑损伤时学习记忆能力变化

学习成绩(次数)	记忆成绩(秒)				
	1	2	3	4	5
假手术组					
模型组					
尼莫地平组					

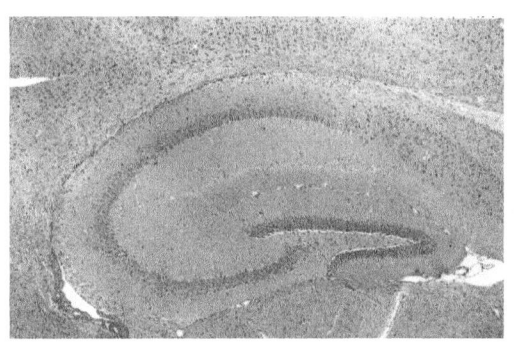

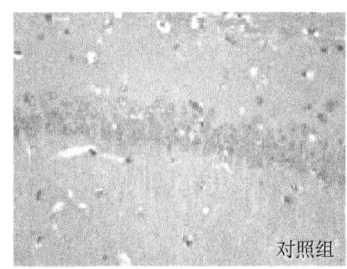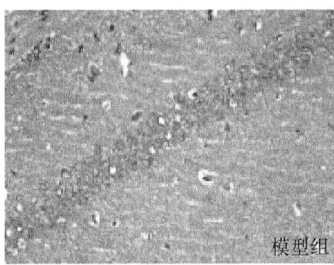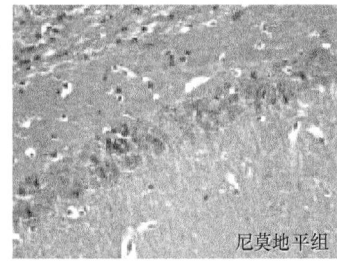

对照组　　　　　　　　　　　　模型组　　　　　　　　　　　　尼莫地平组

图 5-9　小鼠海马病理切片图(HE 染色)：上图为对照组海马全图

(3) 脑病理切片前必须采用在体灌流固定。否则因短暂脑缺氧海马神经元也会出现核固缩等假阳性反应。

【思考题】

为什么尼莫地平有明显防治缺血-再灌注致神经元退行性变作用？

(周岐新)

实验十二　毒毛花苷 K 对戊巴比妥钠所致急性心力衰竭的作用

【实验目的】

(1) 复制戊巴比妥钠诱导急性心力衰竭的模型。
(2) 观察毒毛花苷 K 对戊巴比妥钠诱导急性心力衰竭的作用。

【实验原理】

大剂量的戊巴比妥钠可严重的抑制心肌收缩功能，从而使左室心肌收缩力急剧下降，造成急性左心衰竭，表现为左室收缩压(LVSP)、左室舒张末压(LVEDP)、左室最大压力上升及下降速度($LV\pm dp/dt_{max}$)明显降低(达 30% 以上)。

【实验对象】

家兔 2.0~2.5kg。

【实验药品与器材】

1% 肝素溶液，生理盐水，1% 普鲁卡因，3% 戊巴比妥钠，毒毛花苷 K；动物手术器械一套,兔手术台,多道生理信号记录系统,连接三通活塞的动脉导管,气管插管,动脉夹,静脉注射器和输液器,针头,头皮针。

【实验方法与观察指标】

(1) 取健康家兔一只,称重,由耳缘静脉注射3%戊巴比妥钠1~1.5ml/kg体重麻醉后,仰卧固定于兔手术台上,颈部剪毛。

(2) 若全麻不满意,可在颈部正中皮下注射1%普鲁卡因2~3ml局部浸润麻醉。颈部正中切口,长5~7cm。

(3) 分离颈总动脉:切开颈部正中之皮肤,用手指在皮肤外面向上顶起,用止血钳沿肌肉走行方向钝性分离,颈总动脉位于气管两侧,用手触之有搏动感。颈总动脉与颈部神经被束在颈动脉鞘内,细心分离右侧的颈动脉鞘膜,分离颈总动脉长4~5cm,穿两根线备用。

(4) 全身肝素化:耳缘静脉注射1%肝素溶液1ml/kg体重。

(5) 插管

1) 将软质导管自右颈总动脉插入左心室,导管另一端连接压力传感器,并接多道电生理记录系统。

2) 气管插套管接人工动物呼吸机,呼吸频率20次/min。

(6) 调试多道电生理信号记录系统,同步连续记录左室收缩压(LVSP)、左室舒张末压(LVEDP)、左室最大压力上升及下降速度($LV\pm dp/dt_{max}$)。

(7) 复制急性心力衰竭模型:术后稳定10min,兔耳缘静脉打入头皮针并固定,静脉滴注0.5ml/min的3%戊巴比妥钠,以LVSP、LVEDP和$LV\pm dp/dt_{max}$下降判定心衰模型成功与否。

(8) 待心衰成功后动物稳定5min,从耳缘静脉快速输入0.2mg/kg的毒毛花苷K,分别记录注射毒毛花苷K后5、15和30min的LVSP、LVEDP和$LV\pm dp/dt_{max}$数据,以评价毒毛花苷K对左心衰的作用。

【实验结果】

记录并分析滴注3%戊巴比妥钠前后和给予毒毛花苷K前后各心脏功能指标的变化。

【注意事项】

(1) 颈外静脉壁薄,易损伤出血,分离时应仔细行钝性分离,忌用剪刀剪切。

(2) 静脉导管的插入深度为5~7cm,在插管过程中如遇阻力,可将导管稍微退出,调整方向后再插,切忌硬插,以免刺破血管。

(3) 注意注射戊巴比妥钠速度和用药总量,过快和过慢对模型成功均有影响。

(4) 注意保持呼吸通畅,防止戊巴比妥钠导致动物呼吸衰竭而死亡。

(5) 实验过程中注意心率的变化,防止过度心动过缓而导致动物死亡。

【思考题】

(1) 论述毒毛花苷K对心脏的药理作用特点?

(2) 强心苷的适应证与禁忌证?

(万敬员　孙文娟)

第四篇 创新性实验

第6章 机能学实验设计和应用

实验一 细胞静息电位和动作电位与 Na^+、K^+ 的关系和药物影响

【实验目的】

了解静息电位和动作电位的形成及 Na^+、K^+ 在其形成过程中的作用。

【实验要求】

根据静息电位和动作电位形成原理,用蟾蜍坐骨神经腓神经为实验标本,通过观察动作电位波幅变化,了解 Na^+、K^+ 与细胞静息电位和动作电位的关系。

【实验条件】

引导动作电位的电生理实验设备一套,NaCl、KCl,任氏液等(根据实验设计增添)。
自行设计实验方案。

(陆 杰)

实验二 利用豚鼠回肠制备鉴别未知药物

【实验目的】

通过对未知药品的鉴别,提高同学分析问题和解决问题的能力。

【实验原理】

豚鼠回肠平滑肌上存在多种受体,如 M-R、H_1-R、β-R 等,这些受体被激动以后可引起肠肌收缩或舒张,而这些受体的阻断剂能拮抗相应激动剂的效应。根据这一原理我们可以利

用豚鼠肠肌标本进行初步的未知药品鉴别。

【实验对象】

豚鼠。

【实验药品与器材】

低钙洛氏液,1∶10 000 磷酸组胺,1∶10 000 盐酸苯海拉明,1∶10 000 氯乙酰胆碱,1∶10 000 硫酸阿托品,1∶10 000 硫酸异丙肾上腺素,1∶10 000 普萘洛尔;计算机多媒体记录仪,张力换能器,恒温离体器官实验仪,空气泵,通气钩,温度计,1ml 注射器 2 支,搪瓷盘,平皿,针线,剪刀,小镊子。

【实验步骤】

(1) 取豚鼠一只,击头致死,立即剖腹,剪下回肠上半段,浸入冷洛氏液中,将肠系膜沿肠壁小心剪掉,用洛氏液将肠内容物冲净,剪成 2~2.5cm 长的肠段备用。

(2) 实验前,调节水浴锅温度使保持在 37℃±0.5℃,在药皿管中盛 25ml 洛氏液,标记好液面高度,取一肠段穿线将其一段固定在通器钩上,放入药皿管中,另一端与张力换能器相连,负荷 0.5~1.0g 使肠肌在一定前负荷条件下工作,张力换能器与 BL-410 智能生物信号处理系统连接。输入气泡 1~2 个/s,以保持肠肌正常运动。待肠肌稳定 5~10min 后,描记一段正常活动曲线作为基线,继而于药皿管中滴加药液进行实验,待加入药液作用明显后,用洛氏液连续冲洗 2 次,等到曲线恢复到用药前水平,随之描记一段基线,再换药。

(3) 有药瓶 6 个,其中分别盛有 1∶10 000 磷酸组胺,1∶10 000 盐酸苯海拉明,1∶10 000 氯乙酰胆碱,1∶10 000 硫酸阿托品,1∶10 000 硫酸异丙肾上腺素,1∶10 000 普萘洛尔,但药瓶标签上未标明药品,只标有代号 A、B、C、D、E、F。

(4) 利用上述肠肌标本,由自己设计给药步骤,在描记曲线下方注明给药标志及药物代号,根据此记录结果进行分析,鉴别出各为何药,并得出结论(标明药品名称)。

【注意事项】

(1) 在肠段一端缝线时,只需穿过一侧肠壁,勿将肠腔结扎。

(2) 注意实验中的机械故障,如肠段或挂线与药皿器壁粘附等均可影响曲线描记记录,敏感过大或过小。

(3) 操作过程中避免用力牵引肠段,以免损伤组织影响反应。

【思考题】

阐述判断各药的思路?

(杨　颖　凌保东)

实验三　利血平的药理作用原理证明

【实验目的】

通过精心设计的在体动物实验,证明利血平的药理作用与耗竭神经末梢内的儿茶酚胺有关。

【实验原理】

已知利血平的药理作用包括中枢及外周作用。如减慢心率,降低血压,刺激胃酸分泌,促进食欲,诱导中枢镇静甚至导致抑郁。其作用缓慢、温和、持久和有限。这些作用和作用特点均与神经末梢内儿茶酚胺水平降低产生的作用相类似。因此,只要证明利血平给予能减少神经末梢儿茶酚胺的水平,对其作用特点的理解就迎刃而解了。

【实验对象】

成年家兔或大鼠。

【实验药品和器材】

器材:注射器,匀浆器,手术剪,止血钳,手术镊,玻璃平皿,气泵,恒温离体器官实验水浴仪,张力换能器,微机生物信号记录系统,荧光分光光度计,试管,万能铁架台,纱布,药棉,细线。过滤器。

药品:0.1%利血平溶液,pH 3.0 生理盐水,Tyrode液,1:1000,1:10 000,1:100 000 肾上腺素溶液。

【实验步骤提示】

(1) 利血平的肌内注射剂量可用0.1%利血平2ml/kg。

(2) 神经末梢和中枢的组织不易分离,可采用分离肾上腺和测定其中肾上腺素水平的变化代表利血平耗竭儿茶酚胺的强度。

(3) 儿茶酚胺的测定方法有多种。包括生物检定法和荧光分光光度计法。最简单而方便的方法是前者。

(4) 测定离体肠肌对儿茶酚胺的反应,并将来自利血平未处理组和处理组的反应与标准品进行比较,可求出肾上腺中儿茶酚胺被耗竭了多少。

(5) 儿茶酚胺是带荧光的物质,也可采用荧光分光光度计测定其水平。具体方法如下:

1) 组织匀浆的制备:将取下的肾上腺分别称重,置于加有0.01% L-半胱氨酸(10mg/0.01ml)和冷的0.4mol/L HClO$_4$ 3ml 中,制成匀浆(全部操作过程在冰浴冷冻中进行)。然后在4℃,5000 r/min,离心30min。

2) 分离提取:取上清液0.6ml 分为Ⅰ、Ⅱ两管。Ⅱ管内加标准液(E、NE混合标准液)0.5ml,Ⅰ、Ⅱ管皆用0.4mol/L HClO$_4$ 调整体积至3ml。分别过G-10柱(各柱先经3ml 0.01mol/L NH$_4$OH 和3ml 0.01mol/L HCOOH 洗涤处理),弃去过柱的上清液,立即用3ml 0.01mol/L HCOOH 洗脱,收集洗脱液Ⅰ 3ml,洗脱液Ⅱ 3ml 至两支刻度离心管内。

3) 荧光反应及荧光强度测定:取各管洗脱液1ml,分别加入0.1mol/L EDTA 0.4ml 和醋酸缓冲液1.5ml,混匀,置30℃水浴中,加复方碘溶液0.2ml,混匀。2min后,加入新鲜配制的碱性亚硫酸钠0.4ml,混匀。2min后,加入6mol/L 醋酸0.5ml,混匀,立即从水浴中取出样本。

选择"比率"测定,两组激发/发射波分别为410/510E 及385/485 nm,狭缝均为4,s=3.4。待E全部测定完毕后,再于沸水浴中加热2min,取出后冷却,测定NE的荧光强度。

E和NE的组织空白管,是取每组第Ⅰ管洗脱液中1ml,先加碱性亚硫酸钠溶液,后加氧化剂复方碘溶液,其他试剂加入顺序相同,此即为非氧化空白对照管。

每次测定各组样品,均随同作外标准的测定(不经G-10柱)。

4) 计算:每个组织样品测定的 E、NE 荧光读数,均代入以下公式计算含量和回收率。

$$外标准(Se) = \frac{外标准液加入量}{标准荧光读数} = ng/格$$

$$内标准(Si) = \frac{内标准液加入量}{内标准荧光读数-样品荧光读数} = ng/格$$

$$组织含量 = \frac{(Si) \times 样品荧光读数 \times (取上清液量 \times 总量)}{组织重量} = ng/g$$

$$回收率 = \frac{Si}{Se} \times 100\%$$

【实验结果】

本实验中所使用的利血平量在用后 24h 内可使肾上腺中的儿茶酚胺量减少 85% 以上。

【注意事项】

(1) 动物在注射大剂量利血平后因体温下降可引起意外死亡。因此要注意动物保温。
(2) 儿茶酚胺类物质在溶液 pH 增高时易氧化分解,影响测定分析。
(3) 肠平滑肌对儿茶酚胺的反应是松弛。因此,采用生物检定法时,制备负荷不宜过重。

【思考题】

(1) 与对照组相比,注射利血平的动物有哪些异常表现?
(2) 利血平可用于哪些药物作用评价研究?
(3) 能否用类似方法研究体液和组织器官中儿茶酚胺水平变化?
(4) 利血平的降压机制是什么?为什么其降压作用温和、缓慢、持久?

(罗　映)

实验四　可乐定受体作用特点的证明

【实验目的】

掌握离体大鼠输精管标本的制备方法和药物对离体输精管的作用和原理,通过学生自己设计给药方案,证明可乐定受体作用特点。

【实验原理】

输精管平滑肌上存在肾上腺素 α 受体,常用于研究药物对 α 肾上腺素受体的作用。电刺激引起的离体输精管收缩反应由两部分机制组成,即肾上腺素能和非肾上腺素能机制。前者收缩物质是神经末梢释放的去甲肾上腺素,后者可能是 ATP。输精管附睾段收缩以肾上腺素能机制为主,故本实验采用此段制备,来评价可乐定受体作用特点。

【实验对象】

大鼠。

【实验器材】

多媒体记录仪,恒温水浴仪,张力换能器,通气钩,球胆,手术器械,0.25ml 注射器。

【实验药品】

盐酸可乐定,盐酸育亨宾。

【实验方法】

(1) 各小组根据可乐定的作用,就所给药物讨论设计加药方案,在教师指导下进行全班讨论,制定出最佳给药方案并配制相应浓度的药物溶液。

(2) 标本制备和安装:大鼠200g左右,断头处死。分离取下附睾段输精管,约2cm长,悬吊于相距1cm的两个环状白金电极之间,然后将制备置于含5ml的克氏液的浴管内,水浴中不断通入95% O_2 +5% CO_2 混合气,水浴温度32℃±0.5℃,负荷0.5g或1.0g。

(3) 用空载电压100 V,0.05Hz,波宽0.5 ms进行电场刺激,待描记一段正常记录后(约10min),按设计的给药方案向浴管内依次加入不同浓度的药物,观察各药对场刺激引起输精管收缩反应的影响,以张力变化%(给药后张力÷给药前正常张力×100%)表示药物作用。

(4) 分析讨论实验结果,书写实验报告。

【注意事项】

(1) 实验应在合适的条件下进行,气体供给应持续进行。
(2) 整个实验过程中,必须保持浴管内液面等高。
(3) 输精管标本操作应轻柔,以保持标本活性。
(4) 注射器不能混用,加药时应将药液直接滴在液面上。
(5) 小心使用张力换能器及台式自动平衡记录仪。

【思考题】

(1) 可乐定与育亨宾对离体输精管的影响及其去作用机制。
(2) 结合本次实验说明定量评价α受体激动剂和拮抗剂作用特点的基本方法。

(杨俊霞)

实验五　钙通道阻滞剂和β受体阻断剂药理作用相似性和差异性证明

【实验目的】

比较钙通道阻滞剂和β受体阻断剂药理作用相似性和差异性,分析两药的降压作用部位和作用机制。

【实验原理】

钙通道阻滞药作用比较复杂,但均作用于钙离子通道,抑制钙进入细胞和减少细胞内游离钙水平,从而松弛血管平滑肌,进而产生降压、抗心绞痛和抗心律失常等作用。β受体阻断药分为选择性和非选择性β受体阻断药两类,可通过多种机制产生降压、抗心律失常和抗心绞痛等作用,其降压作用与减少心输出量、抑制肾素释放,控制[外周和(或)中枢]交感神经系统活性和增加前列腺素合成等有关。

【实验对象】

兔、大鼠、猫或犬。

【实验药品和器材】

1. 药物 根据研究内容选择不同的药物,如抗高血压可选择硝苯地平和普萘洛尔两药进行比较,也可根据在体或离体实验的需要选择不同的药物,20% 氨基甲酸乙酯、1.0% 肝素、生理盐水。

2. 备选的器材 多媒体化生物信号记录分析系统、计算机、压力传感器、张力传感器、动物手术台、手术器械一套、各类插管、恒温麦氏浴槽、"L"形通气钩、高位吊瓶、量筒、烧杯、培养器、球胆、眼科剪刀、眼科镊子、缝合针、棉线、注射器、输液器、支架。

【实验步骤提示】

1. 可采用整体实验 比较两类药对血压、心律失常及心绞痛等作用、作用部位和作用机制的相似性和差异性。

(1) 横断脊髓及两侧迷走神经的方法,区别降压作用部位(中枢/外周)。

(2) 阻断颈总动脉血流反射性升压实验,区别降压作用部位(中枢/外周)。

(3) 分析两类药对动物血压、心律、心输出量、外周阻力等的影响。

2. 可采用离体实验 分析比较两类药如何影响异丙肾上腺素等对家兔主动脉血管条片,对豚鼠心房,以及对豚鼠气管条片的机械和电生理活动。

3. 用工具药(受体激动剂等) 自行设计,提出计划。

【注意事项】

(1) 根据观测指标的选择,合理选用实验动物和离体实验制备。

(2) 根据两类药物对受体和离子通道作用的选择性,以及对不同组织器官的选择性,合理选用实验用工具药。

(3) 分析作用机制或作用部位等,应考虑设立相应的阳性药组。

(4) 注意选择评价指标的客观性和公正性。

【思考题】

(1) 工具药在实验中的意义。

(2) 降压药的分类和主要作用机制。

(3) 比较钙通道阻滞剂和β受体阻断剂药理作用相似性和差异性。

(余丽梅)

实验六 个体尿液 pH 改变对药物排泄的影响

【实验目的】

观察经肾脏排泄药物其在单位时间内排泄量受尿液 pH 改变的影响。

【实验原理】

通过简单扩散方式转运的药物其在单位时间内的转运量受药物本身 pK_a 值和离子化程

度影响。临床所用大多数药物主要经肾脏排泄。因此,改变尿液的 pH 必然影响弱酸性药物和弱碱性药物从尿中排泄。

【实验对象】

健康志愿者,无阿司匹林过敏史。

【实验药品】

阿司匹林片(0.5g/片),碳酸氢钠片(0.5g/片),0.04%水杨酸钠溶液,三氯化铁和三氯醋酸混合液(5g 三氯化铁加 10% 三氯醋酸溶解至 100ml)。

【实验器材】

试管(10ml×6)、离心管(10ml×6)、刻度吸管(10ml×2,2ml 及 5ml×1)、小玻棒、试管架、玻璃蜡笔、移液吸管(各1),分光光度计。

【实验步骤】

(1) 每组三名志愿者,于实验前 0.5h 先排尿,然后分别以 100ml 纯净水送服 0.5g 阿司匹林+1.0g 碳酸氢钠,0.5g 阿司匹林+0.3g 氯化铵,0.5g 阿司匹林。

(2) 分别收集服药后 0.5h、1.0h 和 2.0h 尿液,测定每时点尿液总量并取 5.0ml 待检。

(3) 按照第四章实验四十三"全血水杨酸钠二室模型药动学参数测定"方法进行尿中水杨酸浓度测定。

(4) 计算每名志愿者每个时点尿中的水杨酸浓度和排出量。

【思考题】

(1) 尿液的酸碱度为什么影响药物排泄?

(2) 通过服药改变尿液酸碱度在临床疾病治疗中有什么用途?

(邱红梅)

实验七 药物对个体认知功能的影响

【实验目的】

某些常用药物对认知功能的影响与一些意外工伤和交通事故密切相关,也与个人的工作和学习效率相关。本实验观察服用某些药物对志愿者学习能力的影响。

【实验原理】

大脑皮层的功能状态影响人们在工作和学习中的执行能力。通过服用某些药物能改变大脑皮层的功能状态。

【实验对象】

健康志愿者。

【实验药品】

市售食用咖啡 1 小包,盐酸苯海拉明片(25mg/片),市售纯净水 1 瓶。

【实验器材】

一篇 A4 纸的英文文章,跑表。一张记录纸。

【实验步骤】

(1) 学生三人一组,分别服用咖啡一杯,或者服用盐酸苯海拉明片 1 片,或者服纯净水 100ml。

(2) 0.5h 后,每个受试者开始阅读相同 A4 纸英文文章 1 页。只要求统计 1 页文章中 a、b、c、d、e、f、g 和 h 字符共出现多少次。记录完成任务共用去的时间。

(3) 以每分钟完成字符的多少计为志愿者的工作效率;以 100% −(每个字符错读数÷每个字符的总数)×100% 为工作的正确率。

【思考题】

(1) 在日常医务工作中,哪些药物在给予病人时要特别考虑可能对病人认知功能有严重负面影响。

(2) 分析咖啡因和苯海拉明对工作效率和正确率的影响。

(蒋青松)

实验八　药物作用的个体差异

【实验目的】

了解临床患者对药物敏感性的个体差异并分析产生个体差异的可能原因。

【实验原理】

许多使用相同剂量和剂型的口服吸收药物,其产生的药理作用存在很大的个体差异。这种差异与个体间在药物酶水平、受体水平和信号通路水平的遗传因素相关。

【实验对象】

健康志愿者,静息状态心率大于 70 次/分,血压需大于 110/70mmHg。

【实验药品】

盐酸普萘洛尔片(10mg/片)

【实验器材】

听诊器,血压计(或腕式血压计)。

【实验方法】

(1) 全班学生凡符合条件者均可成为志愿者。志愿者饮食起居无特殊要求。

(2) 志愿者服用盐酸普萘洛尔 10mg。于服药后 0.5h、1.0h、2h 分别测定左手血压。

(3) 记录心率和血压变化。与给药前相比,以心率和血压变化值为<5 %、6%～10%、11%～15%、16%～20% 和>20% 分类总结。

【思考题】

(1) 普萘洛尔在药动学和药效学方面有哪些特点?

（2）人群对普萘洛尔敏感性是否有明显差异？如有，从哪些方面分析差异的原因？
（3）普萘洛尔在临床应用时要注意什么问题？

（蒋青松）

实验九　不同时间给药对药物效应的影响

【实验目的】
观察普萘洛尔不同时间给药对其药理学效应的影响。

【实验原理】
机体内药物代谢酶活性存在明显时间节律。其排泄和对药物敏感性也存在时间节律的影响。

【实验对象】
健康志愿者，静息状态心率大于 70 次/分，血压需大于 110/70mmHg。

【实验药品】
盐酸普萘洛尔片(10mg/片)

【实验器材】
听诊器，血压计(或腕式血压计)。

【实验方法】
（1）全班学生凡符合条件者均可成为志愿者。志愿者饮食起居无特殊要求。
（2）志愿者于上午 7:30 服用盐酸普萘洛尔 10mg，于服药后 0.5h、1.0h、2h 分别测定左手血压。于当天午 2.0 再口服盐酸普萘洛尔 10mg，于服药后 0.5h、1.0h、2h 分别测定左手血压。
（3）记录心率和血压变化。比较每位志愿者上下午给药心率和血压变化规律，并将全班所有志愿者结果进行总结和统计处理。

【思考题】
结合实验结果，查阅相关资料，分析实验结果。

（邱红梅）

实验十　家兔心脏缺血-再灌注损伤及预防措施

【实验目的】
学习复制家兔心脏缺血-再灌注损伤的动物模型，观察心脏缺血-再灌注损伤时心功能变化，探讨缺血预处理及药物对缺血-再灌注损伤的影响。

【实验原理】
心脏缺血-再灌注损伤在临床上比较多见。心肌在缺血-再灌注损伤中由于自由基生成过多,引起膜脂质过氧化,使膜结构受损;不同大分子间发生交联,使其结构发生变化,造成功能障碍;损伤核酸及染色体,给心肌带来不可逆的损伤。细胞钙超载使心肌细胞能量代谢障碍,心肌细胞变性坏死。白细胞聚集再灌注时无复流现象等。怎样防治心肌再灌注损伤的发生或减轻损伤程度,根据影响再灌注损伤的因素以及再灌注损伤发生不同的机制,同学们可设计不同的实验内容(自行设计不同实验组)。

以心肌缺血-再灌注损伤为契入点,通过对动物行左冠状动脉前降支(left anterior descending of coronary artery,LAD)结扎术和松解术后,引起左冠状动脉前降支支配的左侧心室肌区域发生明显的缺血-再灌注损伤。系统观察缺血预适应、不同的再灌注条件及不同药物干预等对心肌缺血-再灌注损伤的影响,初步探讨缺血-再灌注损伤的发生机制及治疗措施,实现了实验教学与临床研究的有机结合。

【实验对象】

家兔,体重大于2.5kg。

【实验药品和器材】

3%戊巴妥钠,0.9%肝素生理盐水,兔手术台,婴儿秤,动物手术器,计算机实验记录系统,防治再灌注损伤药物,心导管,动脉夹,小动物呼吸机,医用无损伤缝合针,纱布,单丝尼龙线,小硅胶管,气管插管,注射器。

【实验方法与步骤】

(1)家兔称重,静脉注射麻醉(3%戊巴妥钠1ml/kg),仰卧固定。

(2)将针形电极向心方向插入家兔四肢皮下,安放好电极(右上肢,红色;左上肢,黄色;左下肢,蓝色;右下肢,黑色)适当调节增益,即可连接检测标准肢体Ⅱ导联心电图,测量心率和心电图的参数,作为缺血前对照。

(3)剪去颈部毛,沿着正中线作2~4cm长的皮肤和皮下组织切口,钝性分离肌肉,暴露气管并行气管插管,呼气末正压通气,频率55~60次/min,潮气量3~4ml/100g体重。

(4)分离右颈总动脉,在生物信号记录分析系统的监视下,沿着右颈总动脉插管放开动脉夹,向心脏方向插入预先充满0.9%肝素生理盐水的心导管进入左心室,当压力波形由正常血压波变成下沿达0 kPa附近且具有明显舒张期,并出现峰顶平坦时,即示插管成功。用线将插管与动脉扎紧固定,以防插管滑脱。适当调节放大增益,即可记录心室各功能参数。

(5)剪去左侧心壁的毛,在胸骨左侧第二间部位,斜形切开胸壁,钝性分离肌肉,用止血钳或开胸器撑开第四肋间,剪开心包,即可暴露心脏。以左冠状动脉主干为标志,在左心耳根部下方2mm处用5号无创伤缝合针穿过左冠状动脉前降支下方的心肌表层,在肺动脉圆锥旁出针,将心脏放回原处。待心电图恢复并稳定10min后,描记缺血前正常心电图及心功能参数。结扎冠脉,结扎时将硅胶管置于结扎线与血管之间,使硅胶管压迫左冠状动脉前降支造成左心室缺血,心电图显示S-T段抬高,结扎线下心肌组织发绀,为心肌缺血成功的标志。心肌缺血30min后观察记录心电图及心功能参数的变化,30min后解除结扎梗阻,以恢复冠脉血流,心肌恢复血供后,心电图显示抬高的ST段下降1/2或以上,心肌恢复颜色,标志再灌注成功。动态观察记录解除结扎后30min和60min时心电图及心功能参数的变化。

(6)将动物随机分成假手术组(仅穿线不结扎);模型组(缺血前5min耳缘静脉注射生

理盐水5ml,再局部缺血30min,复灌30min。)治疗组(一定时间耳缘静脉注射一定剂量的不同自由基清除剂,余同模型组)缺血预适应组(结扎5min,松解5min作预适应,余同模型组)不同条件再灌注组(不同钙浓度再灌注液、不同再灌注压,余同模型组)。

(7) 学生自行设计观察指标。

【注意事项】

(1) 实验组的影响因素同学们可自行设计,但应查阅一些相关资料,有科学根据。

(2) 动物麻醉不宜过深,否则易导致呼吸抑制而死亡。

(3) 左心室插管时不能刺破主动脉壁和心室壁,心导管应预先充满0.9%肝素生理盐水,不能含有气泡,在实验中应始终保持通畅。

(4) 状动脉结扎部位要准确,各组家兔结扎冠状动脉的部位、深浅及用力要一致。

(5) 把握心肌缺血的时间,过长过短都不易诱发再灌注损伤性心律失常。

(6) 冠状动脉穿线用无创伤小园缝合针,位置准确,进针宜浅,否则宜导致传导阻滞而死亡。

【思考题】

(1) 为什么心脏的缺血-再灌注损伤得到人们的特别重视?

(2) 心肌再灌注时心肌功能常出现哪些异常变化?

(3) 心肌缺血-再灌注损伤的可能机制?

(4) 对心肌缺血-再灌注损伤还可有哪些预防治疗措施?

(沈 宜)

第五篇 病案讨论与处方

第7章 病案讨论

病例1

患者,女性,57岁,干部。

主诉:心慌气短1年,头昏、咳嗽、吐白色泡沫痰伴双下肢浮肿2周。

现病史:5年来常感头昏,当地医院诊断为高血压病,曾服用利血平和氢氯噻嗪。近1年来出现心慌气短,活动时加重。两周前因劳累出现头痛、头昏、咳嗽、咳白色泡沫痰,不能平卧,伴两下肢浮肿而入院。入院前未用洋地黄类药物。

既往史:慢性支气管炎、肺气肿十余年。

体格检查:患者神清合作,血压190/120mmHg(25.2/16 kPa),脉搏100次/min,呼吸20次/min,体温38.5℃,口唇发绀,颈静脉怒张,叩诊两肺呈过清音,肺肝界不清,听诊两肺散在干性啰音。心叩诊向两侧扩大,心尖搏动在第六肋间左锁骨中线处2cm处。心律齐,二尖瓣区可闻及Ⅲ级吹风样收缩期杂音,主动脉瓣区第二心音增强。肝脏肿大,剑突下6cm、右肋下4cm可扪及,质软。双下肢浮肿。X线片显示双肺纹理增粗,右肺下野可见片状阴影,心脏向两侧扩大。心电图提示窦性心律,左心室肥厚。

讨论题:

1. 该患者可能的诊断是什么?
2. 引起或加重高血压的可能因素是什么?
3. 机体在正常情况下可通过什么机制调节血压?
4. 血压升高对心脏功能有何影响?
5. 如果高血压得不到控制,还有哪些脏器受累?为什么?
6. 长期反复咳嗽对心肺功能有何影响?
7. 用所学生理学和病理生理学知识分析产生上述症状和体征的原因。
8. 用所学药理学知识设计治疗方案。

病例 2

患者,男性,38岁,农民。

主诉:尿频、尿急5年,少尿5个月,黑便14天,呕吐、颜面浮肿7天。

现病史:患者于5年前无明显诱因出现尿频、尿急及尿痛,在当地医院诊断为"慢性肾盂肾炎",经抗感染治疗好转后出院。以后反复出现尿频、尿急及夜尿增多,经抗感染治疗症状均可减轻,期间曾住医院治疗,检查发现血压偏高,肾功能检查血肌酐增加。

近年来上述症状经常反复并加重。5个月前开始现少尿,经治疗有所好转。14天前除小便减少外,出现呕吐、黑便。7天出现面部浮肿,且呕吐物中带血,1天前上述症状加重伴心悸。

体格检查:慢性重病容,贫血貌,面部浮肿,血压140/95mmHg,心率94次/min,心律齐,心尖区闻及收缩期杂音,余无阳性体征。

实验室检查:Hb 60g/L,血尿素氮27.4mmol/L,肌酐570μmol/L,血Na^+偏低,血K^+及Cl^-升高,血HCO_3^-降低,血气分析提示代谢性酸中毒改变。

讨论目的:根据肾脏的正常生理功能分析慢性肾功能衰竭可能出现的临床症状,从而加深理解正常功能在维持机体内环境稳定中的作用,以及肾脏功能与机体其他功能活动之间的相互联系。

讨论题:

1. 据本病例主要临床表现,分析其原发病变部位。
2. 根据肾脏的正常生理功能分析肾脏功能障碍可能出现哪些方面的临床表现?并根据已有的生理学和病理生理学知识分析产生上述症状和体征的原因。
3. 有哪些因素可能影响尿量及其可能的机制?
4. 根据所学肾脏生理学知识,试分析可能引起的慢性肾功能衰竭的原因。
5. 用所学药理学知识设计治疗方案。

病例 3

患者,男性,56岁。

主诉:反复咳、痰、喘13年,加重伴双下肢浮肿3天。

现病史:患者13年前因感冒发热,出现咳喘、少量白痰,后变黄痰,以后每于冬季反复发作。5年来发作较频繁,劳累后感心悸、气促,咳白色黏痰、夜间较重。3天前因感冒发热咳喘加重,痰量增加,为白色黏痰。

既往史:否认结核病史,否认高血压、冠心病史。

体格检查:血压120/80mmHg,体温38.1℃,呼吸26次/min,脉搏116次/min。意识清楚,口唇轻度发绀,颈静脉怒张,浅表淋巴结无肿大。胸廓前后径增宽,肋间隙增宽,叩诊呈过清音,听诊双肺可闻及干湿啰音。心率116次/min,律齐,肺动脉瓣区第二心音亢进。肝肋缘下2.5cm、无压痛,脾未及。双下肢凹陷性水肿。

辅助检查:血常规:WBC $11.5×10^9$/L,中性粒细胞0.73,RBC $6×10^{12}$/L,Hb 180g/L。血气分析:pH 7.2,BE-9mmol/L,$PaCO_2$ 65mmHg,PaO_2 50mmHg。呼吸功能检查:肺

活量(↓),残气量(↑),肺总量(↓),第1秒用力呼气量与用力肺活量比值(↓)。心电图示右心室肥厚表现。X线检查肺野透光度增强,肺门部纹理增粗。

入院后经抗感染、祛痰、利尿、强心等措施治疗,病情好转。

讨论题:

1. 患者入院时的临床诊断可能是什么?
2. 呼吸过程包括哪些环节?肺与外界环境之间的气体交换是如何实现的?
3. 呼吸运动受到哪些机制的调节?
4. 该患者呼吸加快的可能机制是什么?
5. 呼吸功能检查的各种指标是何含义?其异常又反映了什么病情?
6. 患者心、肺功能有无异常?请说明理由。
7. 患者发生发绀的机制是什么?
8. 患者发生发绀后,机体可动用哪些代偿机制?根据该患者的病情,可找到哪些依据?
9. 根据血气分析结果,该患者有何种类型酸碱平衡紊乱?
10. 祛痰药可分为哪几类?各自的作用机制如何?
11. 抗菌药物的临床应用应把握哪些基本原则?

病例 4

患者,男性,4岁。

主诉:发热6小时,昏迷1小时,抽搐3次。

现病史:患者6小时前突然出现高热,体温高达39.4℃,无咳嗽,流涕,无腹痛,腹泻,无恶心,呕吐。3小时后,患者突然出现全身抽搐,双眼上翻,口吐白沫,持续约2~3分钟。后又抽搐两次。患者于1小时前进入昏迷状态。

既往史:无特殊。

体格检查:血压90/60mmHg,体温39.3℃,呼吸35次/min,脉搏140次/min。昏迷状态,面色苍白,口唇发绀,四肢末梢冰冷,颈轻度抵抗,浅表淋巴结无肿大。双肺呼吸音清,未闻及干、湿啰音。心率140次/min,律齐,未闻及杂音。腹平软,肝、脾肋下未及。双下肢无凹陷性水肿。四肢肌张力增强,双侧膝反射亢进,双侧巴宾斯基征阳性。

辅助检查:血常规:WBC $16.7×10^9$/L,中性粒细胞0.89,RBC $5×10^{12}$/L,Hb 130g/L;大便常规:黏液脓样便,镜下可见满视野的红细胞和白细胞。

入院后,给予头孢曲松抗感染,氯丙嗪和异丙嗪降温止惊,山莨菪碱改善微循环,氢化可的松抗炎、甘露醇防治脑水肿等治疗后患者病情好转。入院后大便细菌培养报告为福氏志贺菌。

讨论题:

1. 患儿的临床诊断可能是什么?
2. 腋窝体温的正常值是多少?生理情况下,体温的波动与哪些因素有关?
3. 机体的产热和散热各包含哪些方式?
4. 试分析该患者体温升高的机制。

5. 该患者血压为何降低？
6. 该患者脑功能障碍的可能机制是什么？
7. 头孢曲松属哪一类抗菌药物？其抗菌作用有何特点？该疾病可用哪些抗菌药物治疗？
8. 该疾病使用氯丙嗪和异丙嗪的目的是什么？两药有哪些药理学效应？其药理作用机制是什么？
9. 山莨菪碱改善微循环的机制何在？
10. 氢化可的松有哪些药理学作用？长期应用可引起哪些不良反应？
11. 临床应用甘露醇有哪些注意事项？

病例 5

患者，男性，54 岁。

主诉：突发胸痛伴恶心和呕吐 3 小时。

现病史：患者于早上运动后突发胸痛，伴有恶心、呕吐。疼痛部位胸骨后和左臂内侧，停止运动后疼痛一直不能缓解。

既往史：无特殊。

体格检查：血压 90/60mmHg，体温 38.1℃、呼吸 24 次/min、脉搏 110 次/min。意识清楚，全身皮肤、黏膜无黄染和发绀，浅表淋巴结无肿大，颈静脉无怒张。双肺未闻及干、湿啰音。心率 110 次/min，律齐，第 1、2 心音减弱。肝、脾未及，肝颈静脉回流征阴性，全腹无压痛和反跳痛，移动性浊音阴性。双下肢无凹陷性水肿。

辅助检查：血常规：WBC 13.7×10^9/L，中性粒细胞 0.69，RBC 5.1×10^{12}/L，Hb 136g/L。血清心肌酶：CK-MB 168U/L，肌钙蛋白 0.12 μg/L。心电图：V2 导联高大，T 波、S—T 段抬高。

入院后予休息、吸氧、镇痛、溶栓等治疗后病情渐好转。

讨论题：

1. 该患者可能患什么疾病？患者为什么出现心前区疼痛？
2. 简述内源性凝血和外源性凝血途径的主要过程，比较两条途径的异同点。
3. 简述机体抗凝系统的组成及各组分的特点。
4. 回顾体表心电图的波形特点和各波代表的意义。
5. 纤维蛋白溶解系统包括哪些成分？纤维蛋白溶解包含哪些过程？
6. 该患者进行了溶栓治疗，从理论上分析，溶栓治疗在挽救濒死心肌的同时，可带来何种损伤效应？其损伤机制如何？
7. 血栓治疗通常在心梗发病后尽早进行，请利用病理生理学知识分析其理论依据。
8. 治疗时，有哪些纤维蛋白溶解药可供选择？这些药物各自有什么特点？
9. 患者使用了吗啡镇痛和吸氧，为什么？有什么依据？
10. 除镇痛外，吗啡在临床上还常用于哪些疾病的治疗？在应用吗啡时，要注意哪些问题？

病例 6

患者,女性,55 岁。

主诉:高血压 8 年,心慌、气短 5 年,加重 5 天。

现病史:患者于 8 年前体检时发现"高血压",血压值不详,后一直服用美托洛尔(倍他乐克),但未监测血压。5 年前开始于活动后出现心慌、气短、咳嗽。1 年来开始走平路即感心慌、气短,夜间常憋醒,喘不过气,坐起后缓解。5 天前因"感冒"上述症状加重入院。

既往史:无特殊。

体格检查:血压 160/100mmHg,体温 38.4℃,呼吸 30 次/min,脉搏 121 次/min。强迫体位(半卧位),口唇、指端发绀,颈静脉怒张。双肺可闻及湿性啰音。心率 121 次/min,律齐,主动脉瓣区第 2 心音增强。肝肋缘下 4cm,剑突下 2cm,质硬,有触痛,肝颈静脉回流征阳性;脾未及。下肢凹陷性水肿。

辅助检查:血常规:WBC $10.7×10^9$/L,中性粒细胞 0.71,RBC $5×10^{12}$/L,Hb 130g/L。心电图示左右心室肥大表现。X 线胸片:心影向两侧扩大,肺纹理增强。

讨论题:
1. 患者的入院诊断可能是什么?
2. 试回顾动脉血压的形成机制及其影响因素。
3. 血压升高时,有哪些神经体液机制参与调节心血管的功能活动?
4. 该患者病情为何在感冒后加重?
5. 哪些机制参与了该患者心力衰竭的发生发展?
6. 该患者为何会出现呼吸困难?
7. 该患者可能出现了哪些类型的缺氧?试推测其血氧指标的变化。
8. 常用的抗高血压药物可分为哪几类?
9. 该患者长期服用美托洛尔(倍他乐克)来控制血压,这类药物降血压的药理学机制是什么?有哪些常见的不良反应?
10. 能继续应用美托洛尔吗?为什么?
11. 单一药物控制血压疗效不理想时,如何合理联用多种抗高血压药?
12. 在应用强心药物方面,你有何建议?请说明理由。

病例 7

患者,男性,49 岁。

主诉:右上腹隐痛不适伴消瘦 3 个月,黄疸伴神情恍惚 1 周。

现病史:患者于 3 个月前无明显原因出现右上腹隐痛不适,伴有食欲减退,食后有腹胀感,无恶心、呕吐、腹泻等。近 1 周来,患者出现面色发黄,家属发现患者反应迟缓、精神恍惚。患者自发病以来体重明显减轻。

既往史:12 年前发现"乙肝"。

体格检查:体温 37.1℃,血压 120/82mmHg,脉搏 84 次/min,呼吸 22 次/min。患者反应迟钝,皮肤轻度黄染,浅表淋巴结无肿大,颈静脉无怒张。心肺无明显异常。肝肋下 3 指,质地坚硬,表面光滑,轻压痛。脾肋下 3 指,质较硬。腹平软,移动性浊音阳性。双下肢无凹陷性水肿。

辅助检查:血常规:WBC $8.5×10^9$/L,中性粒细胞 0.53,RBC $4.8×10^{12}$/L,Hb 140g/L。血氨 239 μg/dl。AFP 345 μg/L。病毒性肝炎标志物:HBsAg(+),抗 HBs(-),HBeAg(+),抗 HBe(-),抗 HBc(+)。B 超示肝内占位性病变。CT 示肝右叶巨块型肝癌。

讨论题:
1. 人体生命活动所需能量主要由哪些物质提供?
2. 患者出现食欲减退,请问肝有何消化功能?
3. 该患者血氨升高的原因可能包含哪些?
4. 氨对脑的正常功能有何影响?
5. 肠道应用乳果糖降低血氨的机制怎样?
6. 该患者欲行肝动脉栓塞化疗,请举例说明抗恶性肿瘤药的药理学作用机制。
7. 肝癌化疗常采用联合化疗方案,设计联合化疗方案时,应考虑哪些问题?

病例 8
患者,男性,52 岁。
主诉:血尿伴颜面部浮肿 1 周。
现病史:患者于 1 周前无明显诱因出现血尿,伴有颜面部浮肿。无发热、腹痛、尿频、尿急、尿痛。无心慌、气喘。
既往史:2 年前体检曾发现"高血压",具体不详,因无明显不适未做任何治疗处理。否认肾病、糖尿病等病史。
体格检查:血压 180/100mmHg,体温 37.2℃,呼吸 18 次/min,脉搏 86 次/min。中度贫血貌,意识清醒。眼睑轻度水肿,巩膜无黄染,浅表淋巴结无肿大。扁桃体无红肿、咽部无充血,颈静脉无怒张、肝-颈静脉反流征阴性。双肺呼吸音清,未闻及干、湿啰音。心率 86 次/min,律齐,三尖瓣听诊区可疑吹风样杂音。腹平软,无腹壁静脉曲张,无压痛及反跳痛,未扪及包块,肝脾不大,无移动性浊音,双肾区无叩痛,肠鸣音正常,全腹未闻及血管杂音。双下肢无明显凹陷性水肿。
辅助检查:血常规:WBC $5×10^9$/L,中性粒细胞 0.61,RBC $3.2×10^{12}$/L,Hb 80g/L。尿常规:尿蛋白(++),红细胞(+++),白细胞(-),尿糖(-)。血生化:血钠 128mmol/L,血钾 3.2mmol/L,血肌酐 656 μmol/L,血尿素氮 28mmol/L。心电图提示左心肥厚,ST—T 段改变。B 超提示双肾对称性缩小。

讨论题:
1. 根据患者的病情做出初步诊断,这一诊断应可以解释患者多系统的主要异常表现。
2. 患者为什么会出现高血压?
3. 正常成年男性红细胞数量、血红蛋白浓度是多少? 其形态有何特征?
4. 红细胞的生成与哪些因素有关?
5. 该患者发生贫血的机制可能是什么?

6. 清除率的概念是什么？测定清除率可反映肾脏的哪些功能？
7. 慢性肾功能衰竭的发展过程是怎样的？
8. 心电图发现左心肥厚，这有何代偿意义，对心肌的收缩功能又有何不利影响？
9. 该患者应选用哪些类型的降压药，这些药物降低血压的药理学机制是什么？

病例9

患者，女性，58岁。

主诉：糖尿病8年，发热伴咳嗽1周，突发意识不清半天。

现病史：患者于8年前发现糖尿病，一直服用格列本脲（优降糖），但未监控血糖。1周前因感冒出现发热，咳嗽。在当地医院输液（具体不详）治疗3天，体温已退，但咳嗽加重，痰少。今日上午输液回家后，烦躁、气促，继而出现神志不清。由"120"送入急诊室，当时呼吸深大，呼吸频率5次/min左右；血糖23.2mmol/L；血气示代谢性酸中毒，pH 7.07。予积极输液，碳酸氢钠溶液纠酸，胰岛素降糖，气管插管机械通气后神志转清。因病情重收入ICU。

既往史：无特殊。

体格检查：体温37.1℃，脉搏106次/min，呼吸22次/min，呼吸深大，血压70/45mmHg。患者昏迷状态，皮肤黏膜干燥，皮肤湿冷。双肺呼吸音清，未闻及干、湿啰音。心率106次/min，律齐，无杂音，脉细弱。双巴氏征阴性。

辅助检查：即刻血糖23.2mmol/L 。血气分析：pH 7.17，$PaCO_2$ 85mmHg，PaO_2 33mmHg，BE-11.8mmol/L。血常规：WBC $9.6×10^9$/L，中性粒细胞0.54、Hb 103g/L，PLT $174×10^9$/L。尿常规：尿糖(+++)，尿酮体(+++)。电解质：K^+ 3.59mmol/L、Na^+ 133.1mmol/L、Cl^- 102.4mmol/L。

讨论题：

1. 胰岛可分泌哪些内分泌激素，哪几种对血糖水平有调节作用？
2. 试述机体觉醒状态维持的生理基础。
3. 机体为何会出现深大呼吸？
4. 该患者出现何种类型的酸碱平衡紊乱？是何机制？
5. 该患者出现何种类型的脱水？与该患者昏迷有何关系？
6. 该患者血钾升高的可能原因是什么？
7. 该患者血压降低可能有哪些原因？
8. 该患者曾服用的格列本脲（优降糖）属于哪一类降糖药？这类药物的药理作用包括哪些？可引起哪些不良反应？
9. 该患者现需用胰岛素治疗。临床应用胰岛素需注意哪些问题？

病例10

患者，男性，56岁。

主诉：呕血、黑便伴头晕、心慌4小时。

现病史：患者早上柏油样稀便1次，后觉恶心，呕吐咖啡渣样物1次。2小时后又呕吐1次，为咖啡渣样物，并混有暗红血块。随后患者觉头昏、心慌、乏力，发病后未排尿。

患者近期无饮酒及服药史。

既往史:20年前曾诊断"乙肝",未经治疗。3年前曾诊断"肝硬化",曾短期服用"护肝药",具体不详。

体格检查:体温38.1℃,脉搏126次/min,呼吸22次/min,血压70/45mmHg。患者烦躁不安,全身皮肤黏膜苍白、黄染,皮肤湿冷,口唇轻度发绀。双肺呼吸音清,未闻及干、湿啰音。心率126次/min,律齐,无杂音,脉细弱。腹平软,上腹腹壁静脉曲张,上腹部轻压痛,肝脾肋下未及,移动性浊音阳性,肠鸣音约9次/min。

辅助检查:血常规:WBC 6×10^9/L,中性粒细胞0.58,RBC 2.8×10^{12}/L,Hb 63g/L,血细胞比容0.35。血生化:总蛋白49g/L,白蛋白28g/L,总胆红素117μmol/L,结合胆红素39μmol/L,ALT 56U/L,AST:68U/L,血肌酐196.4μmol/L,血尿素氮13.6mmol/L。AFP(-),CEA(-)。病毒性肝炎标志物:HBsAg(+),抗HBs(-),HBeAg(+),抗HBe(-),抗HBc(+)。

讨论题:
1. 血管破裂出血时,机体会启动哪些止血过程?
2. 若该患者需要输血治疗,需要遵守哪些原则?简述其理由。
3. 患者血压降低等临床表现说明发生了哪一典型的病理过程?该患者的哪些症状和体征与这一病理过程有关?解释其机制。
4. 为对抗血压的下降,该患者体内可能调用了哪些代偿机制?
5. 请根据水肿形成机制分析该患者腹水发生的原因。
6. 患者出现氮质血症的原因可能有哪些?
7. 在尿液生成过程中,哪些因素可以调节尿量?
8. 该患者自发病来未排尿,其可能的机制是什么?
9. 若该患者需应用药物止血,有哪些药物可供选择?
10. 若该患者需应用血管活性药物,又该如何选择?

病例11

患者,男性,24岁。

主诉:腹泻、呕吐20小时。

现病史:患者前一日深夜起开始腹泻,先为稀便后转为米汤样大便,共10多次。随后呕吐共7次,呕吐物初为胃内容物,后为水样液体。患者无腹痛、恶心及里急后重。

既往史:无特殊。

体格检查:体温37.2℃,脉搏104次/min,呼吸21次/min,血压70/40mmHg。神志清楚,精神差,乏力。皮肤弹性差,眼窝凹陷。心、肺、腹无明显异常。

辅助检查:血常规:WBC 21.7×10^9/L,中性粒细胞0.921,淋巴细胞0.063。血电解质:钠111.6mmol/L,钾2.6mmol/L。血气分析:pH7.21,$PaCO_2$ 18mmHg,PaO_2 67mmHg,HCO_3^- 7.0mmol/L,SaO_2 85.4%,阴离子间隙23.4mmol/L。大便常规:镜下可见大量白细胞和少许红细胞。大便做霍乱弧菌检查:动力试验(+),制动试验(+)。

入院后予补液和诺氟沙星抗感染治疗,患者痊愈出院。

讨论题:
1. 胃液包含哪些成分?各由什么细胞分泌?各有何生理作用?
2. 呕吐的反射通路包含哪些环节?
3. 简述小肠液的性质、成分及其分泌的调节机制。
4. 该患者存在哪种类型脱水,这型脱水有何特点?
5. 该患者存在哪些类型的酸碱平衡紊乱?有何依据?
6. 该患者体内可能启动了哪些代偿机制来维持酸碱平衡?
7. 该患者血钾降低的机制可能是什么?
8. 诺氟沙星类药物有哪些不良反应?该患者疾病可用哪些药物代替诺氟沙星治疗?
9. 细菌对诺氟沙星类药物耐药的机制包含哪些?

病例 12

患者,女性,38 岁。

现病史:发热伴全身酸痛及头痛、腰痛 5 天,少尿 2 天。

现病史:患者 6 天前突起发热,体温 38.7℃,伴全身酸痛及头痛、腰痛。患者无腹痛、腹泻,但觉恶心,有呕吐,为胃内容物,量少。患者近 2 日出现尿量明显减少。曾在当地静脉注射"消炎药",但发热不退。

既往史:既往体健。有鼠类接触史。当地有类似病例。

体格检查:体温 39.5℃,血压 98/58mmHg,呼吸 22 次/min,脉搏 120 次/min。神志清楚,全身浅表淋巴结无肿大。球结膜充血,腋前及胸部有散在出血点及条状瘀斑。呼吸音清,未闻及干、湿啰音。心率 120 次/min,律齐,未闻及杂音。腹平软,无压痛及反跳痛,肝、脾肋下未及,移动性浊音(+)。肾区叩痛,四肢凹陷性水肿,病理反射阴性。

辅助检查:血常规:WBC 8.9×10^9/L,中性粒细胞 0.641,淋巴细胞 0.263,异型淋巴细胞 0.041,RBC 3.1×10^{12}/L,Hb 122.3g/L,PLT 31.8×10^9/L。肾功能:BUN 47.3mmol/L,Cr 1034.3 μmol/L。凝血酶原时间:13.5s。抗流行性出血热病毒 IgM(+),IgG(+)。

入院后病情渐加重,第 3 天进入浅昏迷状态,双侧髋部及大腿可见大片瘀斑。查血:活化部分凝血酶 59.3s,凝血酶原 144.3s,"3P"试验阳性,D-二聚体 16.3 mg/L。治疗上,入院后予利巴韦林抗病毒、呋塞米利尿。最后患者于入院后第 18 天死亡。

讨论题:
1. 白细胞的数量和分类的正常值是多少?
2. 正常成年人的血小板数量是多少?血小板有哪些生理功能?
3. 试分析严重感染对机体凝血功能有何影响?
4. 根据病例资料分析该患者的凝血和抗凝血系统有何异常?说明理由。
5. 该患者皮下出现瘀斑和出血点的原因可能是什么?
6. 利巴韦林抗病毒的药理学机制如何?
7. 常用的抗病毒药还有哪些?
8. 肾脏是如何实现对尿液的浓缩和稀释的?
9. 呋塞米为何可起到利尿的效果?

(张 力 段 红)

第8章 处 方

第一节 处方的意义、组成和格式

一、处方的意义

处方具有法律上、经济上和技术上的意义。

1. 法律意义 因开具处方和调配处方引起的差错或造成的医疗事故,医师和药师都负有相应的法律责任。处方可作为法律凭证,以追究责任。医师具有诊断权和开具处方权,无调配处方权;药师具有审核、调配处方权,但无诊断权和开具处方权。

2. 经济意义 处方是药品消耗和药品收入结账的凭据和原始依据,也是患者在治疗疾病过程中用药的真实凭证,因此原始处方必须保存,以供备查。

3. 技术意义 开具和调配处方者都必须是经过医学院校专业学习,并经过资格认定的医药卫生技术人员担任。医师必须对患者做出明确的诊断后,在安全、有效、合理、经济的原则下开具处方。药学技术人员按医师处方准确、快捷的调配,并将药品发放给患者使用。

二、处方的组成

处方由处方前记、处方正文和处方后记三部分组成。

1. 处方前记 包括医院名称、就诊科室、门诊或住院病历号、处方的编号、临床诊断、病人的姓名、年龄、性别及处方日期。对一般普通疾病患者,年龄在18~60岁之间的病人,可不填写具体岁数,仅写"成人"即可。3岁以下的小儿写明月龄,如4个月,1岁3个月等。

2. 处方正文

(1) 处方头(上记):以 R 或 Rp 开头,是拉丁文 Recipe "请取"的缩写。位于处方左上角。

(2) 处方正文(中记):包括药品的名称、剂型、规格和数量;每药一行,用量写在右侧。

(3) 用法(标记):用 S. 或 Sig. 表示,是拉丁文 Signa 的缩写,原意为"标记",转译为用药方法或"用法"。包括每次量、每日几次、给药途径及注意事项。

3. 处方后记 包括医师签名和(或)加盖专用签章,药品金额以及审核、调配、核对、发药人签名。

三、处方的格式

处方格式见表8-1。

表8-1 处方签的一般格式

临床诊断：

姓名		年龄		性别		科别	
门诊号		住院号		床位号			
诊断				日期			
Rp 硫酸阿托品注射液　0.5mg×1 　　　Sig.　0.5mg　im 　　　阿司匹林片　0.3g×9 　　　Sig.　0.3g　t.i.d　p.c.							
医师_____　　审核_____ 药品金额_____　调配_____　核对_____							

四、处方举例

1. 溶液剂的处方法

[例1]

姓名_____　年龄_____　性别_____　日期_____

R　　水合氯醛溶液　10%-30ml

　　　Sig. 每晚睡前服一次,每次1ml。(1ml,h.s)

　　　　　　　　　　　　　　医师_____

2. 注射剂的处方法

[例2]

姓名_____　年龄_____　性别_____　日期_____

R　　盐酸氯丙嗪注射液　25mg×1

　　　Sig. 25mg,肌内注射。(25mg,im)

　　　　　　　　　　　　　　医师_____

[例3]

姓名_____　年龄_____　性别_____　日期_____

R　　链霉素　1.0×2

　　　注射用水　2.0×2

　　　Sig. 每次1g,肌内注射。每天一次。(1.0,im,q.d.)

　　　　　　　　　　　　　　医师_____

[例4]　急!

姓名_____　年龄_____　性别_____　日期_____

R　　　吗啡注射液　　　10mg×1
　　　　Sig. 立即皮下注射 10mg。（10mg, sc, st.）
　　　　　　　　　　　医师＿＿＿＿＿

说明：此处方用于急症创伤患者紧急需要时止痛，故医师在处方左上方角写明"急"字样（也可用 st. !），药剂人员见处方后应立即发药。

［例5］
　　姓名＿＿＿　年龄＿＿＿　性别＿＿＿　日期＿＿＿
R　　　棕色合剂　　　100.0
　　　　Sig. 每次 10ml，每日三次。（10ml, t. i. d.）
　　　　　　　　　　　医师＿＿＿＿＿

［例6］
　　姓名＿＿＿　年龄＿＿＿　性别＿＿＿　日期＿＿＿
R　　　氯化铵　　　5.0
　　　　棕色合剂　　ad 100.0
　　　　Sig. 10ml, t. i. d.
　　　　　　　　　　　医师＿＿＿＿＿

说明：ad 意加至。本方另加氯化铵，祛痰作用较强。

3. 片剂的处方法（胶囊剂、丸剂处方法与片剂相同）

［例7］
　　姓名＿＿＿　年龄＿＿＿　性别＿＿＿　日期＿＿＿
R　　　氨茶碱片　　　0.1×10
　　　　Sig. 每次 0.1g，每日三次。（0.1, t. i. d.）
　　　　　　　　　　　医师＿＿＿＿＿

说明：0.1×10 表示每片 0.1g，给予 10 片。

［例8］
　　姓名＿＿＿　年龄＿＿＿　性别＿＿＿　日期＿＿＿
R　　　复方阿司匹林　　　6#
　　　　Sig. 需要时服 1 片。（1#, p. r. n.）
　　　　　　　　　　　医师＿＿＿＿＿

说明：该药因系复方制剂，不用写每片含药量。"#"写在数字右上角，如 1#，指 1 片，1 粒，1 支等。

［例9］
　　姓名＿＿＿　年龄＿＿＿　性别＿＿＿　日期＿＿＿
R　　（1）磺胺嘧啶片
　　　　碳酸氢钠片　　　aa　　　0.5×8
　　　　Sig. 即各服四片，以后每 6 小时各服两片。
　　　　　　（aa 4#, st., aa 2#, q6h）
　　　（2）甲丙氨酯片　　　0.2×6
　　　　Sig. 每晚睡时服 0.4g。（0.4, h. s.）

医师＿＿＿＿＿＿＿

4. 散剂的处方法

[例10]

姓名＿＿＿＿＿　年龄＿＿＿＿＿　性别＿＿＿＿＿　日期＿＿＿＿＿

R　　头痛粉　　0.5×12

　　Sig. 每次0.5g，每天两次。(0.5，b.i.d.)

医师＿＿＿＿＿＿＿

[例11]

姓名＿＿＿＿＿　年龄＿＿＿＿＿　性别＿＿＿＿＿　日期＿＿＿＿＿

R　　樟脑氧化锌粉　　50.00

　　Sig. 外用

医师＿＿＿＿＿＿＿

说明：此方每100克含樟脑5.0，氧化锌45.0及滑石粉50.0，扑于患处皮肤，有清凉与保护作用，用于无渗出液之急性或亚急性皮炎。

5. 软膏的处方法（眼膏与糊剂的处方法与软膏相同）

[例12]

姓名＿＿＿＿＿　年龄＿＿＿＿＿　性别＿＿＿＿＿　日期＿＿＿＿＿

R　　水杨酸软膏　　20.0

　　Sig. 外用，涂患处，每天两次。

医师＿＿＿＿＿＿＿

说明：软膏、眼膏和糊剂皆是协定或法定制剂，其组成及含量均有规定，故不用写明浓度。水杨酸软膏中国药典法定浓度为2%，如一种药物的软膏两种浓度，处方时必须写明浓度。

6. 眼药水处方法

[例13]

姓名＿＿＿＿＿　年龄＿＿＿＿＿　性别＿＿＿＿＿　日期＿＿＿＿＿

R　　氯霉素眼药水　　1支

　　Sig. 滴眼，一日三次。

医师＿＿＿＿＿＿＿

五、书写处方的一般规则

（1）开处方时必须认真负责，考虑妥当后再写。字迹要清楚，不得随便涂改，不可用铅笔书写，以免模糊不清，发生差错。

（2）药物的用量，如固体以克为单位，液体以毫升为单位，处方时可不写单位。如用其他单位，必须将单位名称写清楚，例如0.5mg，20万U等。如用量是小数，小数前应加零（如0.30），如系整数，则后面应加点和零（3.0），以免发生错误。

（3）剧毒药物的剂量一般不应超过极量，如病情需要，必须超过极量时，可在剂量后加惊叹号！（如0.03!）或由医师在剂量旁边签名。

(4) 通常处方开 2~4 天药量,有些药物需要较长时间服用,可以酌情多开些。对容易成瘾或剧毒药品必须严格控制,不得超过 2~3 天量。

(5) 处方中可适当使用一些拉丁简写字。

(6) 处方格式简化,可提高工作效率,方便病员,但不能过于简化,以免发生差错,影响治疗效果,甚至发生医疗事故。

六、处方常用拉丁文、英文及缩写

拉丁缩写	拉丁全文	英文	中文
Tab	tabella	tablet	片剂
Pil	pilula	pill	丸剂
Caps	capsula	capsules	胶囊
Pulv	pulvis	powder	散剂
sol	solutio	solution	溶液剂
Inj	injectio	Injection	注射剂
Amp	ampulla	ampules	安瓿剂
Mist	mistura	mixtures	合剂
syr	syrupus	syrups	糖浆剂
Tinc	tinctura	tinctures	酊剂
Ung	unguentum	ointments	软膏剂
Emul	emulsum	emulsions	乳剂
supp	suppositorium	suppositories	栓剂
Extr	extractum	extracts	浸膏
q. d	quaque die	once a day	每天一次
b. i. d	bis in die	twice a day	每天两次
t. i. d.	ter in die	three times a day	每天三次
q. i. d.	quater in die	four times a day	每天四次
a. c.	ante cibum	before meal	饭前
p. c.	post cibum	after meal	饭后
p. r. n.	pro re nata	occasionally	必要时(长期医嘱)
s. o. s.	si opus sit	if there is needed	必要时(临时医嘱)
st.	statim	immediately, at once	立即
q. n.	quaque nocte	every night	每晚一次
h. s.	hora somni	at bed time	睡时
aa	ana	each	各
ad	ad	to	加至
q. s	quantum satis	sufficient quantity	足量
m. f	misce fiat	mix (be made)	混合制成
Sig. (S)	signa	mark (label)	标记

Dil	dilutus	diluted	稀释的
Co	compositus	compound	复方的
gtt	gutta	drop(s)	滴
p. o.	per os	by mouth	口服
p. r.	per rectum	by rectum	灌肠
i. h.	inj. hypodermaticae	inj hypodermically	皮下注射
i. m.	inj intramusculares	inj intramuscularly	肌内注射
i. v.	inj intravenosae	inj intravenously	静脉注射

第二节 处方制度

一、处方制度

(1) 医师处方权由科主任提出，院长批准，登记备案，并将本人的签字或印模留样于药剂科。无处方权的医师开写的处方必须有处方权的医师审核同意，并签字后方能生效。医师不得为本人及家属开写处方。

(2) 药剂科不得擅自修改处方，如处方有误应通知医师更改，并在更改处签名，方能生效。凡处方不合格者，药剂师有权拒绝调配。

(3) 处方药品数量一律用阿拉伯字码书写。用量单位以克(g)、毫克(mg)、毫升(ml)、国际单位(U)计算；片剂、丸剂、胶囊剂，以片、丸、粒计，注射剂以支、瓶为单位，并注明含量。

(4) 药品及制剂的名称、使用剂量，应以中国药典及卫生部颁发的药品标准为准。如医疗需要，超大剂量时，医师须在剂量后加"!"并签字；没有规定的药品名称，可采用通用名，一般不得用分子式。

(5) 一般处方以3日量为限，某些慢性或特殊情况可酌情适当延长。处方当日有效。

(6) 处方书写一般用钢笔或毛笔书写，不得涂改。如有涂改，需在涂改处加医师签名。急诊处方应在左上角盖"急"字图章。

(7) 有关毒、麻、限剧药处方，应遵照毒限剧药管理制度的规定和国家有关麻醉药品管理的规定执行，对违反规定、滥用药品的情况，药剂师有权拒绝调配，情节严重者应向上级报告。

(8) 一般处方保存1年，到期登记后由院长批准销毁。

二、处方制度执行要点

1. 处方权限及相关问题 由卫生行政部门认定的执业医师或执业助理医师并经注册后方具有处方资格。

2. 处方书写及相关要求 处方一般用钢笔或毛笔书写，字迹要清楚，不得涂改。如有涂改医师必须在涂改处签字。一般用拉丁文或中文书写。急诊处方应在左上角盖"急"字图章。

3. 书写药品名称规则 药品名称以《中华人民共和国药典》为准，如无收载可采用通用名或商品名。近年来我国大量使用商品名。

4. 处方用药剂量与剂量单位的规则 凡药典收载的品种,药品使用的剂量应以《临床用药须知》剂量为准;未收载的品种应以药品的法定说明书所示剂量为准,超剂量使用医师应在剂量旁重签字,药师方可按处方调配。

5. 处方用法与用量规则 用法与用量一般用中文或外文缩写表示,如每次×mg(ml),每日×次;或每日×次,每次×mg(ml)等。

6. 处方的调配规则 处方调剂与审核、配发药品的药学技术人员,必须是药学专业院校毕业并取得相应的药学专业技术职务任职资格方可上岗。发药人员必须由药师以上专业技术人员担任。

调配处方过程中必须做到"四查十对":"四查"分别为查处方、查药品、查配伍禁忌、查用药合理;"十对"是在查处方的时候要对性别、年龄;查药品的时候要对药名、规格、数量以及标签全不全;查配伍禁忌的时候要对药品的性状以及用法用量;查用药合理性的时候要对临床诊断。

7. 处方限量规则 处方是开具当日有效,特殊情况下需要延长有效期的需要开具处方的医生注明有效期限,但是最长不得超过3天。

8. 处方保管与销毁规则 已调配处方的保管与销毁:普通处方保留1年,毒性药品、精神药品及戒毒药品处方保留2年,麻醉药品处方保留3年。销毁处方需经院长书面批准方能执行。

(王 红 周岐新)

附 录

一、常用实验动物一般生理生化正常参考值

附表1 常用实验动物血细胞数目,血红蛋白和血细胞比容正常值

动物种类	红细胞($\times 10^{12}$/L)	白细胞数($\times 10^9$/L)	血小板($\times 10^9$/L)	血红蛋白(g/L)	血细胞比容(%)
大鼠	7.3	9.8	200	152	45
小鼠	8.6	9.2	230	142	45
家兔	6.2	8.1	650	134	39
犬	6.7	11.5	297	165	47
猫	7.5	13.2	300	125	36
绵羊	12.0	7.4	—	120	31
山羊	16.0	9.6	350	105	33
豚鼠	5.4	9.9	116	34	43
猴	5.4	11.3	450	130	40
马	10.1	7.3	235	150	44

附表2 常用实验动物动脉血压、心率正常参考值

动物种类	平均动脉压(mmHg)	测量条件	心率(次/min)	测量条件
大鼠	88	乙醚麻醉	373±7.7	戊巴妥钠麻醉
小鼠	99	氨基甲酸乙酯或乙醚麻醉	376±4.9	戊巴比妥钠麻醉
家兔	90	不麻醉	246±15	戊巴比妥钠麻醉
犬	133	戊巴比妥钠麻醉	121±19	不麻醉
猫	133	戊巴比妥钠麻醉	213±14	戊巴比妥钠麻醉
绵羊	114	局部麻醉	75±5	不麻醉
豚鼠	57	乙醚麻醉	252±12	不麻醉、安静状态
猴	110	乙醚麻醉	227±4	氯丙嗪镇静状态

附表3 常用实验动物心输出量、血容量正常参考值

动物种类	心输出量(L/min)	血容量(占体重%)
大鼠	0.047	7.4
小鼠	—	8.3
家兔	0.28	6.4
犬	2.3	6.9

续表

动物种类	心输出量（L/min）	血容量（占体重%）
猫	0.33	6.2
羊	3.1	8.3
豚鼠	—	6.4
猪	3.1	5.0

附表4　常用实验动物血 pH、体温正常参考值

动物种类	血液 pH	血液温度(℃)	直肠平均温度(℃)
大鼠	7.35(7.26~7.44)	38.2	36.7
小鼠	—	37.2	36.5
金地鼠	7.39(7.37~7.44)	38.0	38.0
家兔	7.35(7.21~7.57)	39.4	39.6
犬	7.36(7.31~7.42)	38.9	38.2
猫	7.35(7.24~7.40)	38.6	38.7
绵羊	7.44(7.32~7.54)	39.1	39.0
豚鼠	7.35(7.17~7.55)	38.6	38.6
猪	7.57(7.36~7.79)	39.2	39.0
猴	7.36(7.31~7.42)	39.4	39.0

附表5　常用实验动物正常心电图参考值

	大鼠	小鼠	家兔	豚鼠	猫	犬	猴
P(s)	0.011~0.019	0.017~0.027	0.053	0.015~0.029	0.011~0.019	0.054~0.070	0.030~0.050
P(mV)	—	0.039~0.085	—	—	—	0.200~0.320	0.120
QRS(s)	0.013~0.017	0.009~0.012	0.042	0.033~0.048	0.021~0.039	0.032~0.036	0.030~0.080
QRS(mV)	—	—	—	—	—	—	0.210~0.910
T(s)	0.050~0.076	—	0.065	0.035~0.060	—	0.108~0.148	0.023~0.051
T(mV)	—	—	—	—	—	0.280~0.920	—
R(mV)	—	0.379~0.675	—	—	—	3.000~4.320	—
S(mV)	—	—	—	—	—	0.720~1.880	—
R—R(s)	—	—	—	0.048~0.060	0.310~0.450	0.370~0.570	—
P—Q(s)	—	0.036~0.046	—	0.044~0.068	—	0.090~0.110	0.060~0.080
Q—T(s)	0.065~0.092	0.042~0.048	0.14	0.106~0.144	0.140~0.200	0.170~0.210	0.130~0.0150
P—R(s)	0.042~0.056	—	0.063	0.044~0.680	0.070~0.090	0.080~0.120	0.062~0.1060

附表6　常用实验动物安静状态呼吸频率、通气量、耗氧量和代谢率正常参考值

动物种类	呼吸频率 （次/min）	通气量 （L/min）	耗氧量 （mm^3/g 活体重）	代谢率 [Cal/($m^2 \cdot h$)]
大鼠	85.5	0.073	2000	28.29
小鼠	94	0.024	1530	26.6
家兔	51	1.07	745	26.0
犬	28	5.21	580	28.0
猫	26	0.322	710	—
羊	16	5.70	220	—
豚鼠	90	0.16	816	24.7
猪	15	37	220	—
猴	40	0.86	432	24.91

附表7　常用成年实验动物饮水、排尿、排便量正常参考值

动物种类	饮水量 （ml/24h）	排尿量 （ml/24h）	排便量 （g 或 kg/24h）
大鼠	20~45	10~15	7.1~14.2g
小鼠	4~7	1~3	1.4~2.8g
家兔	60~140	40~100ml/kg	14.2~56.7g
犬	25~35	65~400	113~340g
猫	100~200	20~30ml/kg	56~227g
山羊	1~4L	0.7~2.0L	1.4~2.7kg
绵羊	0.5~1.4L	0.9~1.9L	1.4~2.7kg
豚鼠	85~150	15~75	21~85g
猪	3.8~5.7L	1.9~3.8L	2.7~3.2kg
猴	200~450	110~550	110~300g

附表8　常用实验动物安全采血量及致死采血量参考值

动物种类	最大安全采血量(ml)	最小致死采血量(ml)
大鼠	1.0	2.0
小鼠	0.1	0.3
家兔	10	40
犬	50	300
豚鼠	5.0	10
猴	15	60

（张效良）

二、常用生理溶液成分与配制

常用的生理溶液有生理盐水、任氏液、台氏液和乐氏液等(附表9)。

附表9 常用生理溶液配制(单位:g)

药品名称	生理盐水		任氏液	乐氏液	台氏液
	两栖类	哺乳类	两栖类动物	哺乳类动物	哺乳类动物(小肠)
氯化钠($NaCl$)	32.5	45	32.5	45	40
氯化钾(KCl)	-	-	0.7	2.1	1
磷酸二氢钠(NaH_2PO_4)	-	-	0.05	0.25	0.25
氯化镁($MgCl_2$)	-	-	-	-	0.5
碳酸氢钠($NaHCO_3$)	-	-	1	0.5~1.5	5
氯化钙($CaCl_2$)	-	-	0.6	0.24	1
葡萄糖(GS)	-	-	-	1.2	1
蒸馏水(H_2O)	加至5000	加至5000	加至5000	加至5000	加至5000

注:每加一种药品都需待所加药品彻底溶解后,方可加第二种药品

配制时,为了减少生理溶液的配制误差,也可先将各成分分别配制成一定浓度的基础溶液,然后再按附表10所列分量混合而成。

附表10 用基础溶液配制生理常用盐溶液配制方法(单位:ml)

药品名称	基础溶液浓度(%)	任氏液	乐氏液	台氏液
氯化钠($NaCl$)	20	162.5	225	200
氯化钾(KCl)	10	7	21	10
磷酸二氢钠(NaH_2PO_4)	2	2.5	-	12.5
氯化镁($MgCl_2$)	5	-	10	10
碳酸氢钠($NaHCO_3$)	5	20	-	40
氯化钙($CaCl_2$)	10	6	12	10
葡萄糖(GS)				用时加1g
蒸馏水(H_2O)		加至5000	加至5000	加至5000

注:每加一种溶液都需将所加溶液充分混匀后,方可加第二种溶液

(孙安萍 陆 杰)